Entrar en la
Universidad

Una guía para el estudiante hispano

K. Patricia Aviezer

THOMSON

PETERSON'S

Australia • Canada • Mexico • Singapore • Spain • United Kingdom • United States

Sobre The Thomson Corporation y Peterson's

The Thomson Corporation, con ingresos de US$7.8 mil millones en el año 2002, es líder mundial en el suministro de soluciones integradas de información para clientes comerciales y profesionales. Las acciones de la companía se cotizan en las bolsas de New York y Toronto (TSX: TOC; NYSE: TOC). Sus empresas y marcas de educación satisfacen las necesidades de las personas, instituciones educativas, empresas y agencias gubernamentales con productos y servicios tanto para el aprendizaje tradicional como para el aprendizaje distribuido.

Peterson's (www.petersons.com) es un proveedor líder en información y asesoramiento educativo, con libros y recursos en Internet dedicados a la búsqueda educativa, preparación de exámenes y ayuda financiera. Su sitio Web ofrece bases de datos para investigar y herramientas interactivas para comunicarse con las instituciones educativas, exámenes de prática e instrucción en Internet y herramientas de planificación para obtener ayuda financiera. Peterson's presta servicio anualmente a más de 110 millones de consumidores en el ámbito de la educación.

Agradecimientos a Richard Flaherty, de College Parents of America

Visite el Centro de Educación de Peterson's en Internet, www.petersons.com

Library of Congress Cataloging-in-Publication Data

Aviezer, K. Patricia
   Entrar en la universidad: Una guía para el estudiante hispano/K. Patricia Aviezer
     p. cm.
   Summary: Explains what students should do in the years leading up to college and emphasizes critical areas of the college selection and applications process, including picking a college, applying, and paying college tuition.
   ISBN 0-7689-1347-0
     1. Universities and colleges—United States—Admission—Juvenile literature.
2. College choice—United States—Juvenile literature. [1. Universities and colleges—United States—Admission. 2. College choice] I. Title.

LB2351.2 .A85 2003
378.1'61—dc21   99-088974

Impreso en Canadá

10 9 8 7 6 5 4 3 2 1

Primera edición

Contenido

¿Por qué esto es tan complicado?

Capítulo 1

Cada primavera, miles de estudiantes hispanos de duodécimo grado de las escuelas secundarias de todo el país corren a casa desde la escuela para revisar con ansias el correo de la familia, con las palmas sudorosas y el corazón latiendo rápidamente. No, no buscan un cheque de la lotería por $100,000. Esperan algo que es más valioso: un sobre grueso de la oficina de admisión de una universidad. Ellos saben por estudiantes que han estado antes en esa situación que las malas noticias son "livianas" y que las buenas son "pesadas". En otras palabras, si una universidad te rechaza, se te envía una carta de una página que dice "gracias de todas maneras". Pero si eres aceptado, recibirás una carta de felicitación junto con varias páginas de información sobre la inscripción, el sobre grueso.

¿De qué forma determinan los consejeros de ingreso universitario si tu sobre será grueso o delgado? ¿Cómo puedes saber lo que realmente busca una universidad en un posible estudiante? Es difícil generalizar acerca de un proceso que incluye a más de 3,500 instituciones de educación superior y cientos de miles de estudiantes; ninguno de los cuales comparte el mismo perfil personal y académico. Sin embargo, como regla general, los consejeros de ingreso universitario examinan cuidadosamente seis factores para cada postulante. Ten en cuenta que al revisarlos, los consejeros de ingreso universitario buscan menos estudiantes que reúnen los requisitos y más estudiantes que se destacan de alguna manera singular. Hablaremos más acerca de ello en este capítulo. Estos son los seis factores:

1. **Rendimiento académico:** Muchos padres y estudiantes comparten el error común de creer que ser excelente en los deportes o tener otros talentos especiales puede importar más que unas calificaciones deficientes. Esto simplemente no es verdad. El mejor enfoque es crear un expediente académico excelente que demuestre que elegiste cursos que te estimularon y expandieron tu aprendizaje.

2. **Exámenes estandarizados:** ¿Qué pasa con la enorme cantidad de exámenes estandarizados, el SAT I, el SAT II: Subject Tests (Exámenes por materia), AP (Examen de Nivelación Anticipada) y ACT (Examen de Ingreso a Universidades Estadounidenses)? Aunque sí importa que haya excelentes puntajes en estas pruebas, los comités de ingreso consideran éstos después de que revisan el rendimiento académico de un estudiante. Obtener puntajes altos en el SAT no garantiza el ingreso a la universidad si la selección de los cursos y el promedio general GPA no reflejan un recorrido académico que te haya preparado para tener éxito en la universidad.

3. **El ensayo:** Este temido elemento de la solicitud de ingreso a la universidad es realmente una de tus herramientas más poderosas. Te permite transmitir al comité de ingreso aquellas cualidades únicas que no se evidencian en tu certificado de calificaciones. Es la parte de la solicitud que se encuentra totalmente en tus manos. Por eso, úsala para causar una impresión especial y ayudar a que tu solicitud se destaque de las miles de otras apiladas en el escritorio del consejero de ingreso universitario. En el Capítulo 5 aprenderás cómo hacer esto.

4. **Recomendaciones:** Las recomendaciones escritas por los consejeros y maestros van adjuntas a la mayoría de las solicitudes. En estas cartas se describe lo que la persona sabe de ti en relación con tu habilidad para desempeñarte bien en la universidad. Quien la escribe puede hacer referencia a tu inteligencia, motivación, habilidades de pensamiento crítico y destrezas y aptitudes similares. También es posible incluir cartas de empleadores y cartas de apoyo de agencias de voluntariado para entregar una imagen completa de quién eres y qué puedes aportar a la universidad. Elegir quienes escribirán tus cartas de recomendación es algo que se debe hacer con sabiduría y es uno de los temas que se tratan en el Capítulo 5.

5. **Entrevista personal:** No todas las universidades esperan entrevistar a sus candidatos, pero debes tratar de concertar tantas entrevistas como puedas, ya que este proceso no sólo permite que la universidad vea quién eres tú, sino que también ofrece una oportunidad para que tú y tus padres vean y averigüen cosas sobre ésta.

La persona que te entrevista, el tono de la entrevista, las preguntas que te hacen y las respuestas que recibes a tus preguntas dirán mucho acerca de la filosofía de la institución y su administración. Junto con un recorrido del campus, la entrevista puede servir de ayuda para decidir si deseas asistir a una universidad en particular. Consulta el Capítulo 4 para averiguar sobre el recorrido del campus.

6. **El gancho:** ¿Qué es un "gancho"? Las universidades se esfuerzan por crear una comunidad diversa de estudiantes con diferentes orígenes étnicos y socioeconómicos, habilidades deportivas, talento artístico, cualidades de liderazgo y otras características. Estas características o atributos se conocen como ganchos. ¿Cuál es tu característica o gancho especial? ¿Te proporciona uno tu origen hispano? Si muestras y describes tus atributos únicos de una manera eficaz, puedes aumentar el interés que tenga una universidad en ti. ¿Cómo haces esto? Tu ensayo puede transmitir todo lo especial que tienes, pero debes decidirte luego en el proceso en qué atributos te vas a concentrar y de qué manera los vas a cultivar.

Gran parte del proceso de ingreso a la universidad se relaciona con la autoexploración y el crecimiento. A medida que trabajas en cómo presentarte de la mejor manera posible, te examinarás y aprenderás cómo dar la impresión más positiva. Llegar a conocerte, apreciar tu individualidad y conocer de qué forma transmitirla a otros determinará si tus sobres son gruesos o delgados. De muchas maneras, el proceso de ingreso a la universidad es una ceremonia de paso y no está exenta de un esmero creciente. Este libro es una ayuda para tu proceso, una herramienta para guiarte en este paso para que puedas concentrar tus energías y dirigirlas de la forma más eficaz.

EMPEZAR

Cuando comienzas el proceso de elegir y postular a universidades y luego tomar la decisión final, te verás bombardeado de consejos provenientes de una variedad de fuentes bien intencionadas. Padres, maestros y familiares que se preocupan y te cuidan conversarán contigo para compartir sus pensamientos sobre lo que sería tu mejor elección para la universidad. Igualmente, es posible que recibas correo de universidades que no conoces. El departamento de consejería de tu escuela secundaria puede entregar muchos paquetes de información en reuniones grupales con tu clase, en sesiones vespertinas con tus padres y en conferencias individuales contigo. Muchos postulantes a la universidad sufren no por la falta de información, sino por la falta de un sistema eficaz para seleccionar la información y determinar cuál es la más útil. Este libro te ayudará a crear ese sistema de organización.

Permanecer motivado, con la mente abierta y curioso en tu búsqueda de universidades expandirá tus opciones y te ayudará a escoger lo mejor para ti. Trata de no limitarte al comienzo en la exploración. Algunos estudiantes cierran sus opciones demasiado pronto porque creen que las universidades privadas son demasiado costosas, que los cursos en la universidad son demasiado exigentes en aquellas universidades que son competitivas, que no encajarán en ciertas universidades o que se les necesita en casa de manera que no pueden irse a estudiar. Yo sugiero que visualices las opciones como un embudo, ancho en la parte de arriba y delgado abajo. Al comienzo es importante considerar todas tus opciones. Si restringes demasiado pronto tu atención, puedes perder grandes oportunidades, por eso, mantén tu mente abierta a las ideas nuevas.

Recuerda que nadie puede darte la respuesta "correcta" sobre qué universidad debes escoger. Finalmente, tú eres el que debe tomar la decisión. Sin embargo, en las etapas iniciales, es importante crear una red de apoyo. Conoce a tu consejero vocacional, establece contactos con los entrevistadores y ex-alumnos de las universidades que te interesan, conversa con tus amigos y comparte las experiencias con ellos y deja que tus padres sean una parte integral de tu equipo de apoyo. Ellos son tu mejor apoyo, ya que están genuinamente interesados en tu felicidad y están ansiosos de que tengas éxito en la universidad (y en muchos casos te ayudarán a pagarla).

Después de haber dicho esto, me gustaría agregar un consejo más. Toma el control de este proceso y asume la responsabilidad de la decisión final. Mientras más temprano dirijas tu exploración, más probable será que te satisfaga tu decisión final. La universidad realmente ofrece la mejor ruta para tu futuro. Ahora, ¿cómo vamos a crear tu mapa hacia el éxito?

Muchos postulantes a la universidad sufren por la falta de un sistema eficaz para seleccionar, organizar y determinar qué información es la más útil.

UNIVERSIDADES: TODOS LOS TAMAÑOS, FORMAS Y SABORES

Lo primero que debes decidir es el tipo de institución de enseñanza superior a la cual deseas asistir. Existen más de 3,500 universidades sólo en Estados Unidos y cada una es tan individual como la persona que postula a ella. Aunque aquellos a tu alrededor pueden hacerlo parecer como si hubiera sólo unas pocas universidades "elite" dignas de asistir, esto no es verdad. La elección correcta para ti está allí. Sólo tienes que poner algo de tiempo y esfuerzo para ubicarla y reconocer que tu universidad soñada puede no ser una de esas de la "Ivy League".

Alrededor de la mitad de las instituciones de educación superior de Estados Unidos son universidades que ofrecen carreras de cuatro años que generalmente se pueden clasificar como universidades o universidades de artes liberales. Estas universidades otorgan títulos universitarios y pueden ser públicas (es decir, patrocinadas por el estado) o privadas (reguladas por una junta directiva). Aunque la mayoría son mixtas, unas pocas limitan su estudiantado únicamente a un sexo. Algunas universidades tienen una afiliación religiosa, mientras que otras tradicionalmente tienen un estudiantado de una raza en particular. También existen cinco academias militares apoyadas por financiamiento del gobierno. Algunas universidades tienen un plan de estudios centrado, como bellas artes, negocios, artes del espectáculo o ingeniería. Naturalmente, están las "Ivies", aquellas universidades cuyos nombres se han vuelto conocidos para nosotros y cuyas estrictas políticas y costos de ingreso son legendarias (Brown, Columbia, Cornell, Dartmouth, Harvard, Princeton, University of Pennsylvania, Stanford y Yale).

Si una universidad que ofrece carreras de cuatro años parece ser demasiado y muy pronto, existe la opción de la escuela semisuperior o instituto de enseñanza para la comunidad que ofrecen carreras de dos años, en el cual los estudiantes obtienen los primeros dos años de un título universitario de cuatro años (llamado título asociado) ya sea en régimen de estudio a tiempo completo o a tiempo parcial. Esta opción funciona bien para personas que desean permanecer cerca de casa, para quienes el costo es un problema o quienes desean mejorar sus aptitudes de estudio para el traslado final a una universidad que ofrece carreras

> Algunas universidades ofrecen cursos a través de Internet. Si te preocupa el tiempo o el costo, podrías verificar si se encuentran disponibles cursos en Internet en tu área de interés.

de cuatro años. Un beneficio de las escuelas semisuperiores e institutos de enseñanza para la comunidad es que ofrecen títulos que permiten que los graduados presenten exámenes de certificación patrocinados por el estado (por ejemplo, para enfermera diplomada) y luego trabajen en sus campos elegidos mientras continúan sus estudios para obtener un título universitario en horario vespertino y durante los fines de semana. No existe un plan establecido para obtener educación universitaria y ninguna manera es mejor que otra. Existen muchos caminos diferentes para obtener un título y mientras te mantengas concentrado y motivado, hay uno que funcionará para ti.

Cuando empieces a explorar tus opciones, existen varios elementos clave que debes tener en cuenta: el tamaño de la universidad, la distancia desde el hogar, el costo, las características del estudiantado, los requisitos de ingreso y las especialidades ofrecidas. Estos son los factores cruciales que se deben considerar para identificar el tipo de institución adecuada para ti.

> **Existen muchos caminos diferentes para obtener un título universitario y mientras te mantengas concentrado y motivado, hay uno que funcionará para ti.**

¿DÓNDE ESTARÉ MÁS CÓMODO?

Hay universidades de todas las formas y tamaños, desde pequeñas universidades rurales de 400 estudiantes a universidades estatales masivas donde asisten 100,000 estudiantes o más. ¿Qué pasa si ninguno de estos tipos de instituciones te llama la atención? Muchas universidades ofrecen algo intermedio entre los edificios altos de los dormitorios de las universidades grandes en las ciudades y los arbolados campus de las pequeñas universidades de artes liberales. Estas instituciones suelen ofrecer lo mejor de ambos mundos.

Tipos y tamaños

Si vienes de una escuela secundaria pequeña, una universidad de artes liberales con 3,500 estudiantes puede parecerte grande, pero si actualmente asistes a una escuela secundaria con 3,000 estudiantes, la selección de una universidad de tamaño similar puede no ser una experiencia lo bastante novedosa. Algunos estudiantes que provienen de escuelas secundarias muy grandes e impersonales buscan un lugar donde se destaquen desde el comienzo y se les ofrezca un enfoque más

Entrar en la universidad

personal. Si no has tenido ninguna experiencia con respecto a qué tamaño sería el adecuado para ti, trata de visitar un par de universidades de diferentes tamaños. No es necesario que estés seriamente interesado en las universidades, sólo observa el número de estudiantes en el campus y cómo reaccionan.

Universidades grandes

Ubicadas en ciudades importantes o cerca de ellas, las grandes universidades ofrecen una amplia gama de experiencias educacionales, deportivas y sociales (para ver universidades pequeñas, consulta la página 10). Por lo general, las universidades grandes están compuestas de varias facultades más pequeñas dedicadas a amplias materias. Dependiendo de tu interés en un campo o área de estudio, debes postular a una facultad específica dentro de la universidad. Aunque los criterios de selección para la universidad pueden ser publicados, cada una tiene la flexibilidad de establecer sus propios requisitos de ingreso. Por ejemplo, un estudiante que postula a la facultad de artes y ciencias de una universidad podría necesitar un GPA mínimo de 3.2 y un puntaje en el SAT I de 1200. Otro estudiante que postula a la facultad de ingeniería podría descubrir que se requiere un GPA mínimo de 3.8 y un puntaje en el SAT I de 1280. Las facultades dentro de una universidad también establecen sus propios requisitos de cursos para obtener un título en su área.

Las universidades pueden ser públicas o privadas, y ambos tipos de instituciones ofrecen una amplia variedad de especialidades universitarias y también otorgan maestrías y doctorados. Las universidades privadas pueden ser laicas o estar afiliadas a una religión. Algunas universidades privadas de mayor tamaño, como Yale y Princeton son bien conocidas por sus altos estándares de ingreso, excelencia educacional y el índice de éxito de sus graduados. Las universidades hacen mucho hincapié en la investigación, sea histórica, de literatura o científica y compiten agresivamente por obtener subvenciones del gobierno federal para financiar sus proyectos. Las universidades públicas grandes, como la State University of New York (SUNY) y la University of North Carolina en Chapel Hill, también mantienen excelentes programas educacionales, compiten y ganan financiamiento para investigación y tienen graduados exitosos. Sin embargo, las universidades públicas a menudo ofrecen una tasa de matrícula menor a los estudiantes que viven en el estado,

Observa el tamaño de los salones de clases en las universidades más grandes e imagínate en esa atmósfera. ¿Ofrecería un ambiente de aprendizaje que te beneficiaría?

mientras que las matrículas para aquellos que residen fuera compiten con los de las instituciones privadas.

Fuera del salón de clases, en particular en algunas universidades estatales grandes, probablemente los deportes tendrán una mayor importancia en el campus. Los deportes son un gran negocio y pueden predominar en el calendario de eventos y marcar la pauta durante todo el año en algunas universidades. Los ex-alumnos viajan desde muy lejos para asistir a los partidos en su alma mater, en especial de fútbol americano. El campus, y con frecuencia la ciudad completa, se detiene cuando hay un juego interno. Los deportistas se consideran héroes y pueden dominar la vida social del campus.

¿Cuáles son algunas de las otras características de la vida en un recinto universitario? En la mayoría de los campus, es posible encontrar todos los tipos de clubes imaginables, desde literatura, pasando por coro hasta bioingeniería. Podrás participar en la versión de la competencia deportiva dentro de la universidad para cada deporte en la que la universidad tiene equipos interescolares, podrás unirte a una hermandad masculina o femenina de estudiantes o ser parte de un grupo dedicado a la acción social. Puedes transformarte en miembro de la banda, la orquesta o tal vez de un grupo de música de cámara o trabajar en el periódico, la revista literaria o el sitio Web de la universidad. Dependiendo del tamaño del campus, la lista puede seguir y seguir. ¿Parece confusa la variedad de elecciones? Aunque podrías querer probar un nuevo interés o dos, lo más probable es que sigas en lo que siempre te ha interesado y que en el camino hagas amigos con la misma mentalidad.

Universidades de artes liberales

Si has considerado las universidades grandes y decidiste que la acción podría distraerte, entonces una universidad de artes liberales pequeña podría ser adecuada para ti. Enclavadas a menudo en pintorescos campus, las universidades de artes liberales generalmente tienen menos de 5,000 alumnos, a menudo alrededor de 1,800. La misión de las universidades de artes liberales es el aprendizaje en búsqueda del aprendizaje. Este enfoque, que permanece en estricto contraste con gran parte de los planes de estudios basados en la profesión de algunas universidades más grandes y escuelas de especialización, promueve el desarrollo de "estudiantes para toda la vida" que puedan aplicar su educación a una infinidad de carreras.

Investiga las actividades que se enumeran en los tableros de anuncios del centro estudiantil. ¿Se ve el estudiantado lo bastante diverso para ti? ¿Hay bastantes acontecimientos para mantenerte ocupado e interesado? ¿Tienen los estudiantes participación en la toma de decisiones? ¿Crean el clima social de la universidad?

Debido a que son más pequeñas, las universidades de este tipo no pueden ofrecer el mismo abanico de cursos que las universidades más grandes y como resultado tratan de crear un nicho para ellas mismas. Por ejemplo, una universidad puede poner el énfasis en sus departamentos de humanidades, cuyos profesores son conocidos autores y presentadores internacionales en sus áreas de conocimientos. O puede destacar su departamento de ciencias a través de instalaciones modernas donde los estudiantes universitarios realizan investigaciones codo a codo con eminentes profesores y publicar sus hallazgos en las más prestigiosas revistas científicas del país. El enfoque personal es muy importante en las universidades de artes liberales. Sea mediante un consejo en la selección de cursos, programas deportivos adaptados a todos los intereses o una cena con la jefa del departamento en su casa, las universidades de artes liberales sostienen que conocen bien a sus estudiantes.

Si son tan perfectas, ¿por qué no todos eligen una universidad de artes liberales? Bien, el tamaño más pequeño puede limitar las opciones, ya que menos personas puede significar menos diversidad. El hecho de que muchas de estas universidades estimulan a los estudiantes a optar por estudiar en el extranjero (elegir pasar un semestre o un año, estudiando en otro país) reduce aún más la cantidad de estudiantes en el campus. Algunas universidades de artes liberales parecen tener cierta cultura, por ejemplo, ambientalista, deportista, feminista o artística. ¿Te adecuarás con la cultura? ¿Acoge a los estudiantes hispanos? ¿Significará el espacio pequeño que agotarás tus opciones sociales rápidamente?

Universidades de honor

La mejor manera de describir una universidad de honor es una universidad dentro de una universidad. Estas universidades existen en muchos campus de universidades grandes y tienen alta demanda porque ofrecen algo cercano a una educación de la Ivy League a precio de una universidad estatal. Una universidad de honor tiene sus propias políticas estrictas de ingreso, profesores altamente respetados y atractivos paquetes de becas. Este tipo de universidad puede ofrecer ingreso a un pequeño porcentaje de estudiantes de primer año que ingresan de la universidad o puede exigir una postulación por separado directamente a la universidad. El principal atractivo de estos programas es que ofrecen a los estudiantes los beneficios de una universidad grande con todas sus instalaciones, diversidad y oportunidades, mientras les permiten disfrutar de la parte académica y el ambiente social personal de una universidad más pequeña. ¿Te llama la atención este concepto de una universidad dentro de una universidad? ¿O la percepción del ambiente universitario es demasiado confusa?

Universidades pequeñas

Algunas de las universidades más pequeñas son similares en prestigio a las universidades de honor, algunos ejemplos son Washington University en St. Louis y Wesleyan en Connecticut. Estas instituciones se toman bastante en cuenta y generalmente tienen inscripciones de alrededor de 4,000 estudiantes y muestran un equilibrio en las opciones de especialidades de las universidades grandes con la comunidad de un campus más pequeño. Observa la palabra *especialidad*. Las universidades pequeñas ofrecen alternativas, pero no al mismo nivel que las grandes. Por otro lado, a través de la limitación de ingresos y matrículas, las universidades pequeñas se las arreglan para cultivar algunas de las características de las universidades de artes liberales, como hacer énfasis en un programa en particular, por ejemplo, cursos preparatorios para el ingreso a la facultad de medicina y hacer un esfuerzo para atraer excelentes candidatos en esa área.

¿Qué tan pequeño es pequeña? Una universidad puede ser demasiado grande o demasiado pequeña para ti. ¿Encontrarás suficiente diversidad que te interese en la población estudiantil, los cursos y las actividades? ¿O son demasiadas alternativas?

Escuelas de especialización

Otra alternativa a las universidades de artes liberales o las universidades grandes es la escuela técnica o la de especialización. El objetivo de este tipo de escuela es ofrecer una experiencia especializada y saturada en un campo de estudio en particular. Esta institución podría limitar sus ofertas de cursos a artes del espectáculo o bellas artes, ingeniería o negocios. Por ejemplo, escuelas como California Institute of Technology se concentran en atraer a los mejores estudiantes de matemáticas y ciencias del país, en cambio en otras como Bentley College en Massachusetts, se concentran sólo en negocios. Estas instituciones tienen una filosofía purista: la fuerte creencia en la necesidad de un estudio concentrado y especializado para producir excelencia. Si buscas una universidad con formación general, estas escuelas probablemente no son el lugar que buscas, pero si tienes certeza de que deseas meterte de lleno en matemática, música o negocios, encajarás bien ahí.

Universidades religiosas

Debido a que reciben fondos federales, las universidades públicas no pueden apoyar ninguna religión en particular. Sin embargo, si la orientación religiosa es importante para ti, existen muchas instituciones que tienen variados grados de afiliación religiosa. Una cantidad de universidades privadas y de artes liberales se fundaron con el apoyo de una religión particular y algunas, con el tiempo se transformaron en instituciones laicas (por ejemplo Harvard), mientras que otras permanecen dedicadas a una teología determinada y exigen que sus estudiantes tomen un número de cursos de religión para graduarse.

Universidades sólo para hombres o sólo para mujeres

Para aquellos que desean seguir estudiando sin la distracción del sexo opuesto, existen universidades sólo para hombres o sólo para mujeres. Aunque pueden ofrecer programas de posgrado y clases vespertinas mixtos para adultos que aspiran a tener un título universitario, el estudiantado tradicional diurno sigue siendo de un solo sexo. Las universidades para mujeres se enorgullecen de producir líderes. Si deseas concentrarte en tus estudios y ejercitar tus aptitudes de liderazgo, una universidad de un solo sexo podría ser una opción para considerar.

Ubicación y distancia desde el hogar

Además del tamaño y tipo de institución, la ubicación y la distancia desde el hogar son otros dos temas que deberás considerar. Si siempre has vivido en las afueras de la ciudad, elegir un campus urbano puede ser una aventura. Pero después de una semana de ruido urbano, polvo y vida acelerada, ¿anhelarás un campus cubierto de pasto y espacio abierto? Por otro lado, si estás acostumbrado a las afueras de la ciudad y la vida de los centros comerciales y eliges una universidad en un área rural, ¿correrás desesperado una noche al centro estudiantil buscando ruido, luces y personas? Te des cuenta o no, la ubicación (urbana, rural o suburbana) puede afectar directamente en cuán fácil o difícil sea para ti adecuarte a la vida universitaria.

No olvides calcular la distancia desde tu hogar. Todos los estudiantes que se van a la universidad desean creer que no les dará nostalgia, pero a veces es lindo pensar en llegar a cenar una comida hecha en casa o lavar la ropa en un lugar que no requiera monedas de veinticinco centavos (la mayoría de las máquinas de los dormitorios funcionan así). Incluso tu hermana pequeña parece menos fastidiosa después de un par de meses fuera de casa.

A continuación presentamos algunas preguntas que puedes hacerte durante el proceso de selección: ¿En qué parte del país quiero estar? ¿Qué tan lejos de casa deseo ir? ¿Cuál es el costo para volver a casa? ¿Necesito estar cerca de una ciudad? ¿Qué tan cerca? ¿De qué tamaño debe ser la ciudad? ¿Me distraería la vida de la ciudad? ¿Me concentraría mejor en un ambiente más rural o suburbano? Estos son tres escenarios para considerar.

Urbano

Tu clase de inglés 101 de las 11 a.m. es exactamente al lado de un restaurante y los aromas que salen hacen que tu estómago suene cuando tratas de concentrarte. De vuelta en el dormitorio, las sirenas de los vehículos de emergencia hacen que casi todas las noches, dormir sea una aventura. Pero si eres del tipo de persona que necesita estar en el centro de la emoción, cerca de los teatros, bibliotecas, museos, restaurantes y personas, un campus urbano puede ser adecuado para ti.

Rural

Despiertas en una habitación de dormitorio silenciosa en un edificio cubierto de hiedra de 100 años de tradición. Al mirar por la ventana, ves las onduladas colinas verdes y una que otra vaca en medio de ella. Después de la clase, tú y tus compañeros dan largas caminatas por el jardín botánico, mientras beben café y discuten acerca de su última clase de filosofía. Este ambiente podría parecer idílico, pero cuando es sábado en la noche, estás a 200 millas de la civilización y el único cine en la ciudad presenta la misma película durante la cuarta semana consecutiva, ¿será el idilio poco convincente? Lo que parece un ambiente de postal en el recorrido de la universidad puede perder su atractivo después del primer año o puede ser el ambiente en el que prosperes.

Suburbano

Un ambiente de universidad suburbano entrega proximidad a una ciudad con todos sus atractivos, pero con suficiente distancia del ruido y la contaminación. Encontrarás pasto, árboles, un pequeño pueblo cerca, paz y silencio y una vida tranquila. Los dos temas que debes considerar es la distancia desde la ciudad y cómo viajarás de ida y vuelta cuando desees aventurarte. Si viajar en el metro no es tu idea de una gran experiencia, pero un tren de pasajeros estaría bien, eso puede ayudar a que elijas la universidad, la ciudad y la distancia.

Otros factores que se deben considerar

¿Qué más debes considerar? Un factor importante es el costo. ¿Cuánto pueden pagar tú y tu familia? ¿Cuánta ayuda financiera puedes esperar de manera realista? ¿Son tus calificaciones lo bastante buenas para obtener una beca? ¿Una beca por qué monto? En el Capítulo 6 te ayudaremos a responder a estas preguntas.

Naturalmente, cumplir con los requisitos académicos es otro factor que determinará dónde postularás y te matricularás finalmente. En el Capítulo 3, trataremos la manera en que puedes evaluar tus opciones desde el punto de vista realista. Pero recuerda, también tienes que evaluar la universidad. ¿Te ofrece el campo de la especialidad y los cursos, en especial en el nivel superior, que te interesa seguir? Si no estás seguro de lo que deseas hacer, ¿cuáles universidades te dan las mejores oportunidades de probar tus opciones antes de seleccionar una especialidad? Todo esto se debe considerar cuando se elige una universidad.

Otro factor que hay que tomar en cuenta es el estudiantado. Dependiendo de dónde se encuentre ubicada una universidad, su tamaño y su misión educacional, es posible que encuentres un grupo muy diverso de estudiantes o uno más o menos homogéneo. Aun cuando las universidades urbanas grandes suelen ser más diversas, aquellas más pequeñas que están fuera de las grandes ciudades han hecho considerables esfuerzos durante los últimos años para diversificar sus poblaciones de estudiantes. Las universidades religiosas tienen grupos casi homogéneos en lo que respecta a valores, pero pueden tener gran diversidad en los orígenes socioeconómicos de sus estudiantes.

Ocurre lo mismo con las universidades sólo para hombres o sólo para mujeres. Cuando visites un campus, mira alrededor y ve si te sientes cómodo. Lee los tableros anuncios de actividades y el periódico estudiantil. ¿Existen grupos a los que te pudieras unir que proporcionen apoyo y ayuda? La diversidad cultural puede ser un factor importante para las familias hispanas que se sienten orgullosas de su herencia y desean impartir eso a sus hijos. ¿Ofrecerá esta universidad una atmósfera y un programa de cursos de trabajo que apoye este objetivo?

Tomar la decisión

Los estudiantes de duodécimo año que se gradúan son tan variados como las instituciones de enseñanza superior que los aceptan. Las universidades que van desde tradicionales a vanguardistas, de liberales a conservadoras, de políticas a científicas, se expanden y adaptan para cumplir con las necesidades de sus estudiantes. Éstas crecen en respuesta a las influencias sociales y la sociedad depende de las universidades para que proporcionen los líderes del futuro.

La universidad no es sólo aprendizaje de libros, es una experiencia ambiental que te formará a ti y a tu futuro. Tú idearás tu manera de pensar para los años que vienen y harás contactos que durarán toda la vida. La universidad establecerá tu independencia, conocerá tus propios deseos y tendrá cabida para probarlos. Todo está ahí, pero depende de ti encontrar la universidad que cumpla con tus necesidades. Escucha los consejos que te dan, pero confía en tus instintos. Observa de cerca una variedad de universidades, "familiarízate" con ellas y luego decide qué tipo de universidad es la adecuada para ti. Conocerás el tamaño y la ubicación que te parecen más cómodos y el enfoque académico que más te llama la atención.

Escucha los consejos que te dan, pero confía en tus instintos.

¡JERGA UNIVERSITARIA! ¿QUÉ TRATAN DE DECIR?

"Inscripción continua, aceptado, aceptado/negado". Aprender el lenguaje de la universidad puede ser tan confuso como decidir dónde ir. Revisa el Glosario al final de este libro para ayudarte a entender qué tratan de decir realmente las universidades. Te encontrarás con estas palabras y frases a medida que exploras en Internet, lees los catálogos y folletos de universidades y asistes a sesiones informativas durante las visitas a las universidades. No es necesario que memorices las definiciones, sólo consulta la lista a medida que te abras camino por el proceso de ingreso.

APRENDER A IR HASTA EL LÍMITE: ESTABLECER TUS OBJETIVOS PERSONALES

Las universidades se interesan en estudiantes que tengan éxito en sus ambientes educacionales. Después de todo, la reputación de una universidad sube o baja según el rendimiento de los estudiantes que se gradúan. Existen puestos limitados que se encuentran disponibles en el consorcio universitario y las instituciones buscan estudiantes que les brinden una abundancia de posibilidades. Las universidades no necesariamente se interesan en estudiantes que cumplan con todos los requisitos. En vez de eso, buscan optimizar su posición en el mundo académico, admitiendo a estudiantes con talentos individuales destacados que, cuando se fusionen, creen una clase talentosa de estudiantes de primer año. ¿Cómo planeas tu programa de la escuela secundaria para que te transforme en uno de los talentosos estudiantes de primer año de universidad?

Lo siguiente es un extracto de una recomendación que escribí para un estudiante llamado José que estaba postulando a las universidades de la Ivy League. Lo he incluido acá no para aumentar tu ansiedad, porque él era verdaderamente un estudiante extraordinario, sino para darte a entender lo que quiero decir con "ir hasta el límite" cuando se trata de habilidades académicas. A través de la escuela secundaria, José eligió motivarse con su selección de cursos. El tipo, la variedad y la profundidad de sus estudios, al igual que la escala de dificultad y la excelencia que mostró demostraron sus verdaderas habilidades. Más importante aún, José sabía cómo sacar ventaja de un entorno de aprendizaje y constituir la mayor parte de ello con cada paso de su camino.

"Sólo busco encontrar un muro que no he escalado".

Estas palabras simbolizan el enfoque optimista de José para el aprendizaje y destaca su voluntad de abordar los complejos y difíciles temas en su anhelo de conocimiento. Tiene capacidad de tener pensamientos complejos y sofisticados y posee una naturaleza metafísica y poética. Trabaja intensa y cuidadosamente, absorto por completo en el tema del momento. La búsqueda contagiosa de conocimiento de José incita a sus compañeros, además provoca y saca un análisis meditativo y aumenta el tono educacional del salón de clases a un nivel superior.

Obtiene premios en todas las áreas y tiene una excelencia consistente en todos sus esfuerzos. Es un atleta escolar, estudiante líder, semi-finalista del National Merit (Mérito Nacional), miembro de National Cum Laude Association (Asociación Nacional Cum Laude), ganador del Bausch and Lomb Science Award (Premio de Ciencias Bausch and Lomb), miembro del equipo de Science Olympiad and Mathlete (Olimpiadas de Ciencias y Matemáticas), entre ellos, el American Mathematics Competition Award (Premio de Competencia de Mate-máticas Estadounidense) y competidor de latín. Los logros de José van desde música (primera trompeta), ciencias, literatura, poesía, matemática, idiomas y deportes, hasta programación de computadoras y capacidad empresarial para negocios de computadoras.

Desde noveno grado, José se ha inscrito en los más rigurosos programas académicos de honor o de AP (Nivelación Anticipada) que ofrece esta escuela secundaria y nunca ha recibido una calificación inferior a A. Con su especial aptitud en idiomas, José ha avanzado en latín y se graduará con nivel AP de cuatro años en latín. Sus excelentes resultados en los SAT I y II y su 5 en el examen AP da testimonio de su capacidad para sobresalir en la universidad.

¿Notable? Pero hay más que contar de la historia de José y es por eso instructivo para otros estudiantes. José encontró la forma de trabajar alrededor del sistema para lograr sus objetivos. Por lo general, todas las escuelas secundarias del país tienen un método o secuencia para avanzar de un nivel académico al siguiente. En la mayoría de los casos, la lógica que impulsa el método está bien desarrollada y se ha comprobado que funciona para la mayoría de las personas que pasan por la secundaria. Aunque a veces, el sistema limita al estudiante. Las escuelas pequeñas no pueden ofrecer cursos todos los años o pueden ofrecerlos sólo por un período al día debido a la escasez de presupuesto o disponibilidad del maestro. Esto le ocurrió a José y su solución fue acelerar, saltar un nivel de idioma, estudiar por su cuenta en el verano para dominar la información y trabajar después de la escuela con su maestro para asegurar su destreza. "Donde hay un deseo, hay un camino" y a menudo era José el que presentaba las soluciones. Esto demostraba que podía desarrollar estrategias únicas e innovadoras que funcionaban para él.

El otro elemento claramente aparente en el ejemplo de José, es la cantidad y variedad de actividades extracurriculares y clubes en los que participaba. Toma en cuenta que siempre era consecuente con su participación y estaba verdaderamente comprometido con cada actividad durante los cuatro años que asistió a la secundaria. Esto es importante porque las universidades buscan estudiantes que se sumen al clima de su campus. José nunca se unió a nada sólo para rellenar su certificado de calificaciones, su participación fue un verdadero reflejo de sus intereses. A través de sus opciones, José dio a conocer a estas instituciones quién era él realmente.

Establecer tus objetivos personales

¿Qué elecciones debes hacer? Es importante recordar que cuando haces tu postulación, las universidades verán en tu certificado de calificaciones cada clase que hayas tomado y cada calificación que hayas obtenido en la secundaria. Debido a que el contenido de los cursos de undécimo y duodécimo grado se asemejan a los tipos de material y las exigencias que enfrentarás en la universidad, los consejeros de ingreso universitario hacen mayor énfasis en tu rendimiento en estas clases. Las universidades buscan crecimiento y la voluntad de los estudiantes de asumir desafíos a lo largo de sus carreras en la escuela secundaria.

Los consejeros de ingreso universitario pueden escoger estudiantes que han retrocedido en sus selecciones de cursos y han tomado el camino fácil, en especial en el duodécimo año. Para los comités de ingreso, no hay cosas como "los de duodécimo". Tiene sentido que si la carga de cursos aumenta a un material más complejo, los dos últimos años revelarán los cursos más arduos en tu certificado de calificaciones. Pero si en tu ensayo le cuentas al comité de ingreso sobre lo dedicado que eres para la literatura, pero tu certificado muestra que no te has inscrito en el examen de inglés de AP que se ofreció cuando estabas en el duodécimo año de la escuela secundaria, surge un punto en contra en la mente de los miembros del comité. (¡Los puntos en contra nunca son buenos!)

Las universidades no necesariamente se interesan en estudiantes que cumplan con todos los requisitos. En vez de eso, buscan estudiantes con talentos individuales destacados que, cuando se fusionen, creen una clase talentosa de estudiantes de primer año.

Para asegurar que tomes la mayoría de los cursos disponibles para ti, en noveno grado establece un plan de cuatro años con tu consejero. Esto te ayudará a identificar la disponibilidad de clases, las secuencias de cursos y los requisitos para los cursos más exigentes. Consulta a tu consejero acerca de los requisitos para graduarte y para el ingreso a la universidad. Revisar este plan anualmente a medida que comienzas a descubrir tus objetivos e intereses profesionales, asegurará que estás en camino de lograrlos.

Existen algunas pautas que se consideran las mínimas para ingresar a la universidad:

Materia	Años	Tipos
Inglés	4	Composición, literatura, literatura inglesa (de estar disponible)
Idioma extranjero	3	Tres años consecutivos del mismo idioma
Matemáticas	3	Álgebra I y superior a Introducción al cálculo o cálculo
Historia y ciencias sociales	3	Economía, leyes y gobierno de Europa y de Estados Unidos
Ciencias	3	Ciencias de laboratorio como biología, química y física

Cuando elijas tus cursos, recuerda ponerte un desafío. Por ejemplo, considera idioma extranjero si es una materia que realmente disfrutes estudiar. El talento en los idiomas en una economía global y en la era de la Red Mundial o *World Wide Web* puede ser un atractivo importante. Las personas con dominio de dos o incluso tres idiomas extranjeros serán un bien muy solicitado. Tú ya hablas español con fluidez, pero a medida que continúes dominando el inglés, podrías considerar tomar cuatros años de otro idioma.

Recuerda, tus años de escuela secundaria y el proceso de ingreso a la universidad están a punto de descubrir tus talentos únicos. Probar tus límites durante la escuela secundaria, en la seguridad de tu propio patio con tu red de apoyo en su lugar adecuado, te dará la confianza de aventurarte como el próximo "estudiante de primer año universitario talentoso".

A propósito, José ingresó a la universidad de la Ivy League que había elegido.

Guía para padres

1. Para asegurar que está optimizando las opciones de los cursos disponibles para su hijo o hija en la escuela secundaria, haga una cita con el consejero de la escuela secundaria para establecer un plan de cuatro años durante la transición de octavo a noveno grado. Esto le ayudará a identificar la disponibilidad de clases, las secuencias de cursos y los requisitos para los cursos más exigentes. Consulte al consejero acerca de los requisitos para graduarse y para el ingreso a la universidad. Revisar este plan anualmente a medida que su hijo o hija comienza a descubrir sus objetivos e intereses profesionales asegurará que él o ella esté bien encaminado.

2. Establezca una relación progresiva con el consejero mediante un contacto frecuente. Esto asegura que el consejero se familiarice por completo con las fortalezas y logros individuales de su hijo o hija, le entrega al consejero la oportunidad de responder preguntas que surjan y, cuando llegue el momento, escribir una recomendación lo más eficaz posible para su hijo o hija.

3. Los padres necesitan ayudar a sus hijos a identificar características especiales y estimularlos a expresar estas capacidades cuando postulen a las universidades. Muchos estudiantes se sienten incómodos con expresar verbalmente sus fortalezas, parece que están presumiendo. Los padres pueden ayudar a sus hijos a superar este obstáculo, explicando que recomendarse uno mismo es diferente a presumir.

4. Comience temprano a documentar logros. Desde el verano anterior al noveno grado y a lo largo de la secundaria, ayude al estudiante a establecer un registro, tal vez un banco de datos en la computadora, donde se destaquen áreas de logro para cada grado. Las áreas que hay que observar son reconocimiento y distinciones, participación en programas especiales, membresías en clubes y organizaciones, liderazgo, empleo pertinente u oportunidades de exploración de profesiones, habilidades deportivas y voluntariado.

5. Las familias deben discutir con anticipación temas que consideran importantes para evitar confusiones más tarde. Analicen preocupaciones acerca de la distancia del hogar. ¿Son limitadas las finanzas familiares y cuáles son estos límites? ¿Es importante una cultura amistosa con los hispanos o una cantidad cuantiosa de estudiantes con orígenes similares para tomar la decisión final? Si la familia mantiene el diálogo abierto y vuelve a analizar todo a lo largo del proceso, es más probable que los resultados finales sean la mayor satisfacción y éxito.

6. Es necesario que los padres brinden apoyo y sean sinceros. Sobre todo, piensen que sus hijos están en el límite entre la niñez y el mundo adulto y necesitan asumir la responsabilidad de sus propias decisiones. Ayudarlos a que esta transición sea una de las tareas más gratificantes es uno de los logros más lucrativos que puede lograr un padre.

Preparación

Tienes puesta tu ropa nueva, las zapatillas más rápidas que se pueden comprar, una lonchera y una mochila con la forma de tu animal favorito en la espalda. Una agradable persona te muestra donde colgar tu abrigo, justo bajo tu nombre escrito con coloridas letras. A medida que tanteas las palabras, te las repites a ti mismo, esta persona te toma la mano y te lleva a una sala. Ahí hay otros catorce niños, vestidos muy parecido a ti, sentados en un círculo mirándose unos a otros. Bienvenido al kindergarten.

En un mundo perfecto, tendrías un plan perfecto. Comenzaría justo ahí en el kindergarten y ya sabrías que éste tendría un importante impacto en tu futuro. En la sociedad actual, casi todos saben que una educación abre puertas y permite tener más opciones de dónde elegir. Antes de que amarraras tu mochila y enfrentaras tu primer día de escuela, tus padres ya habían invertido mucho tiempo, esfuerzo y esperanzas en prepararte para el futuro. Los padres sueñan con que sus hijos o hijas tengan la posibilidad de ir a una buena universidad, que se gradúen, que sean exitosos en la carrera que elijan y que sean felices.

¿CUÁNDO DEBERÍA YO REALMENTE COMENZAR A PENSAR EN LA UNIVERSIDAD?

¿Cuándo es el momento ideal para comenzar a hacer un plan que te preparará para un tranquilo proceso de postulación a la universidad? Antes de comenzar a analizar el plan óptimo, deseo reiterar que aunque existen importantes hitos para cumplir, todos tienen su propio horario y métodos para hacer las cosas. *¡No existe una forma única de hacer las cosas!*

Algunos distritos escolares no ofrecen cursos avanzados en la escuela intermedia, algunos estudiantes les toma más tiempo lograr su máxima capacidad y otros tienen sus vidas llenas de dificultades y distracciones. ¿Con qué factores te estás enfrentando? Para responder a esa pregunta, es necesario que te mires a ti mismo y donde estás en este minuto de una manera honesta y sin juzgarte. El hecho de que estés leyendo este libro significa que estás encaminado en la dirección correcta. Existen muchas maneras para encaminarse y establecer objetivos sin importar cuán lejos estés del proceso de ingreso a la universidad. Si deseas desesperadamente una educación universitaria, ¡encontrarás la manera de obtener una!

LA BASE

La educación es como una pirámide, un bloque sobre otro. Si retrocedemos hasta el kindergarten, ahí tu comenzaste a establecer patrones de comportamiento que te llevaron a tener éxito en el ámbito educacional. Desarrollaste autodisciplina para asistir a la escuela todos los días y prestar atención cuando estabas ahí. Aprendiste a relacionarte con otros y a expresar tus necesidades y deseos. Aprendiste a escribir tus propias ideas, experimentaste experiencias nuevas y recordaste llevar cosas a casa y llevarlas a la escuela nuevamente al día siguiente. Las aptitudes que ganaste en la escuela primaria fueron la base sobre las cuales construiste en la escuela intermedia. Desarrollaste tus habilidades de pensamiento, de razonamiento, de redacción y verbales durante el transcurso de tu educación y todos estos logros te prepararon para los desafíos de la escuela secundaria.

¿Te acuerdas de la escuela intermedia? Aquellos años fueron de vital importancia para establecer tu horario para la escuela secundaria. Muchas escuelas en todo el país proporcionan la posibilidad de adelantar cursos en la escuela intermedia. Estos cursos pueden contar como créditos en la escuela secundaria si un estudiante mantiene una calificación aprobatoria. Por ejemplo, un estudiante que tomó cursos de lengua extranjera, como francés, durante los cuatro años de la escuela intermedia (de 5º a 8º grado), mantuvo un promedio B y aprobó la evaluación de competencia, podría obtener dos créditos de escuela secundaria.

Extrapolemos (una buena palabra para el SAT) este ejemplo a través de los años de la escuela secundaria y veamos qué impacto tendrá al momento de que este estudiante se gradúe. El estudiante podría comenzar el tercer año de francés en el noveno grado y terminar una secuencia de créditos de cinco años cuando esté en el undécimo año. Esto le permitiría al estudiante agregar cursos adicionales a su horario en otras áreas y seguramente daría una buena impresión a los funcionarios de ingreso a la universidad.

¿QUÉ HAGO AHORA?

Tú dices, bueno, pero ya estás en la escuela secundaria y no adelantaste ningún curso. Mi lema es "nunca es demasiado tarde", pero debemos mirar hacia atrás antes de poder mirar hacia adelante.

¿Recuerdas el octavo grado, cuando un grupo de consejeros de escuela secundaria llegó a la escuela intermedia con hojas de selección de cursos? Ellos te explicaron que ibas a tener varios maestros diferentes al día, que el año escolar se iba a dividir y que tendrías que elegir cursos y electivos. Veinte minutos más tarde, estabas revisando la hoja de selección intentando decidir cuáles eran los electivos y cuántos habían dicho los consejeros que era necesario marcar.

En ese momento, tomaste decisiones importantes, estando entre la escuela intermedia y la escuela secundaria y ahora aquellas decisiones tienen un profundo impacto en tu horario de la escuela secundaria. Como ejemplo, considera cómo tus clases de matemáticas básicas dictaron el nivel de matemáticas que serías capaz de lograr cuando te graduaras. Puesto que matemáticas es secuencial, es decir que el concepto se sigue construyendo sobre éste al año siguiente de una manera lógica, es muy difícil compensar el tiempo perdido saltándose un curso o duplicándolo (hacer dos cursos de matemáticas el mismo año). Siempre que sea posible, deberías intentar perseverar en matemáticas a través de los tres o cuatro años de escuela secundaria y finalizar con introducción al cálculo o cálculo.

Secuencia de cursos

Para aquellos que se acaban de quejar, déjenme explicar por qué este concepto es tan importante. Las universidades tienen lo que se llama requisitos básicos. Ya estás familiarizado con este concepto, puesto que es similar a los requisitos para graduarse de la escuela secundaria establecidos por tu educación estatal. Esto varía de estado en estado, pero para nuestro ejemplo, supongamos que necesites 4 años de inglés, 3 de historia, 3 de ciencias, incluidos 2 laboratorios y así sucesivamente, sumando hasta 24 créditos de escuela secundaria. La mayoría de las universidades exigen que tomes alrededor de 40 a 60 cursos básicos, sin importar tu especialidad. Te prometo que al menos uno de estos cursos básicos será matemáticas de nivel universitario. Con el fin de que tengas una base que te prepare para la información presentada en los cursos a nivel universitario, necesitas tomar la mayor cantidad de cursos de matemáticas en la escuela secundaria. Si necesitas ayuda para captar conceptos, tendrás más apoyo mientras vivas en tu casa que cuando vivas lejos en la universidad. Puedes obtener ayuda adicional después de la escuela de tu maestro de escuela secundaria, asistir a laboratorios de matemáticas, crear un grupo de estudio con tus amigos u obtener los servicios de un tutor, si es económicamente factible para ti y tu familia.

Nivel de los cursos

Otro factor que tienes que considerar es el nivel de los cursos que estás tomando en la escuela secundaria. ¿Son cursos de recuperación, regulares, de nivel superior o de nivelación anticipada? Las universidades desean ver lo que ellos perciben como un programa preparatorio para la universidad. El nivel de los cursos que puedes tomar se basa en cómo tu maestro del año anterior percibe tu rendimiento. Los estudiantes que dominan una variedad de temas, contribuyen en clases y obtienen un promedio B o superior, es probable que sean recomendados para un curso de nivel superior cuando pasen al siguiente grado. Muchos distritos escolares tienen pautas para ofrecer cursos avanzados que delinean detenidamente las normas de rendimiento exigidas, pasos en el proceso de selección y razones para nivelación. Algunas escuelas tienen estrictas normas para la admisión de estudiantes en los cursos de nivel superior o de AP. Las escuelas desean que sus estudiantes se sientan exitosos durante su experiencia en la escuela secundaria, por lo que se considera detenidamente el equilibrio entre desafiar y abrumar a los estudiantes.

Tú y tus padres deben analizar tus opciones cada año antes de decidir tu planificación de cursos. Un consejo: si te recomiendan que tomes un curso de nivel superior o AP, ¡hazlo! Las exigencias en estos cursos te ayudará a obtener el conocimiento y las aptitudes necesarias para triunfar en la universidad. Recuerda, una B en un curso de nivel superior o AP tiene un mayor impacto en los funcionarios de ingreso a la universidad que una A en un curso de menor dificultad.

> Los requisitos de cursos que ves en las listas en las guías de las universidades son los requisitos mínimos. La mayoría de los estudiantes que postulen a universidades competitivas tendrán que completar muchos más.

Seis técnicas de estudio que conducen al éxito

1. **Establecer un horario regular de estudio.** En la universidad, nadie va a perseguirte para que hagas las tareas. Es en la secundaria donde debes desarrollar las pautas de estudio que te conducirán al éxito en la universidad. Todos los que han esperado hasta última hora para estudiar saben cuánto se recuerda cuando te has tomado la quinta taza de café y no has dormido: ¡no mucho! Nada es más efectivo que los hábitos de estudio constantes y consistentes.

2. **Guarda todo.** Para asegurarse de que tus notas de historia no terminen en tu cuaderno de matemáticas y tus trabajos de inglés no queden en el fondo del casillero de un amigo, desarrolla un sistema organizado para guardar tus trabajos. También, asegúrate de guardar pruebas y exámenes porque siempre es sorprendente cómo algunas preguntas de un examen de marzo reaparecen milagrosamente en tu examen final.

3. **Escucha.** Los maestros revelan lo que se incluirá en el examen repitiéndoselo y si pones atención a lo que dice, probablemente notarás en lo que pone énfasis. Si lo que el maestro dice en clases se repite en tus notas y en sesiones de repaso, hay gran posibilidad que ese material se incluya en el examen. Mantente atento.

4. **Toma notas.** Si el maestro ha tomado el tiempo de preparar una clase, entonces lo que él dice es lo suficientemente importante como para que lo escribas. Crea un sistema para revisar tus notas; después de cada clase, vuélvelas a escribir, revísalas o léelas nuevamente. Trata de resaltar los puntos importantes o hacer notas en los márgenes para que queden en tu memoria.

5. **Usa los libros de texto con sensatez.** ¿Qué puedo hacer con un libro de texto además de perderlo? Úsalo para respaldar o aclarar información que no entiendes cuando lees tus notas de clases. Leer cada palabra puede no ser un esfuerzo que se justifique, por eso, revisa el libro con inteligencia. ¿Qué hay en los recuadros o áreas destacadas? ¿Cuáles son los contenidos que se enfatizan? ¿Sobre qué tratan las preguntas en las secciones de revisión?

6. **Forma un grupo de estudio.** Establece un grupo que permanecerá encargado de una tarea y háganse unos a otros las preguntas que creen que hará el maestro. Compara las notas para ver si tienes todos los datos importantes. También discute tus pensamientos, pues si hablas de tus ideas puede servir de ayuda cuando tengas que responder a una pregunta de ensayo.

Te preguntarás, ¿cómo sabrán la diferencia las universidades? Probablemente no eres la primera persona que se gradúa de tu escuela secundaria y que postula a una universidad en particular. Estas universidades juzgan la solidez de los postulantes actuales por sus experiencias con estudiantes de la misma escuela secundaria que han postulado en los últimos años. Además, los consejeros de ingreso universitario reciben un perfil de tu escuela que enumera todos los cursos de nivel superior o AP ofrecidos. El consejero de ingreso universitario mira tu certificado de calificaciones, las compara con el perfil, cuenta los cursos que tomaste y compara el número y niveles con el número y niveles disponibles. Ellos ven que no tomaste todos los cursos que podrías haber tomado, y se preguntan por qué no lo hiciste. Un nuevo punto en contra y recuerda, no deseas puntos en contra.

"Nunca es demasiado tarde"

¿Qué hay de ti? ¿Hiciste todo lo que pudiste? Quizá no conocías los matices de la selección de cursos o la secuencia lógica de las matemáticas cuando estabas en octavo grado. Quizá ahora estás en tu máxima capacidad y te das cuenta que la universidad podría ser para ti. O tal vez te has cambiado de escuela secundaria tan a menudo que has perdido la elegibilidad para los cursos de nivel superior porque no tienes los requisitos de las escuelas anteriores. ¿Qué opciones tienes? Le escribí la siguiente recomendación a otro de mis estudiantes donde demostraba que nunca es muy tarde para mejorar tus opciones.

Encantador, sociable, innatamente inteligente, gentil y fácil de tratar, Miguel no sólo hizo los ajustes más notables que alguna vez haya sido capaz, sino que dejó una huella en los dos años desde que llegó. Miguel pasó de ser un estudiante mediocre en una gran e impersonal escuela secundaria a un estudiante con calificaciones B o mejor en una escuela más exigente pero más pequeña y más personalizada. Los cambios que se le exigieron fueron significativos: desarrollar buenos hábitos de estudio, adoptar una actitud positiva y entusiasta con respecto al aprendizaje y disciplinar su mente.

Los hábitos de trabajo de Miguel han sido sorpresivamente buenos este semestre y aunque hemos descubierto que tiene deficiencias en su educación (lo que es comprensible), ha estado dispuesto a buscar ayuda e intentar compensarlas. Miguel encontró un maestro en particular que estaba enseñando un curso de escritura creativa y le preguntó si podía asistir de oyente. Miguel comenzó a hacer las tareas, a leer su trabajo en voz alta, a criticar el trabajo de otros estudiantes y aunque "no se contabilizaba" en su certificado de calificaciones, llegó a ser un miembro importante dentro de la clase.

Cuando Miguel recién llegó, no tenía mucho interés en las actividades extracurriculares. Sin embargo, con el paso del tiempo, ha llegado a ser un participante entusiasta en actividades como el club de fotografía y la banda. Miguel también toca la guitarra en grupos informales de amigos. Ha trabajado a tiempo parcial los últimos dos veranos. Su trabajo más reciente fue en una oficina de la ciudad de New York que incluía una jornada laboral entre 10 y 12 horas.

Después de dos años del divorcio de sus padres, Miguel cambió su modo de vida a dos casas, viviendo cuatro días en cada una. Las expectativas en ambas casas eran muy diferentes. Quizá su experiencia para equilibrar y negociar surgió de la adaptación entre los dos entornos. Tal vez el pobre rendimiento escolar anterior de Miguel se debió a una estrategia de navegar entre una casa estructurada y la otra más relajada. Existe una relación entre que Miguel viva en una sola casa que le proporcione un entorno estable y sustentador y la mejoría en su trabajo escolar.

La historia de Miguel es inusual, pero si él puede compensar sus deficiencias educacionales, también lo puede hacer una persona que desee desesperadamente una educación universitaria. Recuerda: toma al menos una secuencia de cuatro años en cada una de las "cinco grandes" áreas y estimúlate con los cursos más difíciles que puedas tomar. Pero, ¿qué más puedes hacer?

MÁS ALLÁ DEL SALÓN DE CLASES

Cuando planees tu carrera de la escuela secundaria, existen dos áreas además de los cursos que debes considerar: competencias académicas y actividades extracurriculares. El nivel y los tipos de competencias y actividades no sólo pueden impresionar al comité de ingreso a la universidad, sino también aumentar considerablemente tu experiencia de la escuela secundaria. Ellas te ayudarán a evaluar tus intereses, extender tus habilidades, confirmar "cuán bueno eres" y enseñarte valiosos conocimientos y aptitudes.

Competencias académicas y programas especiales

Durante la escuela secundaria e incluso durante la carrera universitaria, muchos de ustedes tendrán oportunidades para exhibir sus fortalezas académicas a través de competencias, concursos o en la participación en programas especiales. Estas oportunidades existen en una amplia gama de áreas. Existen competencias de lengua extranjera que te permiten obtener certificados que prueban tus habilidades avanzadas en la lengua. Es sabido que las competencias nacionales de matemáticas y ciencias sólo consideran a los mejores estudiantes. Existen competencias de redacción que dan como resultado la publicación o incluso la producción del trabajo del ganador. Las competencias en arte multimedial, artes del espectáculo y áreas científicas y técnicas te permiten demostrar tus habilidades únicas y recibir retroalimentación de renombrados personajes. Ganar estas competencias te pueden abrir las puertas a becas y experiencias que se presentan sólo una vez en la vida. Los programas con invitaciones de verano que se desarrollan en los campus de las universidades de todo el mundo, ofrecen oportunidades para un crecimiento académico y viajes internacionales.

Durante años, he escuchado muchas excusas de estudiantes que están reacios a ingresar a este nivel de competencia o que dudan en investigar una oportunidad. Algunas razones son legítimas y siempre se deben respetar las limitaciones personales. Sin embargo, considerando lo que ganas de estas experiencias, si las enfrentas con la actitud adecuada, es importante no dejarlas pasar.

¿Cuál es la actitud correcta? La respuesta más positiva y común que he escuchado de los estudiantes que han participado en estas competencias, es que las competencias permiten a los participantes compararse a sí mismos con otras personas que han demostrado excelencia en el mismo campo de interés. Piénsalo, tú puedes ser el "mejor en lo que haces" en tu escuela y no tienes a nadie nuevo con quien analizar ideas.

¿Tendrás otra mejor oportunidad de ejercitar tu mente y evaluar tus ideas frente a algunos de los mejores estudiantes del país? Esto es cierto si asistes a un programa o evento para competir o evaluar tus aptitudes a través de exámenes competitivos nacionales y composiciones escritas. Los estudiantes que han viajado a competir en debates, que han participado en competencias de ciencias y matemáticas o han tenido publicaciones, terminan dicha experiencia más seguros de sí mismos. Ya sea que obtengan un reconocimiento o no, estos estudiantes ingresaron a esta experiencia abiertamente y ganaron por intentarlo.

Este tipo de excelencia e iniciativa contribuye a convencer a la universidad que tú eres un gran candidato para ingresar. El reconocimiento de organizaciones nacionales reconocidas y aceptadas es fácilmente comprensible e interpretable por los funcionarios de ingreso. Si las competencias académicas involucraron viajar o vivir fuera de tu hogar por un tiempo, el nivel de comodidad y madurez emocional que esto demuestra, le reafirma a la universidad que puedes sobrellevar el hecho de vivir lejos de tu familia. Ésta es una gran preocupación para las universidades, puesto que muchos de los estudiantes de primer año de universidad que no regresan para continuar el segundo semestre o quienes abandonan la universidad durante su segundo año lo hacen porque no fueron capaces de realizar los ajustes necesarios para vivir lejos del hogar.

Actividades extracurriculares

Como ya sabes, existe vida más allá del salón de clases y no todo lo que se aprende se hace en la escuela. Probablemente sabes que las actividades extracurriculares dan una buena impresión al momento de ingresar a la universidad. Pero, ¿en qué debería participar? Cualquier cosa que realices, no la hagas por impresionar a la universidad. Participa en actividades que se basen en tu interés real y permanece constante. Las actividades en las cuales participas y tu nivel de compromiso reflejan el tipo de persona que eres.

También se puede ganar mucho más de las actividades extracurriculares que sólo impresionar a los funcionarios de ingreso a la universidad. Las responsabilidades extracurriculares te ayudan a aprender nuevas cosas sobre ti mismo. Puedes desarrollar habilidades de liderazgo o aprender a trabajar en equipo. Podrías mejorar tus aptitudes de comunicación, aprender más sobre el "mundo laboral" o sólo tener la satisfacción de que estás haciendo algo amable por otra persona. La participación en actividades extracurriculares puede conducir a pasantías o trabajos en el futuro y seguramente aportará a tu currículum vitae y te ayudará a expresar tus habilidades. Dichas actividades también te pueden enseñar a priorizar, dividir tu tiempo y equilibrar tu horario. Principalmente, si eliges sabiamente las actividades extracurriculares, te darán satisfacción, mejorarán tu calidad de vida y te ayudarán a definirte, no sólo para el ingreso a la universidad sino también para tu vida.

Ahora, déjame explicar cómo este tipo de participación tiene un impacto en el proceso de ingreso a la universidad. Las universidades envían mensajes mixtos sobre la participación en actividades extracurriculares. Por un lado, les dicen a los estudiantes que elijan las actividades que les gusten y, por otro, quieren estudiantes líderes, deportistas campeones estatales y con reconocimientos en el ámbito nacional.

¿Qué deberías hacer? Antes de elegir cualquier actividad, piénsalo detenidamente. Será difícil continuar participando en algo que no te gusta simplemente por tu certificado de calificaciones. Si no te gustan las competencias y te estremeces sólo de pensar en levantarte a las 5 de la mañana, entonces unirte al equipo de natación no es para ti. No trates de adaptar tu participación para coincidir con lo que tú crees que las universidades buscan. Éste es el momento de descubrir lo que quieres hacer y luego encontrar una universidad que aprecie lo que haces. Si te gusta escribir, únete al periódico escolar o a la revista literaria. Si eres un excelente estudiante de matemáticas, entonces el equipo de matemáticas es para ti. Si tu escuela no tiene un equipo de matemáticas, ve si puedes organizar un club de matemáticas y competir.

A veces lo que hace la diferencia es la manera como describes tu participación. Analiza las siguientes actividades y comprueba cómo el uso de una redacción única puede marcar la diferencia. Pero es más que sólo la manera de decir algo. Todas las categorías en la columna de la izquierda valen la pena y ofrecen muchas opciones para la participación del estudiante. Dentro de cada categoría, hay mucho espacio para el individualismo y la posibilidad de comenzar nuevos proyectos y ser el "primero". Recuerda, las actividades extracurriculares pueden ser tan diversas como las personas que participan en ellas.

Actividad	Declaración estándar	Declaración única
Deportes	Atletismo en pista, tenis y lucha libre de estudiantes de undécimo y duodécimo año	• Competidor de hockey sobre hielo, de snowboard, surfista a vela • Primer estudiante en la escuela nombrado para el equipo de béisbol estatal
Servicio de asistencia a la comunidad	Voluntariado en hospital, hogar de ancianos, refugios para animales	• Organizó programa de transporte de almuerzos • Dio clases a niños y adultos en un programa de alfabetización local
Liderazgo en escuela o comunidad	Directiva estudiantil, funcionario de un club, capitán de un equipo deportivo, editor de una publicación escolar.	• Escribió para que se otorgara un proyecto de limpieza local • Lidera grupo contra abusos de sustancias
Banda o coro	Participó en la orquesta y la banda; miembro del coro estatal	• Miembro de un grupo de coro a capella ganador de un premio • Comenzó un programa de radio local

Cómo las universidades analizan las actividades extracurriculares

Las universidades son un microcosmo viviente de nuestra sociedad. Están interesadas en los estudiantes que entregarán más que sólo su promedio general GPA. El estudiantado vive junto y a menudo forma pequeñas ciudades. Las universidades desean atraer a los estudiantes que ayudarán a establecer comunidades vibrantes, estimulantes y entusiastas. Los consejeros de ingreso universitario y administradores de universidad son muy sensibles con respecto a tener una diversidad en las clases que aceptan. Ellos desean deportistas y artistas sobresalientes, activistas, personas inclinadas al servicio de asistencia a la comunidad, editores de periódicos de la escuela secundaria, líderes en la directiva estudiantil, escritores, músicos, individualistas, políticos de izquierda y de derecha, feministas, ecologistas, los culturalmente diversos, pequeños empresarios, tecnólogos y los estudiantes que han logrado la excelencia académica mientras trabajaban a tiempo parcial con un mismo empleador durante la escuela secundaria. En otras palabras, las universidades desean una amplia gama de personas interesantes que compartirán sus intereses con otros.

> Muchos estudiantes hacen muchas cosas por sus escuelas y por sus comunidades, pero nunca se detienen a pensar acerca de qué les deberán decir a las universidades sobre dichas actividades. Cuando converso con estos estudiantes sobre cuán impresionante es su participación, les da vergüenza. No la tengas, aprende a ser tu propio defensor.

Ya dije esto antes y lo voy a decir nuevamente. La escuela secundaria se trata de probar nuevas cosas y ver cómo se sienten. Realizar actividades y practicar deportes que nunca habías intentado es parte de lo que es la escuela secundaria. ¿De qué otra manera sabrás si estas actividades son para ti? Recuerda, a las universidades les gusta ver regularidad cuando se refiere a participaciones. Una vez que hayas descubierto una actividad que te guste hacer y que creas que es un reflejo de quien eres, continúa haciéndola hasta que te gradúes de la escuela secundaria. No acumules actividades sólo por acumularlas porque crees que una lista larga impactará positivamente al comité de ingreso. Las universidades quieren ver que has estado participando en la misma actividad durante los tres o cuatro años de tu escuela secundaria y que has logrado, cuando es posible, un papel de líder. Principalmente, una universidad desea saber que tú eres multifacético y que serás capaz de equilibrar tu educación con experiencias enriquecedoras y completas en el campus. Ver tu participación y compromiso en diversas actividades le confirma a una universidad que serás una contribución interesante a la estructura de su estudiantado. Las universidades quieren personas fuertes, inteligentes, creativas y dinámicas, ¡como tú!

Hablar con tus padres

La primera conversación que tengas sobre la universidad deberías tenerla con tus padres o tutores legales. Esta conversación debería hacerse con tiempo y puede que exista la necesidad de volver a retomarla cuando se acerque el momento de hacer los planes finales. Ponte de acuerdo para tener esta conversación y elige un horario que sea conveniente para todos. No lo hagas como una de esas conversaciones "eh, yo sólo, bueno, pasaba por aquí, eh, es tarde un domingo por la noche y, y, quería hablar, esteee, sobre mi futuro". Todos deberían pensar sobre esta conversación con anticipación, puesto que es el momento para que todos ustedes expresen sus preguntas, pensamientos y miedos sobre todo este proceso. La conversación con tus padres o tutores legales debería incluir temas como:

- ¿Cuáles son sus sentimientos con respecto al proceso de ingreso a la universidad y tú?

- ¿Tienen una idea definitiva sobre la distancia máxima a la cual debes ir a estudiar?
- ¿Existen restricciones y preocupaciones financieras?
- ¿Ha establecido alguien un fondo de educación o un programa estatal de prepago que te garantiza tu matrícula mientras asistas a una universidad pública dentro del estado?
- ¿Existen legados universitarios o tradiciones en tu familia? ¿Tus padres son ex-alumnos contribuyentes de una o algunas universidades? En ambos casos, tu afiliación familiar con una universidad podría aumentar tus posibilidades de ingresar.
- ¿El empleador o los empleadores de tus padres ofrecen becas o fondos de aportaciones paralelas por becas recibidas de otras fuentes? Si uno o ambos padres trabaja en una universidad, ¿dicha universidad tiene algún programa que proporcione matrícula gratuita o costos de admisión reducidos a los hijos de los empleados? ¿Tiene algún programa similar con instituciones asociadas?
- ¿Están de acuerdo todos en la familia de que es una experiencia personal para ti y que tu experiencia no tiene que ser analizada con otros, dentro o fuera de la familia? El respeto por tu privacidad, la sensibilidad sobre tus sentimientos y el apoyo durante el tiempo que intentas tomar una decisión que tendrá un gran impacto en tu futuro pueden contribuir a reducir el estrés a toda la familia durante los próximos meses. Si crees firmemente que tus planes no son de interés público, asegúrate de comunicárselo con antelación a tu familia.
- ¿Cuáles son las expectativas de tus padres con respecto a tu rendimiento académico para continuar apoyándote financieramente mientras asistes a la universidad? ¿Qué otras expectativas tienen para ti durante tus años de universidad?
- ¿Están tus padres dispuestos a aceptar y apoyarte en tu decisión final? (Recuerda, es tu decisión.)

> Sé maduro, paciente y escucha a los demás. Una conversación honesta y sincera abrirá las líneas de comunicación y comenzará a desarrollar el tipo de equipo de apoyo mutuo que necesitas mientras atraviesas por este proceso.

Todos estos son puntos importantes y conversarlos lo antes posible es de gran importancia para evitar herir sentimientos, tener malos entendidos y cambios de último minuto en los planes. He sabido muchas veces de estudiantes que siguen los pasos correctos, investigan las opciones de universidad e identifican la de sus sueños y recién se dan cuenta de que la familia no puede costearla. No permitas que lo mismo te suceda a ti. La universidad puede ser cara, pero existen alternativas y tácticas asequibles que te ayudarán a pagarla. Si todos reconocen esto, puedes planear tus estrategias desde un comienzo.

Además de lo económico, date el tiempo para hablar sobre todos los temas. ¿Cómo reaccionaron tus padres con respecto a tu sueño de ir a una universidad en Hawaii a 5,000 millas de tu hogar? ¿No muy bien? Este tipo de disparates pueden ser un punto difícil para ellos y para ti. La idea de irse de la casa y ser independiente sin nadie que te diga que le bajes el volumen a tu equipo de música a las 11 de la noche, puede ser el paraíso por ahora. Pero trata de verlo desde otro punto de vista. Mudarte de tu hogar también significa mudarse de los lugares familiares y cómodos que probablemente has conocido durante toda tu vida. El costo de un boleto de avión desde Hawaii es algo serio, especialmente para el Día de Acción de Gracias cuando todos tus conocidos se van a casa. Algunas de las preocupaciones de tus padres pueden ser automotivadas, puesto que seguramente, también, es un gran cambio en sus vidas. Ten en cuenta que luego de diecisiete o dieciocho años educándote, ellos podrían saber claramente qué es lo que será más adecuado para ti. ¿Están preocupados por tu habilidad para manejar el ajuste, las opciones de vida o la carga de cursos en la universidad si estás lejos de casa? Analizar esto abiertamente te ayudará a que disminuyan las preocupaciones.

¿Qué sucede si tus padres han determinado que asistirás a una universidad en particular? "¿Qué quieres decir con que deseas ver otras universidades?", te pregunta tu padre con incredulidad. En lo que a él respecta, no existen otras. Cuando no parece haber mucho para discutir, ¿qué debes hacer? Actúa cuidadosamente y con una actitud abierta. Si simplemente no puedes tolerar la idea de asistir a la universidad que tus padres te dicen, necesitas exponer tu caso clara y firmemente. No permitas que termine en una pelea. No critiques la universidad que tu papá o tu mamá adora. En lugar de eso, explícales qué es lo que estás buscando en una universidad, que quieres intentar algo nuevo y por tus propios medios y cómo te ayudarán a lograrlo las universidades X, Y, y Z. Las posibilidades son que, una vez que hayas presentado tu lado de la historia en una manera calmada y madura, ellos recordarán que esto se trata de lo que es lo correcto para ti.

Habla con tu consejero vocacional

Una vez que hayas hablado con tus padres y entiendas la función que tu familia es capaz y está dispuesta a tener en tu proceso de selección de la universidad, deberías planear una conversación con tu consejero vocacional. En realidad debería existir una serie de conversaciones con el objetivo de permitirle a esa persona conocerte. Después de todo, él o ella será un defensor tuyo durante tu experiencia de escuela secundaria. El consejero vocacional hace mucho más que ingresar tu horario en una computadora y reunirse contigo para determinar si estás progresando lo necesario para graduarte. El consejero vocacional es una valiosa fuente de información universitaria y sirve como un vínculo muy importante en la conexión con la universidad de tu preferencia.

Cuando comiences tu undécimo año, las primeras cosas que debes pedir a tu consejero son un Horario de Planificación Universitario y una Guía de Planificación Universitaria, también conocida como Paquete de Exploración de Universidades. Estos son instrumentos que son desarrollados por la mayoría de las oficinas de consejería para mantenerte ordenado en el proceso de selección y para resaltarte algunas de las fechas y eventos más importantes. Estos dos documentos apuntan a los recursos de información clave disponibles en tu escuela y a una lista de pasos que se deberían dar para lograr el objetivo de ingresar a la universidad de tu preferencia en el otoño de tu duodécimo año. Consulta el Apéndice A y B para obtener un ejemplo de cada documento.

Cualquier cosa que se haya desarrollado es para ayuda tuya, como es el caso del paquete escolar. Si lo tiras en tu casillero, lo dejas en un escritorio de un salón de clases o lo entierras en tu mochila, vas a perder una valiosa información que puede ahorrarte tiempo y energía. Le digo a mis estudiantes de duodécimo año que este año sus vidas serán una "prueba de fuego". Una vez que hayan completado el proceso de selección de la universidad, los cuatro años siguientes parecerán un juego de niños. Los formularios, pruebas, recorridos y todos lo relacionado con la elección de la universidad pueden comenzar a parecer insoportables, especialmente si intentas hacerlo todo por tu cuenta. Deja que tu consejero te ayude. ¡Hemos pasado por lo mismo tantas veces!

> En este proceso tú no estás solo. Muchas personas experimentadas y sinceras están disponibles para ayudarte. Recuerda reconocer su tiempo y ayuda con una nota de agradecimiento. Eso causa una gran impresión y ¡los mantiene motivados!

Reunir información de las universidades

Una vez que hayas hablado con tu familia y con tu consejero vocacional, es el momento para comenzar a reunir información sobre las universidades en sí. En esta primera etapa, tú estás investigando, buscando información básica sobre las diferentes universidades y sus propuestas. Tu mejor comienzo es ir directamente a las universidades y solicitar este tipo de información. Ya sea si estás seguro sobre una universidad que te interesa o sólo tienes una idea general de los tipos de instituciones que te podrían gustar, ahora es el momento de ir directamente a la fuente y comenzar a averiguar lo que debes saber para tomar una decisión. Consulta el formulario de "Solicitud de muestra para información" en el Apéndice D para saber cómo comunicarse con las universidades.

Luego que hayas planificado la lista general de las universidades sobre las cuales quieres averiguar, es útil consultar una guía universitaria como *Peterson's 4-Year Colleges* (Universidades que ofrecen carreras de cuatro 4 años de Peterson's). Ahí podrás leer más sobre las universidades de tu interés y conocer la información de contacto necesaria. También muchas universidades tienen sitios Web donde pueden aprender más sobre sus departamentos, facultades y estudiantado. Si eres un deportista, deberías comunicarte con los entrenadores de tu especialidad en varias universidades. Envíales un correo electrónico o carta con tus preguntas. Asegúrate de investigar las becas y posiciones vacantes en el equipo. Tal vez te interesa el teatro. Comunícate con el departamento de teatro para conocer las obras que presentaron el año pasado. Investiga lo que más puedas con respecto a las cosas que te interesan.

Ten presente que existen ciclos en las oficinas de ingreso a la universidad. El momento más ajetreado es el invierno cuando el comité de ingreso evalúa las solicitudes y toma las decisiones finales. Si eres estudiante de décimo o undécimo grado que busca información, el mejor momento para hacerlo es en primavera. Un consejo sobre el exceso de información causado por preguntarles a muchas personas muchas cosas: elige tus fuentes sabiamente y mantén un registro de la información valiosa de una manera organizada. Luego podrás consultarla más adelante cuando hagas tu lista final de universidades.

EXÁMENES ESTANDARIZADOS

Es mayo, la temperatura está comenzando a aumentar y también la presión de la escuela. Estás en undécimo grado, es el fin de semana antes de presentar el SAT y finalmente encontraste tiempo para estudiar. Sobre tu cama hay un montón de libros de referencia de edición económica, en la pantalla de tu computador brillan claramente las palabras Práctica del SAT y acabas de encontrar un folleto de una arrugada muestra del examen que tu consejero vocacional te dio en enero. ¿Y si qué está manchada con chocolate por haber estado en tu mochila durante cinco meses? ¡Aún puedes distinguir la mayoría de las palabras! El sudor corre por tu frente y tu corazón late con fuerza porque escuchaste que este examen determinará si las puertas de la universidad estarán abiertas o cerradas. ¿Por qué no revisaste todo esto antes? ¡Tu padre ha estado detrás de ti durante meses! De repente suena la alarma del reloj y respiras con alivio profundamente. Sólo fue una pesadilla. Estamos aún en enero.

¡Las 10 cosas que se deben evitar al presentar el examen!

1. Tratar de memorizarlo todo la noche anterior al examen.
2. No estar familiarizado con las instrucciones antes de presentar el examen.
3. No estar familiarizado con el formato del examen antes de presentarlo.
4. No saber cómo se califica el examen.
5. Tomar mucho tiempo para responder una pregunta.
6. No revisar ortografía, gramática y estructura de las oraciones de los ensayos.
7. Dudar de ti mismo.
8. ¡Olvidar respirar profundamente para no ponerse ansioso!
9. Escribir un ensayo de un sólo párrafo.
10. Olvidar hacer suposiciones a conciencia.

Éste es un llamado para todos aquellos que quieren ir a la universidad en el futuro. Comiencen a familiarizarse tempranamente con el SAT y con los otros exámenes que presentarán. Cada año, se evalúa a millones de estudiantes de escuela secundaria. El College Board (Consejo Universitario) y American College Testing, Inc., los desarrolladores de los exámenes SAT y ACT, administran más de 7 millones de exámenes anualmente. Estos no serán los primeros exámenes que presentarás ni los últimos. Has tenido pruebas sorpresa, pruebas en el salón de clases, exámenes por unidad, exámenes parciales y finales. Has presentado algunas formas de pruebas estandarizadas administradas por tu estado o distrito escolar. Las pruebas son parte de tu vida y lo serán durante tu experiencia educacional.

Todas estas pruebas ya te han dado una idea del tipo de persona que eres al momento de presentar una. Algunos estudiantes los presentan con calma: "Bueno, otro examen. Déjame anotarlo en mi calendario junto con los otros tres que tengo ese día". Otros se ponen ansiosos y les preocupa que no les vaya a ir bien, dificultando la posibilidad de que tengan éxito. Aquí hay algo para que pienses: no todos los que obtienen A son brillantes. En tanto que, a una gran parte de los estudiantes que les va bien lo logran por su actitud, lo que marca la diferencia es la estrategia. Muchos centros de aprendizaje te dirán: "No se trata sólo de lo inteligente que eres sino de cuán inteligente eres al momento de presentar la prueba".

El PSAT, SAT I y ACT

Los principales exámenes estandarizados que presentan los estudiantes en la escuela secundaria son PSAT, SAT I y ACT. Las universidades de todo el país los utilizan para obtener una idea de la aptitud del estudiante para ingresar a sus prestigiosas universidades. Estos exámenes o "boards" como lo llaman algunas veces, han llegado a ser muy conocidos por la importancia que pueden tener. Los rodea una mística, las personas hablan acerca del "número mágico" que los llevará a la universidad de sus sueños.

Otro factor importante es que la exención de cuotas está disponible para todos estos exámenes si los ingresos de la familia cumplen los requisitos de elegibilidad. Conversa con tu consejero vocacional para saber los requisitos del nivel de ingreso y para obtener los formularios de exención de cuotas. Si crees que eres elegible, debes saber que se envía un número limitado de estos formularios a cada escuela secundaria; es importante que se lo solicites a tu consejero vocacional lo antes posible.

¡Ten cuidado! Circula mucha información errónea. En primer lugar, éstos no son exámenes de inteligencia, son exámenes de razonamiento diseñados para evaluar tu manera de pensar. Evalúan las aptitudes y conocimientos básicos que has adquirido durante tus clases en la escuela y también el conocimiento que has adquirido a través de la experiencia fuera de ella. El material de estos exámenes no se basa en los planes de estudio, pero sí pone énfasis en aquellas experiencias académicas que las instituciones educacionales consideran como buenos indicadores de tu probable éxito en la universidad. (Consulta las páginas 44 a 60 para obtener información específica sobre cada examen estandarizado, como las pruebas SAT II Subject Tests y AP.) Existen muchas cuotas y plazos finales asociados con los exámenes. Cuotas de solicitud, por inscripción atrasada, cuotas de informes de resultados, cuotas de resultados por adelantado, cuotas para no revelar los resultados, cuotas de eliminación, cuotas por duplicados y la lista sigue y sigue. Éste es otro momento en que es importante que converses con tu consejero para conocer cómo funciona el sistema de evaluación. Para evitar que las cuotas aumenten vigila tus plazos y planifica cuándo y dónde deseas que envíen tus resultados. Tu departamento de consejería tendrá el criterio y los formularios necesarios.

> Si tu escuela secundaria coloca los puntajes de los exámenes al reverso de tu certificado de calificaciones, revisa una copia para asegurarte de que estén correctos. Averigua si la universidad a la cual estás postulando aceptará dichos puntajes como oficiales. Si es así, ahorrarás algo de dinero al no tener que enviar los informes oficiales de los exámenes.

Puntajes de pruebas e ingreso a la universidad

¿Cómo se adecuan las pruebas estandarizadas en la ecuación del ingreso a la universidad? Como dije anteriormente en este capítulo, tus calificaciones y el nivel de los cursos que tomaste tendrán más importancia en el proceso de selección de la universidad. Si no has seleccionado una carga de cursos preparatorios para la universidad y no has mantenido buenas calificaciones, un buen puntaje en el SAT no te salvará a último minuto. Los puntajes de exámenes estandarizados deben ser un reflejo de tus conocimientos acumulados y de tu rendimiento académico en la escuela. Cuando las universidades ven puntajes que no se relacionan con el promedio general GPA del estudiante y la calidad de los cursos tomados, se anota un punto en contra. (Recuerda: ¡nada de puntos en contra!) El comité de ingreso comienza a hacer preguntas como: ¿Qué hizo este estudiante durante la escuela secundaria? ¿Este estudiante eligió no ponerse desafíos? ¿Estos puntajes son válidos o son una casualidad? ¿Sabrá este estudiante cómo usar las oportunidades que tenemos a su disposición y cómo triunfar aquí?

Es necesario que haya una relación entre lo que los consejeros de ingreso universitario ven en tu certificado de calificaciones y los puntajes que obtuviste en los exámenes estandarizados. Los puntajes se consideran junto con los otros componentes de tu solicitud, probablemente en segundo o tercer lugar de prioridad.

Incluso si estás pensando en postular a una universidad que no exige resultados del SAT I o el ACT, (cerca del 90 por ciento lo exige), sería mejor que los tuvieras en tus registros para el futuro. Podrías ingresar a una universidad que no exige dichos resultados, sólo para decidir a mediados de tu segundo año que quieres transferirte a otra universidad. A esas alturas, ¿querrás sentarte y presentar un examen estandarizado? Al tener los resultados de los exámenes te permitirá tener más libertad al elegir y muchas becas exigen los resultados de dichos exámenes para solicitar.

Algunos datos adicionales sobre el SAT

Puesto que el SAT I tiene un gran impacto en tu proceso de selección de la universidad, quiero decir algunas palabras específicamente sobre el proceso del SAT. Primero, conoce el calendario de exámenes por adelantado. La inscripción para el examen es alrededor de seis semanas antes de la fecha fijada para presentarlo. No te inscribas tarde porque las cuotas por inscripción atrasada pueden aumentar. Antes de que comiences a llenar la solicitud de prueba, averigua donde puedes presentar el examen y los códigos de los centros de exámenes y de tu escuela. Puedes inscribirte en Internet para el SAT I (y todos los exámenes del College Board) en el sitio Web www.collegeboard.com o por teléfono. Consulta el número gratuito en la página central de tu folleto de postulación. Para cualquiera de los dos métodos necesitarás una tarjeta de crédito.

Presta atención al calendario de exámenes y modifícalo si hubo algún cambio para ti. Por ejemplo, si presentas el SAT I por primera vez y obtienes 1520, probablemente no tendrás que presentarlo nuevamente. Lo mismo se aplica para los puntajes y planificación del SAT II Subject Tests (Exámenes por materia SAT II). Tu consejero recibirá una copia de los resultados de tu examen. Conversa con él sobre cómo se comparan tus puntajes en relación con el rango de puntajes de ingreso a la universidad de los estudiantes anteriores de tu escuela secundaria. Tu escuela tiene un registro de estadísticas de ingreso y tu departamento de consejería puede proporcionarte esta información. Al saber en qué lugar te encuentras en relación a dicho registro, te ayudará a decidir si es necesario que presentes el examen nuevamente.

Si crees que no te ha ido muy bien, es posible cancelar los puntajes dentro de 24 horas llamando al College Board. Sin embargo, ten cuidado al hacerlo. No podría decirte las veces que he tenido estudiantes en mi oficina, angustiados porque estaban seguros que les había ido mal en el examen y al día siguiente supieron que habían obtenido un 90%. Con la ansiedad, puede ser que no estés leyendo correctamente tu rendimiento.

Recuerda que los informes de los puntajes SAT son acumulativos, es decir, el College Board establece un historial de todos los exámenes SAT I que has presentado. Cuando solicitas que se le envíe un informe de puntajes a las universidades, se incluirá el puntaje de todas las pruebas que has presentado. Piensa detenidamente sobre las consecuencias. Recuerda lo siguiente:

- Cuando presentes un examen, prepárate. Las universidades de tu preferencia verán este puntaje.
- No presentes un examen oficial sólo para practicar. Existen otros métodos para hacerlo.
- Con puntajes de exámenes múltiples, en la mayoría de los casos, las universidades te darán el beneficio de la duda. Si presentas dos veces el SAT I y en el primer examen tienes un puntaje más alto en matemáticas que en el segundo, las universidades dividirán los puntajes de ambos exámenes y en tu registro de postulación aparecerán el puntaje más alto de matemáticas y el más alto de

Últimamente, los exámenes estandarizados han tenido menos importancia, especialmente en las universidades de artes liberales más competitivas.

verbal. Sin embargo, si presentas el SAT I tres o cuatro veces y no te has preparado de la misma manera para cada vez, tus puntajes lo reflejarán. Esto presentará un perfil irregular de rendimiento a las universidades. Debido a que ellos no pueden interpretar claramente cuál es tu rendimiento "real", promediarán todos tus puntajes. Esto será lo peor. Algunas grandes universidades estatales han adoptado la práctica de permitirle a los estudiantes la gran oportunidad de ingresar, eligiendo su puntaje más alto para las decisiones de ingreso. Puesto que en este momento no estás seguro de cuales universidades estarán en tu lista final, considera seriamente la desventaja de presentar exámenes múltiples antes de inscribirte.

Algunos datos adicionales sobre el ACT

Puesto que más de 1 millón de estudiantes presenta el ACT cada año, también quiero entregarles información específica sobre este examen. A diferencia del SAT existente, el ACT es una evaluación basada en el plan de estudios, es decir, mide lo que puedes hacer con lo que has aprendido en la escuela. Al igual que en el caso del SAT I, infórmate de las fechas para la administración del ACT. La inscripción es alrededor de cinco o seis semanas antes de la fecha del examen. Existen cuotas por inscripción atrasada y de reserva, por lo tanto, no aplaces la inscripción. Puedes inscribirte en Internet en www.act.org o por teléfono. Para ambas inscripciones necesitarás una tarjeta de crédito Visa® o MasterCard®.

Es posible cancelar tus puntajes llamando al ACT hasta el medio día del jueves siguiente al examen. El teléfono correcto se encuentra en el folleto de inscripción. Antes de cancelarlos, piénsalo dos veces. ¿Realmente te fue tan mal o sólo crees que te fue mal? No hay nada que perder al esperar a que se evalúe el examen. Tú controlas la entrega de tus puntajes. El ACT enviará sólo aquellos resultados que tú autorices. Si has presentado el examen más de una vez, el ACT, a diferencia del SAT, no informa automáticamente los resultados de tus exámenes anteriores a tu lista de universidades. En otras palabras, si tu puntaje es más alto en el ACT que presentaste en abril de tu undécimo año que en el examen que presentaste en octubre de tu duodécimo año, puedes enviar únicamente los puntajes de abril. Si estás satisfecho con tus puntajes, le puedes decir al ACT que envíe todos tus puntajes, los anteriores y los actuales.

¿Existe alguna ventaja en presentar el ACT más de una vez? Si tienes algún problema para comprender las instrucciones, si te sientes enfermo durante el examen, si piensas que tus puntajes no reflejan tus habilidades o si desde ese entonces has tomado cursos adicionales o cursos de repaso, deberías considerar presentar el examen de nuevo. Las estadísticas del ACT muestran que de los estudiantes que presentan el examen durante su undécimo año y lo vuelven a presentar como estudiantes de duodécimo año, un 55 por ciento aumenta su puntaje final, un 22 por ciento no presenta cambios y un 23 por ciento disminuye su puntaje final. El promedio de puntajes ACT para los graduados de la escuela secundaria de los años 2000, 2001 y 2002 fue de 20.9 de un máximo de 36. Recuerda que si la política de tu escuela es colocar todos los resultados de tus exámenes en tu certificado de calificaciones, el puntaje de ACT aparecerá en el reverso de dicho certificado y se enviará automáticamente a todas las universidades a las que postules.

Datos sobre el entrenamiento

"El SAT I mide qué tan bueno es tu tutor", dice Howard Gardner, experto en evaluaciones de Harvard University quien recientemente sobrevivió a la experiencia de usar un maestro particular para ayudar a su hijo a estudiar para el SAT I. En muchas comunidades acomodadas, la necesidad de contar con un maestro particular es parte de la cultura. En otros sectores, los cursos de preparación del examen son vistos como algo no necesario. Esta controversia ha generado grandes críticas al Educational Testing Service (Servicio de Evaluación Educativa), el creador del SAT. Un líder universitario altamente respetado como Richard Atkinson, presidente de los 174,000 estudiantes de University of California, ha expresado tan claramente su opinión sobre las fallas inherentes del examen SAT I que el Educational Testing Service decidió modernizar el examen. Estos cambios serán analizados más adelante en este capítulo cuando se habla del examen SAT I. Algunos estudiantes que toman cursos de repaso profesionales obtienen un drástico aumento en sus puntajes, mientras que hay otros que toman los cursos y obtienen un pequeño cambio. Dos cosas tienden a mantenerse ciertas: un horario establecido de repaso individual y un programa de repaso más largo parecen dar los mayores beneficios.

¿Qué debes hacer? Primero, piensa cómo puedes invertir tu tiempo y tu energía. ¿Cómo equilibrarás la preparación del examen con tu horario de las actividades académicas y extracurriculares? ¿Eres el tipo de persona que necesita sentarse en una clase programada regularmente para beneficiarse completamente del aprendizaje? ¿Es un buen uso de tu tiempo inscribirte en un curso al cual debes destinar entre seis y ocho horas a la semana? Estos cursos repasan todo el examen. ¿Qué sucede si sólo necesitas tiempo para practicar las estrategias o quizá sólo la sección verbal? El compromiso de tiempo adicional puede interferir con tu habilidad para mantener tus calificaciones altas. *Recuerda: ¡las calificaciones son tu compromiso número 1!*

A lo mejor si estudias guías, sitios de Internet y programas de CD-ROM donde puedas determinar tu propio tiempo y secciones, satisfarás tus necesidades. También existen tutores privados disponibles por entre $60 y $75 la hora. Ellos te prepararán de acuerdo a tus necesidades específicas y trabajarán en el horario que a ti te convenga. Cada estudiante es diferente y existen muchas opciones disponibles para preparar el examen. Conversa con tu consejero sobre un horario para preparar el examen, las mejores guías de estudio y si inscribirte en un curso de repaso podría serte de utilidad.

PSAT/NMSQT

¿Por qué presentar el examen?

La Preliminary Scholastic Assessment Test/National Merit Scholarship Qualifying Test, PSAT/NMSQT (Prueba Preliminar SAT/Prueba que da derecho a la Beca Nacional al Mérito) es una prueba práctica para el SAT I. Más de 2 millones de estudiantes presentan el PSAT, el cual se puede hacer una vez al año en el mes de octubre. Presentar el PSAT/NMSQT es la mejor manera de prepararse para el SAT I: Reasoning Test (Prueba de razonamiento) y el SAT II: Writing Test

(Prueba de Redacción). Los tipos de preguntas que aparecen en el examen son idénticos a los que verás en el SAT I. Los dos exámenes tienen el mismo formato. El examen se presenta en octubre y tendrás tus resultados en diciembre, lo que te permite tener mucho tiempo para establecerte un calendario de estudio para presentar el SAT I en mayo o junio. En 1998, aquellos que presentaron el PSAT/NMSQT tuvieron un puntaje en el SAT I de 129 puntos más que aquellos que no lo presentaron.

Los informes del PSAT se llaman *silent scores* (puntajes privados), es decir, sólo tú y tu consejero vocacional saben tu puntaje. No se dan a conocer a las universidades. Esto te permite "practicar sin consecuencias" en condiciones de tiempo limitado similares a las que encontrarás cuando presentes el SAT I. Los resultados del examen, que se entregan en un formulario detallado y fácil de leer denominado PSAT/NMSQT Score Report Plus (Informe de Puntajes PSAT/NMSQT), son una excelente herramienta para ayudarte a determinar aquellas áreas en las que necesitas ayuda y estudio adicional. Puedes revisar las respuestas, puesto que recibes tus respuestas a cada pregunta, las respuestas correctas y el cuadernillo de la prueba real. Los informes de puntajes muestran tus niveles de aptitudes comparados con otros estudiantes de décimo o undécimo grado que planean ir a la universidad.

Formato del examen

Son cinco secciones, con un tiempo total para presentarlo de 2 horas y 10 minutos con dos descansos. La parte de Razonamiento verbal del examen contiene preguntas de selección múltiple que incluye completar oraciones, analogía y lectura crítica. La sección de Resolución de problemas de matemáticas contiene preguntas de selección múltiple y preguntas con respuesta elaborada por el estudiante que abarcan aritmética, álgebra y geometría. Las preguntas de selección múltiple en la sección de Aptitudes de redacción te piden mejorar oraciones, identificar errores en las oraciones y mejorar párrafos. No hay ensayo.

Área examinada	Número de secciones	Número de preguntas	Tiempo asignado
Verbal	2	52	25 minutos por sección
Matemáticas	2	40	25 minutos por sección
Aptitudes de redacción	1	39	30 minutos

Dependiendo de tus puntajes del PSAT únicamente de tu undécimo grado, puedes ingresar a una competencia nacional de becas dirigida por la National Merit Scholarship Corporation, NMSC (Sociedad para la Beca Nacional al Mérito). Además, el PSAT le entrega a las universidades la información que estás interesado en asistir a la universidad, es decir, las universidades te pondrán en su lista de correo.

Qué llevar

- Tarjeta de inscripción del PSAT o tu nombre en la lista de inscripción
- Varios lápices #2 con punta
- Una identificación, preferiblemente con fotografía, como la licencia de conducir o tu credencial de la escuela. También puedes llevar una copia de tu certificado de calificaciones o una nota del departamento de consejería, que certifique tu identidad, en una hoja con el membrete de tu escuela. *¡Se revisará la identificación en el examen!*
- Calculadora. Se recomienda una calculadora para la parte de matemáticas del examen. Cualquier calculadora científica con cuatro funciones o una calculadora gráfica sirve. No lleves una calculadora con memoria del tamaño de una computadora o una con un teclado ruidoso. No lleves una computadora portátil ni un bloc electrónico ni un organizador de bolsillo. Si llevas una calculadora con una pantalla tan grande que los demás pueden verla, el supervisor del examen puede decidir no sentarte. Tampoco tu calculadora puede hablarte, tener una cinta de papel o necesitar un tomacorriente.
- Deja los siguientes elementos en casa: relojes con sonidos fuertes, reproductores de CD, grabadoras, teléfonos celulares, buscapersonas y artículos escolares. No necesitarás papel borrador, apuntes, libros, diccionarios, compás, transportador, regla, marcadores o bolígrafos o lápices de colores. Podrías llevar algún jugo de frutas, té, agua o un refrigerio saludable para los descansos.

Tiempo

Tradicionalmente, los estudiantes presentan el PSAT en octubre de su undécimo año de manera de que puedan utilizar su puntaje en el National Merit Scholarship Qualifying Test (Prueba que da derecho a la Beca Nacional al Mérito). El NMSQT compara los resutados de todos los estudiantes de undécimo año del país. Sobre cierto límite, los estudiantes pueden ingresar a la competencia por becas National Merit.

En los últimos años, es cada vez más común para los estudiantes presentar el PSAT en octubre de su décimo grado. Cerca del 33 por ciento de los estudiantes que presentan el examen eligen este camino, ya que al hacerlo antes, el estudiante y el consejero tienen más tiempo para planificar horarios para satisfacer las necesidades académicas de los estudiantes y prepararlos mejor para la carrera de su elección. Sin embargo, presentar el examen en décimo grado no te permite ingresar a la competencia de la beca National Merit.

Estrategias

- Conoce el formato y tiempos del examen. La mejor manera de hacer esto es practicar, practicar y luego, practicar un poquito más. Compra libros de repaso y haz los exámenes de práctica de éstos y del Boletín Estudiantil (consulta página 61). Haz un horario y fija una hora regular para practicar. Aíslate e intenta simular un entorno de examen cuando practiques.
- Conoce las instrucciones para cada sección y tipo de pregunta. Las instrucciones son las mismas en el PSAT que en el SAT I. Ahorrarás tiempo durante el examen real si no tienes que leerlas.
- Aprende a hacer suposiciones a conciencia. Todas menos 10 preguntas en el PSAT son de selección múltiple. Debes ser capaz de eliminar al menos una respuesta incorrecta antes de adivinar.
- Elabora un banco de palabras. Lee, lee y lee un poco más. Las cantidades de ejercicios, tarjetas rápidas o memorización de palabras fuera de contexto no ayudarán a aprender dichas palabras. Todas las semanas, toma el periódico del domingo y lee el editorial. Ten el diccionario al lado tuyo. Luego, haz el crucigrama. Dichas actividades aumentarán tu vocabulario en 800 palabras al año.

Datos breves:

La cuota para el PSAT es entre $10 y $12, dependiendo de las cuotas de administración que establece tu escuela. El PSAT dura 2 horas y 10 minutos, más dos descansos y tiene 131 preguntas. El PSAT se evalúa de acuerdo a una escala entre 20 y 80 para cada materia. Si agregas un cero al final de tu puntaje del PSAT sabrás el puntaje equivalente del SAT

Los cambios al PSAT/NMSQT a partir del 2004

Puesto que el nuevo formato del SAT I se presentará en marzo de 2005, el nuevo PSAT/NMSQT se administrará a los estudiantes en el otoño del año 2004. Ya que el PSAT está adaptado para ajustarse con el SAT I, practicar con este nuevo examen ayudará a los estudiantes a familiarizarse con estos cambios antes de presentar el primer SAT I. Los cambios al PSAT/NMSQT implican los siguientes:

- Las secciones de verbal tendrán un nuevo nombre de lectura crítica y las preguntas de analogías se eliminarán de la prueba.
- La sección de matemáticas para el PSAT se concentrará en conceptos comprendidos en dos años de matemáticas de escuela secundaria. Álgebra I y geometría. Este contenido varía del SAT I, ya que generalmente los que presentan este examen son estudiantes de décimo y undécimo grado que no han completado álgebra II.
- El nuevo diseño incluye una sección de redacción que incluirá preguntas de selección múltiple de gramática similares a la existente en la sección de Aptitudes de redacción del PSAT/NMSQT, así como también la redacción de un ensayo. Para la primera administración del PSAT en el año 2004, no se agregará la redacción de un ensayo a la sección de Aptitudes de redacción existente.

SAT I REASONING TEST (PRUEBA DE RAZONAMIENTO)

¿Por qué presentar el examen?

La mayoría de las universidades del país exigen el SAT I o el ACT. Al planificar la fecha para presentar el examen, tienes que estar conciente de que la evaluación del examen puede tomar entre seis y ocho semanas. El SAT I debe completarse, evaluarse y el College Board debe enviar un informe del examen a las universidades de tu elección antes de que finalice el período de postulación. Enviar informes del examen a universidades no incluidas en los cuatro informes "gratis" de tu postulación original del SAT I, tendrá un costo de $6.50 por cada universidad.

La mayoría de los estudiantes de undécimo grado, presentan el examen al menos una vez. Un cincuenta por ciento lo presenta dos veces, lo que les da al menos una oportunidad de mostrar una mejoría.

Qué llevar

Consulta el PSAT, página 46, para saber qué llevar y qué no.

Tiempo

El SAT I y SAT II Subject Tests se presentan en las mismas fechas: el primer sábado del mes desde octubre a junio. Puedes usar la fecha de un examen ya sea para el SAT I o SAT II, pero no para ambos.

La mayoría de los estudiantes de undécimo grado presentan el examen en mayo o junio. Esto funciona bien ya que en su mayor parte ya han terminado sus cursos para el undécimo año. Ellos pueden poner en práctica estos conocimientos para el examen y también les da tiempo para revisar sus resultados del PSAT. Los exámenes están programados para antes de los exámenes finales, lo que deja tiempo para estudiar para ambos. Presenta el examen en mayo o junio; no te inscribas para ambos. Los resultados del examen de mayo no estarán listos antes de que presentes el próximo en junio. Necesitas tiempo para saber cómo estuvieron tus puntajes en tu primer examen y así poder establecer un calendario de estudio enfocado en tus áreas más débiles y aumentar tus próximos puntajes.

Sin embargo, ningún horario se adecua a todas las necesidades. Por ejemplo, algunos estudiantes de undécimo grado podrían estar postulando a universidades que requieran tres SAT II Subject Tests además del SAT I o ACT, o podrían estar tomando un curso AP y desean dedicarse a preparar el examen AP de mayo o un estudiante podría haber tomado cursos de nivel avanzado de matemáticas e inglés, en octavo, noveno y décimo grado y está preparado para presentar el SAT I antes. Si estás frente a una decisión como éstas, podrías considerar otras opciones de fecha para el SAT I. Conversa con tu consejero. Podrías estar preparado para presentar el SAT I antes y luego tener más tiempo para el examen AP o SAT II.

Datos breves:

La cuota para el SAT I es de $26 para estudiantes que postulan a tiempo. Suma una cantidad extra de $16 si postulas tarde y $30 adicionales para reserva (que significa que has esperado hasta el último minuto para inscribirte y esperas que si llamas al College Board, entras en la lista y llegas temprano, habrá un asiento y un cuadernillo de prueba esperándote). El SAT I dura 3 horas y consta de 138 preguntas en siete secciones. El puntaje máximo en cada sección es de 800. El total máximo combinado es de 1600.

Entrar en la universidad

Formato del examen

Son siete secciones, con un tiempo total para presentarlo de tres horas. Las siete secciones pueden aparecer en cualquier orden y pueden variar de las que tiene el estudiante que se sienta junto a ti. Se utilizan tres tipos de preguntas verbales: analogías (19 preguntas), completar oraciones (19 preguntas) y lectura crítica (40 preguntas). Estas preguntas miden el conocimiento de los significados de las palabras, examinan la habilidad para ver la relación en pares de palabras, evalúan la comprensión de cómo encajan adecuadamente las partes de oraciones y miden la capacidad de leer y pensar cuidadosamente sobre un texto o un par de textos relacionados. Las partes de matemáticas incluyen 35 preguntas de selección múltiple que examinan el conocimiento de conceptos de matemáticas básica, álgebra y geometría, 15 preguntas de selección múltiple que examinan los conceptos de igualdades, inecuaciones y estimaciones y una parte de cuadrículas de 10 preguntas.

Área examinada	Número de secciones	Número de preguntas	Tiempo asignado
Verbal	3	78	Dos secciones de 30 minutos, una sección de 15 minutos
Matemáticas	3	60	Dos secciones de 30 minutos, una sección de 15 minutos
Experimental (matemáticas o verbal)	1	Abierto	Una sección de 30 minutos

Estrategias

- Tienes que saber que las preguntas sobre el perfil personal detallado en el centro del formulario de postulación del SAT I son opcionales. La declaración de intenciones es la única área que debe ser copiada y firmada en el centro. Sin embargo, la información que proporciones en tu perfil personal le permitirá a las universidades identificar tus intereses. Si existiera una coincidencia, recibirás material de ellos que te ayudará en el proceso de selección de la universidad. La mayoría de los estudiantes aprovechan el sitio Web del College Board para completar su inscripción. A veces los plazos de inscripción se extienden en Internet. Se necesita una tarjeta de crédito para llenar una inscripción en Internet y los estudiantes recibirán los resultados más rápido si utilizaron este método. El sitio Web del College Board es www.collegeboard.com.

- Tienes que saber que las preguntas del mismo tipo están agrupadas y varían de menor a mayor grado de dificultad, con la excepción de la sección de lectura crítica. Comienza con las preguntas fáciles y no ocupes mucho tiempo en ninguna pregunta.
- Tienes que saber cómo se asigna el puntaje del examen. Cada pregunta vale un punto y una fracción de punto se descuenta por cada respuesta incorrecta excepto en la parte de cuadrículas de la prueba de matemáticas. No se pierden puntos por omitir una respuesta.
- Tienes que entender que no se espera que sepas todo de la prueba. Si respondes a la mitad de las preguntas correctamente y omites el resto, aún puedes obtener un puntaje promedio.
- Utiliza la hoja de respuestas correcta para cada sección y llena los recuadros con cuidado. Borra completamente y sigue las instrucciones para el uso del recuadro para las preguntas de respuesta del estudiante.
- Recuerda que las instrucciones y los tipos de preguntas son iguales que en el PSAT. Ya estás familiarizado con ellas. Cada minuto que ahorres en leer las instrucciones es un minuto más que tendrás para responder el examen.

Los cambios al SAT I a partir de marzo de 2005

Los objetivos de los cambios en el SAT I están orientados a lograr lo siguiente:

- Mejorar la alineación del SAT I con los cursos del plan de estudios y la instrucción en la escuela secundaria y la universidad.
- Proporcionar un medio para que las universidades tomen mejores decisiones de admisión al incluir una tercera área de evaluación: aptitudes de redacción.
- Reforzar la importancia de las aptitudes de redacción durante la educación del estudiante.

Los cambios de contenido al SAT I

Aquí hay un breve cuadro de los nuevos cambios al SAT I. Para un resumen más detallado, visita tu oficina de consejería para solicitar paquetes de repaso.

Redacción	Preguntas de opción múltiple
	Gramática, uso, elección de palabras, modismos
	Incluye un ensayo escrito por el estudiante
Verbal	Nuevo nombre: **Lectura Crítica**. Evalúa la comprensión del género, relación entre partes de un texto, causa y efecto, recursos retóricos y argumentos comparativos
	No más analogías.
	Los textos adicionales de lectura se extraerán de: • Ciencias naturales • Humanidades • Ciencias sociales
Matemáticas	Preguntas de opción múltiple con 5 opciones y respuestas producidas por el estudiante.
	Álgebra I, álgebra II y funciones
	(Se incluye geometría.)
	No más comparaciones cuantitativas.
	Continúa incluyendo número y operaciones, estadísticas, probabilidades y análisis de datos.
Duración del examen	Ahora, el examen tiene una duración total de 3 horas y 35 minutos.
Puntaje revisado	Lectura crítica (CR) 200 a 800
	Matemáticas (M) 200 a 800
	Redacción (W) 200 a 800
	Subpuntaje (Ensayo 2 a 12)

EL ACT

¿Por qué presentar el examen?

Hubo un tiempo en que el ACT era ofrecido como una alternativa al SAT, pero cada vez más los estudiantes lo utilizan como su principal, y a veces único, examen para ingresar a la universidad. En veinticinco estados, más del 50 por ciento de los estudiantes presentan el ACT en comparación con diecinueve estados donde más del 50 por ciento presentan el SAT. Éste es el resultado de la gran aceptación del ACT por las oficinas de ingreso a la universidad como una predicción de éxito en sus universidades. Todas las instituciones de la Ivy League aceptan el ACT.

El ACT, a diferencia del SAT I existente, se basa en el plan de estudios. El ACT intenta evaluar lo que los estudiantes han aprendido en sus clases y, al hacer esta evaluación, intentan predecir su éxito en la universidad. Puesto que el conocimiento es acumulativo, la prueba está destinada a los estudiantes de undécimo grado de las escuelas secundarias. Ya que el ACT consta de pruebas por materias, las universidades que exigen el SAT II Subject Tests a menudo aceptarán los puntajes del ACT en lugar de los puntajes de los exámenes SAT II. Debido a que se basa en la comprensión, a veces, a los estudiantes que no son hablantes nativos del inglés les brinda una mejor oportunidad de obtener un puntaje alto.

Para los estudiantes que planean ingresar a un instituto semi-superior, el ACT es una excelente opción. (Puede ser utilizado por las universidades para nivelación en los niveles de cursos apropiados.) Si te interesa un instituto semisuperior, asegúrate y verifica si se utiliza el ACT. El ACT agregó una sección de inventario de intereses en la cual los estudiantes responden a una serie de preguntas sobre sus intereses. Junto con sus puntajes, los estudiantes reciben un gráfico y una sección descriptiva para que exploren carreras en particular.

Qué llevar

Consulta el PSAT, página 46, para saber qué llevar y qué no.

Tiempo

Una fecha de evaluación en septiembre está disponible en todos los estados. Esta fecha no se utiliza por el programa SAT I, por lo tanto le permite a los estudiantes centrar su atención únicamente en este examen. De lo contrario, con la excepción de que no se presenta el examen durante el mes de febrero en New York, éste se toma seis veces al año, entre septiembre y junio.

Si vas a utilizar el examen para propósitos de nivelación, presentarlo para tenerlo por si acaso (es decir que estás postulando a una universidad que no exige el ACT o el SAT I), o no tienes planificado ingresar a la universidad inmediatamente después de la graduación,

Datos breves:
La cuota para el ACT es de $25 en la mayoría de los estados y $28 en Florida (con una cuota por inscripción atrasada de $15 y una adicional de $30 si vas de reserva). Cada una de las cuatro áreas del examen tiene un puntaje de 1 a 36. De estos cuatro se obtiene un puntaje final y se envía a las universidades. La inscripción y otros servicios se encuentran disponibles en el sitio Web del ACT en www.ACT.org. El ACT ofrece puntajes adelantados por Internet por un costo de $8 que le permite a los estudiantes recibir sus puntajes semanas antes de la fecha regular de envío por correo. Los estudiantes que presenten el examen fuera de Estados Unidos pagarán una cuota de $41.

Formato del examen

Son diecinueve secciones y 215 preguntas con un tiempo total para presentarlo de 2 horas y 55 minutos. Incluidos los ratos libres, estarás ahí por 3½ horas. El examen de opción múltiple incluye razonamiento en inglés, matemáticas, comprensión de lectura y ciencias. El examen no incluye ortografía ni vocabulario. En la sección de inglés se mide uso, mecánica y aptitudes retóricas. La parte de matemáticas consta de preguntas sobre álgebra, geometría y trigonometría. La sección de comprensión de lectura tiene textos que van desde ciencias sociales y naturales hasta prosa narrativa y humanidades. La representación de datos, los resúmenes de investigación y los puntos de vista conflictivos son los temas de las preguntas de ciencias.

Área examinada	Número de secciones	Número de preguntas	Tiempo asignado
Inglés	5	75	45 minutos
Matemáticas	5	60	60 minutos
Comprensión de lectura	4	40	35 minutos
Ciencias	5	40	35 minutos

inscríbete para presentar el examen en diciembre de tu duodécimo año de escuela secundaria. Si cambias de idea más adelante sobre ir a una universidad y descubres que se exige una prueba estandarizada, ya habrás presentado una. Muchas becas exigirán un puntaje de un examen, ya sea SAT I o ACT, para postular.

Estrategias

- Considera tanto el SAT I y el ACT y los requisitos de tus universidades para determinar cual deberías elegir.
- Estudia antes de presentar el ACT. Dado que el examen se orienta en el contenido, la participación reciente en la materia o el repaso de las materias aumentará tu puntaje.
- Conoce el formato del examen. Éste es muy diferente del SAT I, por lo tanto necesitas familiarizarte con el enfoque y el formato del ACT. Por ejemplo, el ACT no te sanciona por adivinar.
- Conoce cómo el ACT informa los puntajes. Los puntajes del ACT no se informan igual que los puntajes del SAT I. Si presentas el examen más de una vez, puedes elegir qué puntaje deseas enviar a las universidades.
- Esto es diferente del SAT I, donde cada vez que presentas el examen tu puntaje se coloca en el informe de puntaje de manera

Capítulo 2
Preparación

acumulativa. El ACT sólo entrega aquellos puntajes que solicitaste específicamente. Sin embargo, muchas universidades están comenzando a solicitar todos los puntajes o pueden formular una pregunta a ese respecto. Si te preguntan directamente, responde en forma honesta. Enfrentar este proceso con integridad siempre es la mejor manera de ingresar a la universidad adecuada para ti.

SAT II SUBJECT TESTS

¿Por qué presentar los exámenes?

Los SAT II Subject Tests, antiguamente conocidos como Achievement Tests (Exámenes de logro), evalúan el conocimiento en una amplia variedad de materias, así como también la habilidad para aplicar dichos conocimientos. Las universidades usan los exámenes por materia para dos propósitos: para determinar si un estudiante cumple con las normas para ingresar y para determinar la nivelación en cursos universitarios para ingresar como estudiante de primer año de universidad.

Qué llevar

Consulta el PSAT, página 46, para saber qué llevar y qué no.

Formato del examen

Los SAT II Subject Tests son de materias específicas, y actualmente evalúan 22 materias diferentes. Cada prueba dura 1 hora y la mayoría es de selección múltiple. Para la prueba de lectura y comprensión auditiva, la parte de comprensión auditiva se toma primero, seguida de la de redacción. Se ofrecen las siguientes materias para examen en el programa de SAT II: redacción, literatura, historia de Estados Unidos, historia universal, matemáticas nivel IC, matemáticas nivel IIC, biología ecológica o molecular, química, física, chino (con comprensión auditiva), ELPT (examen de competencia de lengua inglesa), francés, francés (con comprensión auditiva), alemán, alemán (con comprensión auditiva), hebreo moderno, italiano, japonés (con comprensión auditiva), coreano (con comprensión auditiva), latín, español y español (con comprensión auditiva).

Datos breves:

La cuota de cada prueba incluye la cuota básica de inscripción de $14, más una cuota adicional por cada SAT II. Las cuotas son de $12 por el Writing Test, $9 por las pruebas de lenguas extranjeras con comprensión auditiva y $7 por todas las otras pruebas. El puntaje del SAT II es similar al del SAT I. El máximo puntaje por prueba es de 800.

Tiempo

Los SAT II Subject Tests se presentan durante el año escolar comenzado en octubre y coincide con las fechas del SAT I. Sin embargo, no todos los exámenes del SAT II se presentan en cada fecha. Te puedes inscribir como máximo para presentar tres exámenes SAT II cada fecha.

Si los SAT II Subject Tests van a ser usados para propósitos de nivelación, los estudiantes pueden elegir presentar los exámenes en la primavera de su duodécimo año de escuela secundaria, mientras puedan estar motivados de hacerlo bien. Si vas a usar el examen para ingresar a la universidad, los estudiantes tienen varias opciones. Los estudiantes de undécimo grado pueden presentar el SAT II: Writing Test y otra prueba del SAT II en abril. Ellos pueden repetir el Writing Test en junio y presentar una o dos pruebas SAT II adicionales. En octubre y noviembre de su duodécimo año, los estudiantes pueden presentar una prueba del SAT II adicional o repetir las anteriores para aumentar sus puntajes. La mayoría de los estudiantes presentan el Writing Test más de una vez ya que existe una parte de esta prueba que se evalúa subjetivamente. Es una prueba importante y una de las más exigidas por las universidades.

La evaluación de los resultados puede requerir entre seis y ocho semanas. Tenlo en cuenta cuando calcules los plazos de admisión. Tus pruebas deben estar listas un mínimo de nueve semanas antes del plazo final. A veces es posible enviar una nota al comité de ingreso a la universidad para decir que estás apurando tus puntajes y solicitarle que no tomen su consideración hasta que llegue el último documento de tu solicitud.

Estrategias

- Planifica una prueba lo antes posible luego de haber terminado un curso en una materia determinada. Si actualmente obtienes una A en un curso regular o una B en un curso de nivel superior, considera presentar una prueba en dicha materia.
- Repasa los contenidos de cada prueba. Existe una gran ventaja en establecer un horario de estudio y refrescar tus conocimientos de la materia.

- Limita el número de pruebas que vas a presentar en un día a dos y probablemente lograrás mejores resultados. Aunque te puedes inscribir para presentar hasta tres pruebas por día, deberás dedicar mucho tiempo para estudiar para cada prueba con el fin de asegurar que abarques toda la materia de las pruebas.

- Tienes que saber que el día de la prueba puedes cambiar de opinión sobre el número de pruebas que deseas presentar. Si te inscribiste para presentar tres pruebas y decides en ese minuto que sólo quieres presentar dos, sólo necesitas notificar al administrador en el centro de examen. No habrá reembolso.

- Tienes que saber que puedes cambiar de opinión el mismo día del examen sobre las pruebas que vas a presentar. Por esta razón a los centros de exámenes se le entregan pruebas adicionales.

- Tienes que saber que a los estudiantes que presenten pruebas de comprensión auditiva se les exige llevar un reproductor de casete que cumpla con los requisitos del examen o dichos reproductores pueden ser provistos por el centro. Averigua los requisitos con tiempo.

- Asegúrate de conocer cuáles son las pruebas exigidas por las universidades a las cuales estás postulando al momento de hacer tu lista final de universidades.

Las universidades que exigen puntajes del SAT II generalmente exigen tres pruebas. Al implementar la Score Choice (Elección de puntaje) puedes presentar varias pruebas diferentes o repetir la prueba más de una vez sin tener que informar el puntaje a las universidades. Puedes enviar los informes por Internet, teléfono, usar el Score Sender (Envio de puntaje) o llenar los códigos de las universidades en el Additional Report Request Form (Formulario de Solicitud de Informes Adicionales) que se te envía con tu recibo. Por cada universidad se te cobrará una cuota si utilizas Score Choice, a menos que envies dichos puntajes como parte de otro informe de pruebas SAT II.

Usa los SAT II Subject Tests para resaltar tus fortalezas. Complementa tu solicitud con los SAT II Subject Tests para las materias en las que no tomaste un curso de nivel AP. Siempre que sea posible, presenta los exámenes en tu undécimo año de escuela secundaria puesto que es ese certificado y dichos puntajes de pruebas los que revisarán las universidades para el ingreso.

EXÁMENES AP

¿Por qué presentar el examen?

Los cursos AP ofrecen una excelente oportunidad para desarrollar tus aptitudes académicas y tus conocimientos que serán la base para tener éxito en la universidad. El riguroso plan de estudios en cada área simula la exigencia académica del trabajo universitario. Los puntajes AP son fácilmente interpretados por las universidades ya que ellos proporcionan la capacidad de comparación entre los diferentes planes de estudios en algunas áreas en todo el país.

Las universidades aplican los puntajes AP de diferentes maneras. Por ejemplo, algunas universidades otorgan créditos para cursos AP si obtuviste un 4 ó 5 en tu examen. A menudo, dichos puntajes se usan para determinar la nivelación en los cursos de nivel universitario para estudiantes de primer año de universidad. El informe de examen no pretende influir en las decisiones de ingreso a la universidad, sólo en el ámbito de la nivelación.

Formato del examen

Se examinan diecinueve áreas en treinta y cuatro exámenes. La mayoría de los exámenes duran 3 horas, pero pueden variar de 2 horas a un poco más de 3 horas. Los exámenes contienen grandes secciones de preguntas de selección múltiple, pero también hay secciones llamadas respuesta libre, que son ideadas por los estudiantes. Las excepciones son los exámenes de artes visuales, que constan de una evaluación de carpeta, exámenes de lengua moderna, que incluyen el registro de las respuestas del estudiante en cinta de audio y el examen de música teórica, que incluye una tarea de repentizar. Esto explica la larga demora entre la administración del examen y la recepción de las calificaciones. Se ofrecen los siguientes temas para examen según el programa de AP: alemán (idioma), arte (historia y evaluación de la carpeta de estudio), biología, cálculo AB y BC, ciencias ambientales, ciencias de la computación A y AB, economía (macro y micro), español (literatura e idioma), estadística, física B y C (electricidad y magnetismo, mecánica), inglés (idioma y composición, literatura), francés (idioma y literatura), gobierno y política (de Estados Unidos y comparativa), historia (de Estados Unidos, Europa y el mundo), geografía humana, latín (literatura y Virgilio), música teórica, psicología (introducción) y química.

Los créditos adicionales obtenidos por aplicar tus créditos AP a tus cursos básicos universitarios pueden aliviarte tu carga de cursos durante tu primer año de universidad. También puedes utilizar los créditos para entrar a cursos de nivel avanzado en dichas áreas y, por lo tanto, concentrar tus estudios en las áreas que encuentras interesantes y excitantes. Explora la posibilidad de una doble especialidad o usa los créditos para adelantar tu graduación de la universidad. Sin importar como utilices tus créditos AP, serán una buena inversión.

Qué llevar

Consulta el PSAT, página 46, para saber qué llevar y qué no.

Tiempo

Los exámenes AP se toman en la mañana y en la tarde a partir de los primeros días de mayo. Generalmente, los estudiantes presentan los exámenes en su undécimo o duodécimo año de escuela secundaria a medida que completan sus cursos en las materias. Si te encuentras en la situación de tener que presentar dos materias en el mismo período de tiempo, avísale a tu administrador del examen y se realizarán los arreglos correspondientes para que presentes los dos exámenes el mismo día. Te puedes inscribir para los exámenes AP en tu oficina de orientación y es más que probable que los exámenes se tomen en tu propia escuela.

Estrategias

- Verifica con la dirección de tu escuela secundaria sobre la política con respecto a la nivelación de cursos AP y luego conversa con tus maestros y tu consejero. Los estudiantes generalmente son inscritos en su undécimo o duodécimo año a medida que terminan los cursos de la escuela secundaria. Por ejemplo, un estudiante que ha completado cuatro años de español sería inscrito en un curso de español AP como un quinto año. Sin embargo, siempre existen excepciones. Los estudiantes que presenten una base y una comprensión sólida de la materia, además de buenos hábitos de estudio pueden tener mucho éxito en cursos AP en los grados inferiores.

Datos breves:
La cuota para cada examen AP es de $80. Para estudiantes con necesidades financieras existe una rebaja de $22 sobre la cuota y la escuela reembolsará $8, siendo el costo final de $50 por cada examen. Los puntajes AP varían de 0 a 5. Las universidades que participan en el programa suelen otorgar créditos a los puntajes de 4 ó 5. Algunas otorgan créditos a los puntajes de 3 en lenguas extranjeras. La actual tendencia en algunas universidades del país, como Harvard, es otorgar créditos sólo a aquellos estudiantes que han obtenido un puntaje de 5. Recuerda, no sólo es importante tomar un curso AP en la secundaria, sino que hay que tomarlo ¡con seriedad!

- Antes de inscribirte en un curso AP, considera el equilibrio entre tus actividades académicas y los otros compromisos de tu vida. Los cursos AP exigen mucho tiempo de los estudiantes para terminar sus tareas y preparase adecuadamente para una evaluación. Considera detenidamente el número de cursos de nivel AP que pueden adecuarse, de manera realista, a tu horario. Para tomar esta decisión, necesitas pensar y conversar con tu equipo de apoyo, maestros, consejero vocacional y la dirección de la escuela.

- Antes de inscribirte en un curso AP, averigua si el examen AP se exige en tu escuela secundaria como parte de la calificación final del curso.

- Averigua los requisitos de la universidad detenidamente para ver si consideran como oficiales los puntajes colocados en tu certificado de calificaciones. A menos que tu escuela secundaria tenga una política de incluir automáticamente los puntajes AP en tu certificado de calificaciones (y la mayoría la tiene), puedes elegir qué universidades recibirán dichos puntajes. Tú eres responsable de solicitar que envíen un informe de puntaje del College Board a la o las universidades de tu preferencia. Sin embargo, si las universidades aceptan los puntajes de tu certificado, podrás ahorrar dinero.

- Cuando hagas tu lista final, averigua las políticas con respecto al número de créditos AP que las universidades te reconocerán. Generalmente, en la mayoría de las universidades, por cada puntaje AP de 4 ó 5, se otorgarán 3 créditos. Sin embargo, algunas universidades están elaborando políticas que limitan el número de créditos otorgados por cursos de nivel AP a 12 ó 18.

- No te inscribas en un curso AP sólo por tu certificado y luego no tomes el examen en serio. A las universidades les gusta ver que te has impuesto desafíos al inscribirte en cursos AP y, generalmente, le dan importancia en sus puntajes de sistema de admisión. Prefieren ver una C en un curso de nivel AP que una A en uno de menor dificultad.

HERRAMIENTAS Y RECURSOS

A continuación presentamos algunos materiales impresos y sitios Web que te ayudarán a saber más sobre cada uno de los exámenes estandarizados que puedes necesitar o querer presentar como parte de tu proceso de ingreso a la universidad.

Impresos

El folleto *PSAT/NMSQT Student Bulletin* , *Taking the SAT I*, *Taking the SAT II*, *AP Course Description* (Boletín estudiantil del PSAT/NMSQT, Presentar el SAT I, Presentar el SAT II, Descripción de cursos AP) para cada área y *Preparing for the ACT Assessment* (Preparación para la evaluación ACT) se encuentran disponibles en la oficina de tu consejero vocacional. Dichos folletos incluyen una completa descripción de los exámenes, consejos y muestras de preguntas con explicaciones. Aprenderás más sobre los programas de becas y obtendrás pruebas pequeñas para practicar gratis.

Sitios Web

- **www.act.org** ofrece un completo conjunto de muestras de preguntas y respuestas, estrategias y descripciones de cada sección del ACT. También te puedes inscribir en Internet para solicitar fecha para presentar el examen. **ACTive Prep™** es el nuevo sitio para preparar la prueba y obtener información de universidades a través de ACT. Practica en las pruebas ACT y luego usa **InterACTive University** que te llevará a un programa de preparación de la prueba personalizado que utiliza preguntas reales del ACT.

- **www.petersons.com** es un gran recurso de información gratuita y fácil de descargar de Internet. Encontrarás de todo, desde descubrir tus intereses, ayuda y prácticas con los exámenes estandarizados, una asistencia cordial en tu búsqueda de universidades, consejos para redactar ensayos y búsqueda de becas.

- **www.collegeboard.com** ofrece claves, estrategias y práctica en Internet. Descarga el "Plan for College" (Planes para la universidad) e imprime el folleto de PSAT/NMSQT de Internet. Revisa el **EssayPrep™** para preparar el SAT II: Writing Test. Investiga sobre **One-on-One with the SAT®**, un programa computacional que te ayuda a prepararte para la prueba. Existe una muestra para descargar sin costo. También te puedes inscribir en Internet para solicitar la fecha para presentar todos tus exámenes.

Guía para padres

1. La práctica de revisar la selección de cursos es algo importante. Es necesario que los padres vean esta hoja de información todos los años a medida de su hijo o hija progresa en la escuela secundaria, además la mayoría de éstas exigen que la firmen los padres. La selección de cursos en la mayoría de las escuelas secundarias comienza en enero de cada año. Revisen la selección de cursos obligatorios y electivos y asegúrense de que el esquema sea equilibrado, es decir, cursos que exijan trabajo y sean exigentes para que su hijo se desarrolle intelectualmente y cursos que se fusionen con los intereses y preferencias de su hijo.

2. Siempre que sea posible, es necesario que los padres estimulen a sus hijos e hijas a perseverar en matemáticas a través de los tres o cuatro años de escuela secundaria y finalicen con introducción al cálculo o cálculo.

3. Las familias deben analizar las opciones cada año antes de que se tome una decisión acerca del programa de cursos. Compárenlo con el plan de cuatro años que desarrollaron en octavo grado. Un consejo si se recomienda tomar un curso de nivel superior o AP, ¡hay que hacerlo! Las exigencias en estos cursos ayudarán a su hijo a obtener el conocimiento y las aptitudes necesarias para triunfar en la universidad. Recuerden que una B en un curso de nivel superior o AP tiene un mayor impacto en los funcionarios de ingreso a la universidad que una A en un curso de menor dificultad.

4. Los padres pueden ayudar a su hijo o hija a construir una base académica exitosa a través del estímulo de que tomen al menos una secuencia de cuatro años de las "cinco grandes" áreas (inglés, lengua extranjera, historia, matemáticas y ciencias) y desafiarlos con los cursos más difíciles que puedan seleccionar.

5. Expliquen que también se puede ganar mucho más de las actividades extracurriculares que sólo impresionar a los funcionarios de ingreso a la universidad. Dichas actividades pueden enseñar a su hijo o hija a priorizar, dividir su tiempo y equilibrar su horario. Principalmente, elegir sabiamente las actividades extracurriculares les darán satisfacción, mejorarán su calidad de vida y ayudarán a definirlos, no sólo para el ingreso a la universidad sino también para la vida.

6. Todos en la familia deben entender que ésta es una experiencia personal para el estudiante y que no tiene que ser analizada con otros, dentro o fuera de la familia. Con el respeto por la privacidad, la sensibilidad con los sentimientos y el apoyo durante un momento cuando la familia trata de tomar una decisión que tendrá un tremendo impacto en los estudiantes del

futuro pueden reducir el estrés de la familia completa. Si sienten con fuerza que sus planes no son de interés público, acuerden como familia una estrategia para responder cuando surjan estas presiones.

7. Pídanle a su hijo o hija que comparta con ustedes los materiales de información que reciben todos los estudiantes de sus departamentos de consejería. Estos materiales son entregados por los departamentos de consejería para ayudar a las familias a desarrollar un calendario para el proceso de selección de universidades y proporcionar información actualizada. Arreglen una visita al departamento de consejería, ya que ellos estarán felices de entregarle materiales informativos a ustedes. Muchos materiales se han traducido y se encuentran disponibles en otros idiomas. Llamen a la oficina de consejería en caso de ser necesario, para solicitar un traductor para asegurarse que reciban una comprensión completa de toda la información presentada y tengan una oportunidad amplia de hacer preguntas.

8. Existen muchas cuotas y plazos finales asociados con los exámenes. Cuotas de solicitud, cuotas por inscripción atrasada, cuotas de informes de resultados, cuotas de resultados por adelantado, cuotas para no revelar los resultados, cuotas de eliminación, cuotas por duplicados y la lista sigue y sigue. El proceso de examen puede ser muy caro si su hijo o hija no tiene cuidado con los plazos. Es muy importante que los padres hablen con el consejero para aprender cómo funciona el sistema de evaluación.

9. Como padre, es útil informarse acerca del Preliminary Scholastic Assessment/National Merit Scholarship Qualifying (Prueba Preliminar SAT/Prueba que da derecho a la Beca Nacional al Mérito) PSAT/NMSQT. Es una prueba de práctica temprana para el SAT I. El PSAT lo ofrecen muchos distritos escolares para estudiantes de décimo y undécimo grado y el informe del PSAT se denomina silent scores. Sólo el estudiante y el consejero vocacional ven los puntajes. No se dan a conocer a las universidades. Esto le permite a los estudiantes "practicar sin consecuencias" en un ambiente similar al que encontrarán cuando presenten el SAT I. Los resultados del examen, que se entregan en un formulario detallado y fácil de leer que se llama PSAT/NMSQT Score Report Plus, son una excelente herramienta para ayudarlos a determinar aquellas áreas en las que necesitan ayuda o estudios adicionales. Recuerden que su hijo o hija deben tomar el PSAT como estudiantes de undécimo grado para ser elegible para el programa de becas de NMSQT, los puntajes de décimo grado no ingresan a esta competencia.

¿Qué universidad es para ti?

Capítulo 3

Hasta ahora, en este libro has aprendido más acerca de las habilidades académicas y cómo mantener un registro, has investigado cómo explorar quién eres a través de actividades extracurriculares y has obtenido una mejor idea de cómo prepararte para tener éxito en la universidad. También has leído sobre la importancia de practicar para el PSAT y el SAT I y has revisado muchos datos sobre los tipos de universidades que existen. Ahora es momento de hablar sobre cómo buscar el lugar correcto para ti.

ESTABLECER UNA BASE PARA LA BÚSQUEDA

Imagina que ha pasado un año y que asistes a la universidad de tu elección. Vas de regreso al dormitorio después de haber hablado con un amigo hasta tarde y aún sigues pensando en las palabras de él: "Odio este lugar. No sé por qué decidí venir acá en primer lugar. Realmente nunca investigué sobre ella. Todos decían que era un buen lugar para mí y muchos chicos de mi escuela secundaria postularon aquí. Todos sabían el nombre. La primera vez que vi el lugar fue cuando saqué mi maleta del automóvil para mudarme. ¿En qué estaba pensando?"

Es triste que tus amigos se sientan como él, pero tú no te sientes de la misma manera. A ti te gusta el lugar. De seguro hay veces en que extrañas a tus amigos de la escuela secundaria, la habitación de tu casa y una comida hecha en casa, pero la decisión que hiciste al elegir esta universidad se siente mejor cada día. ¿Qué es lo que hace la diferencia?, te preguntas.

Tal vez fue la manera en que enfoqué mi análisis de universidades en primer lugar y las preguntas que me hice. Recuerdo a mi maestro de inglés de décimo grado que decía: "La razón por la cual me he propuesto darles la cantidad de lectura que les pido para esta clase es para prepararlos para las expectativas que la universidad impondrá en ustedes. Todos ustedes van hacia esa dirección y tenemos la responsabilidad de brindarles el tipo de base que necesitarán para tener éxito". Comencé a pensar: ¿voy hacia esa dirección?

Era obvio para mi maestro de inglés que yo iba a ir a la universidad. De hecho, parecía obvio para la mayoría de los chicos de mi clase y, naturalmente, para mis padres. ¿Pero era eso lo que quería hacer con mi vida? ¿Era importante para mí ir a la universidad? ¿Cuál era mi objetivo en la vida? Pasé algún tiempo durante el décimo grado tomando esa decisión. Revisé alternativas, fui a la oficina de orientación con un par de amigos e hice un inventario de intereses y una búsqueda de carreras.

La decisión era cuestión mía, nadie más podía tomarla por mí, así que me hice algunas preguntas difíciles. ¿Qué deseo lograr con un diploma universitario? ¿Iría a la universidad para ampliar mis conocimientos u obtener capacitación específica? ¿Era lo bastante inteligente para ir a la universidad? ¿Estaba dispuesto a esforzarme? ¿Qué hacía bien? ¿Cuáles eran mis fortalezas? ¿Mis debilidades? ¿Cómo me sentía sobre aprender? ¿Había cosas sobre las que realmente me interesaba aprender? ¿Qué tenía importancia para mí? ¿Cuáles eran mis valores? ¿Qué tipo de lugar reflejaría mis valores? ¿Tendría la suficiente voluntad para lograr terminar cuatro años de universidad? ¿Estaría listo para ir a la universidad inmediatamente después de la escuela secundaria? ¿Pensaba en ir a la universidad por la recompensa financiera o para asegurarme una profesión? La autoevaluación no era algo fácil. Envidiaba a aquellos chicos alrededor mío que desde que nacieron parecían saber lo que querían.

En algún momento durante esa autoexploración, decidí que sí, la universidad realmente era mi elección también. Una vez que tomé la decisión, me sentí bien.

Cuando llegó el momento de decidir a qué universidad quería ir, comencé a explorar nuevamente y me hice más preguntas difíciles. ¿Cómo soy? ¿Cuál es mi personalidad? ¿Qué es lo que me gusta y qué es lo que me disgusta? ¿Cuáles son mis puntos de vista sobre las cosas? ¿Soy conservador o liberal, tradicional o excéntrico? ¿Soy un individualista inflexible? ¿Acepto las diferencias en otros? ¿Me siento cómodo alrededor de ciertos tipos de personas? ¿Necesitan ser de la misma raza o etnia que yo? ¿El resto se relaciona fácilmente conmigo? ¿Soy callado o franco? ¿Qué cosas son importantes para mí? ¿Es importante para mí que la universidad de mi elección tenga un nombre reconocido? ¿La religión es importante para mí? ¿Qué hago para divertirme y qué me hace feliz? ¿Necesito participar en deportes en la universidad para ser feliz? ¿Soy una persona de la ciudad o suburbana? ¿Me gustaría ir a la universidad en el campo?

Me tomé mi tiempo, eso es parte de una buena autoevaluación. Después de todo, ¿cómo iba a saber qué buscar en una universidad si no sabía quién era y qué quería?

Descubrí algunas cosas nuevas sobre mí y algunas eran difíciles de aceptar. Quería pensar en mí mismo como alguien abierto a todo, pero para ser franco, descubrí que realmente no lo era, pero podía vivir con eso por ahora. La universidad podría inculcarme nuevas ideas que podrían cambiar mi modo de pensar, hacerme cuestionar mis valores y expandir mis puntos de vista. Ahora, esa es una buena razón para ir.

Una vez que respondí todas mis preguntas, comencé a buscar una universidad. Investigué sobre especialidades, tamaño, ubicación y distancia desde mi casa, si quería ir a una universidad o a una facultad. Esto también tomó tiempo y más lectura. Descubrí que las universidades tienen personalidades. Al visitar los campus y conversar con las personas, pude aplicar el conocimiento que había adquirido recientemente acerca de mí mismo para encontrar aquellas universidades que concordaban con mi personalidad. Cuando llegó el momento de elegir, tenía toda la información que necesitaba, sobre mí y las universidades. Ahora, mirando hacia atrás, tuve que esforzarme para encontrar la universidad que elegí, pero valió la pena.

Tómate tu tiempo, ya que es parte de una buena autoevaluación. Después de todo, ¿cómo sabrás qué buscar en una universidad si no sabes quién eres o qué quieres?

Si quieres que lo anterior se refleje donde estés en un año o dos más, satisfecho con la elección que hiciste porque pudiste relacionar tu personalidad con una universidad en particular, este es el momento de sentarse y reflexionar. Es una oportunidad de objetivar tus sentimientos subjetivos sobre ti mismo y las universidades. Al poner tus ideas en papel, podrás relacionar de manera realista tus necesidades y cualidades con los perfiles de la universidad. Después de todo, ¿deseas ir a la universidad que *crees* que es la correcta o que *sabes* que es la correcta?

En las siguientes páginas se recrea una herramienta que he encontrado útil para trabajar con estudiantes que intentan desarrollar un sentido de quiénes son, qué desean de una universidad y de qué manera pueden correlacionar eso con las universidades disponibles. Elaborar tus ideas en papel te servirá para concretar (otra buena palabra para el SAT) tus pensamientos, ya que hacer el trabajo ahora puede ahorrar tiempo en segundos pensamientos después.

EL JUEGO DE CORRESPONDENCIAS

Lee cada pregunta y marca con un círculo S (Sí), N (No) o A (Ambas). Contesta todas las preguntas y vuelve al principio. Resalta cada acción que corresponda con tu respuesta y luego léela. Cuando escojas A, lee ambas acciones. Mira tu hoja. ¿Existe algún patrón? ¿Pareciera que las preguntas te guían a cierto tipo de universidad? ¿De cierto tamaño? ¿En cierta ubicación? Para obtener más ideas, lee las sugerencias que aparecen al final de "Juego de correspondencias".

Pregunta	(S)í/(N)o/(A)mbas	Acción
1. ¿Es importante que vaya a la universidad?	S/N/A	S: Continúa con tu búsqueda. N: Investiga otras opciones, reúnete con reclutadores militares, revisa escuelas universitarias vocacionales y visita a tu consejero.
2. ¿Tengo un objetivo en la vida?	S/N/A	S: Menciónalo. _____ N: No te preocupes, muchos estudiantes comienzan la universidad sin saber qué es lo que quieren hacer. Investiga las universidades que se especializan en ciencias y arte.
3. ¿Sé lo que quiero lograr con con un diploma universitario?	S/N/A	S: Señala específicamente cuáles son esos objetivos. _____ N: Piensa lo que te puede ofrecer la universidad.
4. ¿Deseo ampliar mis conocimientos?	S/N/A	S: Considera una universidad de artes liberales. N: Es posible que tengas que considerar otras opciones u oportunidades educativas.

Pregunta	(S)í/(N)o/ (A)mbas	Acción
5. ¿Deseo una capacitación específica?	S/N/A	S: Investiga universidades técnicas o programas de capacitación profesional en universidades. N: No sabes lo que quieres estudiar. Sólo el 20 por ciento de los estudiantes de último año de la escuela secundaria están seguros cuando postulan a la universidad.
6. ¿Soy lo bastante inteligente para manejar la universidad?	S/N/A	S: Piensa en la distancia que deseas proyectarte en la universidad. Revisa universidades competitivas o una institución de la Ivy League. N: Investiga más detenidamente tu certificado de calificaciones y pídele a tu consejero que te ayude a evaluarlo.
7. ¿Estoy dispuesto a trabajar duro?	S/N/A	S: Cuando visites las universidades, pregúntales a los estudiantes sobre la carga académica. N: Revisa cuidadosamente la cantidad de trabajo. Si no hay nadie en el campus en un día de sol, puede que no sea la universidad para ti.
8. ¿Tengo la suficiente voluntad para terminar un programa universitario de cuatro años?	S/N/A	S: Considera sólo universidades que ofrecen carreras de cuatro años. N: Quizá un instituto de enseñanza para la comunidad o escuela semisuperior que ofrece carreras dos años sea una mejor manera para comenzar tu experiencia universitaria. Considera también una escuela universitaria técnica y vocacional.
9. ¿Sé qué es lo que hago bien?	S/N/A	S: Considera cómo tus habilidades se relacionan con las especialidades. Identifica alguna. N: Dedica un poco de tiempo en preguntarte sobre tus intereses. Conversa con tu consejero y haz un inventario de intereses.
10. ¿Me gusta aprender?	S/N/A	S: La universidad es para ti. La filosofía de una universidad de artes liberales se relaciona con el aprendizaje en búsqueda del aprendizaje. N: ¿Haría una experiencia diferente que el aprendizaje fuera más emocionante? Revisa los programas de capacitación. ¿Estás seriamente dispuesto a hacer un intento con la universidad? Prueba con un plan de estudios flexible como un programa de cooperación o de pasantía.
11. ¿Me gusta ocupar mi tiempo en aprender una materia más que otras?	S/N/A	S: Investiga cuáles son las especialidades en dicha área. _____ N: Analiza los cursos de tu escuela secundaria. ¿Te gustan algunos más que otros? ¿Cuáles? _____ _____

Pregunta	(S)í/(N)o/ (A)mbas	Acción
12. ¿Sé lo que es importante para mí y cuáles son mis valores?	S/N/A	S: Investiga las universidades que hablen sobre los valores en sus campus. ¿Tienen un código de honor para los estudiantes? ¿Estás de acuerdo o en desacuerdo con los valores? N: Los valores no son tan importantes para ti, de modo que los lugares en los que realmente se exponen valores podrían limitarte.
13. ¿Necesito estar en un ambiente bien acomodado?	S/N/A	S: Investiga las universidades que proporcionan ese paquete y las universidades de artes liberales privadas y pequeñas. N: ¿Qué tan fuerte es tu rechazo a este ambiente? Si es fuerte, investiga ambientes más grandes y variados como una universidad urbana.
14. ¿Voy a ir a la universidad por las ganancias económicas?	S/N/A	S: ¿Qué especialidades te darán lo que deseas? Investiga las universidades que imparten ciencias empresariales y programas profesionales, como cursos preparatorios para el ingreso a la facultad de medicina. N: Si no te interesa la gran ganancia económica, investiga las especialidades de servicio social como consejería, enseñanza o trabajo social.
15. ¿Estoy bien encaminado?	S/N/A	S: Investiga los programas que te ofrecerán las mejores opciones. N: Evita aquellas universidades cuyos programas no son fuertes en tus áreas de interés.
16. ¿Soy conservador en mis opiniones y en mi comportamiento?	S/N/A	S: Las políticas de las universidades son importantes. Investígalas cuidadosamente. Podrías buscar en las universidades de la región central o sur de Estados Unidos. N: Si eres liberal, investiga más de cerca el clima político. Investiga las universidades de la costa noreste y oeste.
17. ¿Necesito estar cerca de personas similares a mí?	S/N/A	S: Es posible que desees revisar universidades con una significativa población hispana. Si el nivel socioeconómico o las apariencias son importantes para ti, analiza detenidamente la población estudiantil durante las visitas a los campus. Si te interesa la orientación religiosa, investiga las universidades subvencionadas por una institución religiosa. N: Investiga universidades grandes, medianas y pequeñas en ambientes urbanos.

Pregunta	(S)í/(N)o/ (A)mbas	Acción
18. ¿Es importante para mí el nombre y el prestigio de la universidad?	S/N/A	S: Investiga las universidades de la Ivy League y las competitivas para ver si eres elegible para ingresar y qué es lo que te ofrecen. Amplía tu investigación para incluir otras universidades y compara sus propuestas para tus necesidades e intereses específicos. N: No excluyas las instituciones conocidas si te acomodan en todo los otros aspectos.
19. ¿Me gustan los deportes?	S/N/A	S: Las grandes universidades con equipos de la División I te darán todos los deportes que necesitas, como competidor o espectador. Si no quieres competir a este nivel, revisa las universidades de otras divisiones. Revisa las universidades de artes liberales para atletas. N: Investiga las universidades más pequeñas y las universidades de artes liberales con buenos equipos.
20. ¿Me gusta la tecnología?	S/N/A	S: Investiga los cursos de ingeniería en computación en las universidades técnicas y las grandes universidades cerca de los centros de investigación y las principales áreas empresariales en computación. Pregunta acerca de sistemas de conexión con cables para computadoras, correo electrónico y computación antes de inscribirte. N: De todas maneras, te ayudará saber qué servicios de computación hay disponibles en el lugar en que te inscribas.
21. ¿Necesito vivir en la ciudad o cerca de una ciudad?	S/N/A	S: ¿Qué tan cerca de una ciudad necesitas estar? ¿En la ciudad o a una hora de distancia? ¿De todas maneras quieres saber lo que sucede en el campus? Considera estas preguntas al momento de visitar los campus. N: ¿Necesitas espacio, belleza natural y alrededores tranquilos para pensar? Investiga universidades de artes liberales pequeñas en ambientes rurales y suburbanos. Analiza las universidades de la región central y del sur de Estados Unidos.
22. ¿Necesitaré el apoyo de servicio de consejería?	S/N/A	S: Analiza la calidad de los servicios estudiantiles y el mecanismo para acceder a ellos. A menudo las universidades pequeñas se enorgullecen de sus servicios. Investiga las universidades de artes liberales. Generalmente, las universidades asociadas a centros médicos proporcionan servicios amplios. N: De todas maneras es bueno saber qué es lo que te ofrecen.

Pregunta	(S)í/(N)o/ (A)mbas	Acción
23. ¿Necesito un entorno en el cual sean importantes los cuestionamientos?	S/N/A	S: Las universidades de artes liberales, universidades de honor y las universidades pequeñas ponen énfasis en el cuestionamiento académico. N: Te gusta escuchar los temas de análisis de otros, recopilar información y opiniones y meditar sobre ellas. Prueba el ambiente universitario.
24. ¿Soy una persona activa que necesita moticvación y que desea estar rodeado de muchos tipos de personas?	S/N/A	S: Considera universidades grandes y pequeñas. N: Busca universidades más tranquilas en áreas rurales.
25. ¿Tengo mi propia forma de hacer las cosas?	S/N/A	S: Busca universidades donde te sientas libre para ser tú mismo. Investiga universidades de artes liberales artísticas (por ejemplo, Hampshire College en Massachusetts), centros universitarios más grandes cerca de ciudades y universidades de artes del espectáculo y de bellas artes. N: Debes permanecer atento a la principal tendencia política del campus y observar a los estudiantes. ¿Sientes que encajarías en este ambiente?

Sugerencias

A continuación te presentamos algunas ideas para que las consideres, basado en lo que contestaste anteriormente.

1. Si contestaste *no* a las preguntas 1, 3 y 4, ¿por qué no investigas las prácticas laborales, escuelas vocacionales y técnicas, opciones de alistamiento militar y programas universitarios de certificación o de dos años de duración?

2. Si contestaste *sí* a las preguntas 5, 14 y 20, las escuelas universitarias técnicas o profesionales con capacitación práctica te pueden dar una indicación de lo que estás buscando.

3. Si contestaste *sí* a las preguntas 10, 12, 13 y 23, te inclinas por un ambiente de artes liberales.

4. Si contestaste *sí* a las preguntas 6, 7 y 8, considera las universidades competitivas y aquellas de la Ivy League.

5. Si contestaste *no* a las preguntas 12, 13, 17 ó 23 y *sí* a las preguntas 19, 20 y 21, las grandes universidades pueden ofrecerte las mejores opciones.

Cuando termines esta autoevaluación, decidas si la universidad es adecuada para ti, hayas explorado tu personalidad y lo que te gusta y lo que no y puedas relacionarlo a las diferentes personalidades de las universidades, es tiempo para reunir información. Es importante reunir información de calidad desde las fuentes adecuadas porque la calidad de la información que pones en la búsqueda determina si la lista de universidades representa una buena o mala concordancia.

¿CUÁLES SON LOS MEJORES RECURSOS?

Los estudiantes de hoy en día son distintos a los de hace veinte años. Colócales una pantalla de computadora, un teclado al frente y un ratón en sus manos y navegarán en Internet y explorarán programas computacionales rápidamente por su propia cuenta. Esta es una ventaja porque muchos de los recursos y conexiones que necesitan los estudiantes para la planificación universitaria y profesional se encuentran disponibles sólo a través de esta conexión electrónica. Puedes investigar trabajos, explorar opciones profesionales y buscar universidades hasta un punto que tus padres e incluso tus hermanos y hermanas mayores no podrían imaginar. Haz una visita virtual a una universidad en Internet, manda preguntas a través del correo electrónico a los profesores de los departamentos o comunícate con estudiantes acerca de temas que son específicos para tus intereses. Luego postula en Internet, ahorra semanas de tiempo de procesamientos de datos. Visita sitios Web como CollegeQuest.com y usa programas computacionales como EXPAN o Choices en el Departamento de consejería o Centro profesional de tu escuela secundaria. Completa el formulario FAFSA (el método del gobierno federal para determinar la necesidad financiera para subvenciones y préstamos universitarios), inscríbete y estudia para el SAT I y solicita, a través de Internet, información directamente desde las universidades.

Todo esto llega a ti a través de la magia de Internet. Pero cuidado, porque algo más puede venir con ella: sobrecarga de información, a menos que aprendas la valiosa técnica de la administración de la información. Cuando empiezas el proceso de exploración de universidades, encontrarás demasiados recursos. Sin embargo, lo difícil es encontrar una manera lógica de reunir información de fuentes expertas y confiables. Antes de sentarte frente al computador para reunir información, consulta con algunas de las personas alrededor de ti que tengan años de experiencia en el proceso. Antes de comenzar la conexión a Internet, necesitas un maestro particular para que te ayude a planificar tu estrategia.

Conexiones de personas

Existen varias fuentes humanas de información que debes consultar, incluidos maestros, padres, las universidades que te interesan y adultos que están en carreras que crees que te gustaría seguir. Las personas con quienes debes comenzar están en el departamento de consejería de tu escuela secundaria.

---

12 Formas de elegir la universidad equivocada

1. Tu novio o novia va a estudiar ahí.
2. Tus amigos van a estudiar ahí.
3. La matrícula es barata.
4. Debido a su reputación de "universidad de fiesta".
5. El folleto o guía de la universidad mostraba a todos esos estudiantes divertidos sentados bajo los árboles.
6. Un programa de correspondencia computacional dijo que era tu mejor opción.
7. Visitaste sólo ese campus y no quisiste ir a ningún otro.
8. Está ubicada en tu ciudad o estado y no consideraste otras ubicaciones, aun cuando pudieras haberlo hecho.
9. Es la única universidad sobre la que han oído tú y tus padres.
10. Sabes que serás aceptado ahí.
11. Por su prestigio.
12. Tiene el programa académico que buscas, así que no consideraste la atmósfera del campus.

Tu departamento de consejería

Los consejeros vocacionales se sienten orgullosos de conocer a sus estudiantes, recomendarlos y desarrollar y mejorar estrategias para reunir información para ayudarlos. También se jactan de conocer lo último sobre la nueva información de universidades y de colocación profesional. Han creado una perspectiva de tu universidad que no está disponible a través de ninguna otra fuente. Saben de los rigores del plan de estudios de tu universidad en particular y de qué manera se relaciona eso con las estadísticas de aceptación en las universidades. Tienen un banco de datos sobre la colocación de estudiantes de duodécimo grado de tu escuela secundaria en universidades de todo el país. Estos datos incluyen estadísticas: promedio general (GPA) o promedio por curso de nivel superior (HPA), puntajes de exámenes, nivel de actividades extracurriculares, atributos especiales y sexo que se relacionan con las decisiones de colocación en universidades para estudiantes de tu escuela secundaria que abarcan varios años pasados. Mediante el uso de este banco de datos, podrás comparar el registro de colocaciones de tu escuela secundaria con la información que reúnes a medida que investigas cada universidad.

Los consejeros vocacionales son excelentes para resolver problemas. Por eso, si tienes dificultad con una situación donde tus necesidades son excepcionales, un consejero puede servirte de ayuda para desarrollar una estrategia e identificar los recursos para ayudarte a obtener lo que necesitas. Por ejemplo, deseas hacer un trabajo avanzado en un idioma que no se ofrece en tu escuela secundaria o tomar un curso de ciencia de AP que no se imparte en un año en particular. Tu consejero profesional investigará las universidades locales, se reunirá contigo para conseguir permiso de los presidentes y la administración del departamento para tomar el curso para obtener el crédito y ayudarte con el proceso de inscripción.

Una de las principales ayudas que brindan los consejeros vocacionales es la información. Almacenan en la oficina de consejería o centro profesional los recursos más confiables que pueden encontrar. Hoy en día, los consejeros vocacionales deben ser administradores de información, capaces de ubicarla rápidamente, reducirla al nivel más entendible y entregarla de la manera más eficaz a los grandes números de estudiantes.

Mientras más acudas a citas con tu consejero vocacional y sepa de ti, hay más facilidad para que te ayude. Pasa por su oficina para hablar de tu progreso o sólo para saludar. De cualquier manera, causas impresión.

Los estantes de boletines, catálogos y solicitudes de universidades deben estar organizados y ser accesibles, así que la próxima vez que estés en la oficina de orientación, revisa las ofertas en todos los estantes.

Mientras más acudas a citas con tu consejero vocacional y sepa de ti, más fácil le será ayudarte. Pasa por su oficina para hablar de tu progreso o sólo para saludar. Pregunta si puedes ayudar en la oficina de orientación. Toda esta administración de información requiere horas de trabajo por parte del consejero, por lo general después de la escuela. Si tienes aptitudes que puedan usar, este es un gran lugar donde trabajar de voluntario.

Tus maestros

Considera que tus maestros también son recursos. Para eso están allí y muchos de ellos tienen entre veinte y treinta años de experiencia en su campo. Han enseñado a miles de estudiantes y los han visto partir a estudiar sus carreras en la universidad. A menudo, los maestros permanecen en contacto con los graduados y saben sobre su experiencia en la universidad. Pregúntale a tus maestros cómo se sintieron preparados los graduados para irse a la universidad. Puede resultar tranquilizante descubrir lo bien informado que estás como resultado de tu esfuerzo y tu preparación en la escuela secundaria.

También pregúntale a tus maestros acerca de sus puntos de vista sobre las universidades que estás considerando. ¿En qué se basan sus opiniones? ¿Cómo se sienten sobre la relación entre tú y las universidades que elegiste? ¿Creen que estás lo bastante preparado para tener éxito en los ambientes de esas universidades?

Universidades

No olvides ir a ferias de universidades que por lo general se realizan en grandes ciudades durante la tarde, son gratuitas y están patrocinadas por tu asociación de consejeros vocacionales y la National Association of College Admissions Counselors, NACAC (Asociación Nacional de Consejeros para el Ingreso Universitario). A estas ferias asisten cada año consejeros de ingreso universitario de cientos de universidades, escuelas vocacionales y técnicas. No importa si tus preguntas son generales, tales como el costo total de la educación en una institución particular o específicas, como cuántas especialidades de biología tuvieron trabajos de investigación publicados el año pasado, ya que la oficina de admisión trabaja para ayudarte a ubicar a las personas que pueden responder a tus preguntas.

Sería útil que te reunieras con tu consejero vocacional para desarrollar una lista de preguntas para hacer antes de asistir a una feria, pero aun cuando no puedas hacer una cita, no pierdas la oportunidad. Lleva algo para guardar toda la información que conseguirás. Cuando llegues, consigue una copia del directorio de universidades que asisten y ubica aquellas en las que estás más interesado y visítalas primero. Haz tus preguntas, toma notas, reúne folletos y cuando llegues a casa crea carpetas para cada universidad.

Los funcionarios de ingreso a la universidad también visitan las escuelas secundarias, por lo tanto, no olvides asistir a estas reuniones durante el undécimo y duodécimo año de secundaria. Generalmente, los consejeros de ingreso universitario van a una escuela secundaria para tener un sentido general de ésta y el calibre y personalidad del estudiantado. Aunque es difícil hacerse una impresión de cada estudiante en estas sesiones grupales, los consejeros de universidades sí escriben nombres en tarjetas para tener un contacto posterior y, ocasionalmente, los verás tomando notas en las tarjetas cuando los sorprenda algún entrevistador astuto. Es útil asistir a estas sesiones porque las universidades siguen con atención un contacto constante entre un estudiante y una universidad. Una decisión de ingreso a la universidad puede reducirse a revisar el tamaño de tu carpeta de ingreso y el número de interacciones que has tenido con la universidad a través del tiempo. Recibirás recompensa por ser consecuente, por eso cuando estés realmente interesado en una universidad, hazlo saber al comité de ingreso.

Tus padres

En el Capítulo 2, señalé que es necesario mantener un diálogo continuo con tus padres o tutores a lo largo del proceso de selección de la universidad. Ellos tienen opiniones y consejos valiosos, así que escúchalos con atención y trata de considerar toda su información y ver si se aplica a ti. ¿Se aplica a lo que eres y lo que quieres? ¿Qué funciona y qué no funciona para ti? ¿Algo de lo que dicen es anticuado? ¿De cuándo datan sus experiencias y que tan pertinentes son hoy en día? Escucha la información, agradéceles y compara lo que dijeron con la información que reúnes y guarda lo que te servirá en la toma de tu decisión.

¿Qué especialidad te interesa? Habla con la familia y amigos que trabajan en campos relacionados o arregla una pasantía y conversa con tus futuros empleadores acerca de sus experiencias educacionales.

Las conexiones en papel

Como dije antes, existe abundancia de recursos sobre las universidades y muchos de estos recursos aún se encuentran disponibles en el medio conocido como imprenta o copias impresas de libros, folletos y volantes.

Usar las universidades como recursos

Los folletos y catálogos de las universidades son un buen lugar para comenzar tu búsqueda en papel, son gratis y puedes obtenerlos, solicitándolos por correo postal o electrónico (consulta la "Solicitud de muestra para información" en el Apéndice D). Después de leerla, descubrirás que algunas ofrecen información más objetiva que otras. Igualmente, aprenderás cuál información las universidades consideran que es esencial presentar. Eso es importante, porque si el folleto de una universidad no muestra la misma información que la mayoría de los otros, tienes que preguntarte por qué. ¿Qué podría indicar esto acerca de las propuestas académicas, programas deportivos o extracurriculares? ¿Cómo luce el campus? ¿Cómo se presenta el ambiente del campus en el folleto? Los folletos deben ofrecer pistas sobre las especialidades importantes de una universidad, su misión y en qué departamentos invierter la mayoría del dinero. Tómate el tiempo para investigar estos recursos de forma adecuada, ya que tienen mucho que enseñarte si los lees cuidadosamente.

Lee esta información antes de que te reúnas con los funcionarios de ingreso a la universidad que vienen de visita o antes de que recorras un campus, ya que te ayudará a ser un consumidor bien informado y reducir la posibilidad de que hagas preguntas que ya se responden en el material de su universidad.

Usar las guías de universidades

Las guías de universidades son aquellos volúmenes gruesos que ves en las bibliotecas y en la oficina de orientación. Éstas te permiten hacer comparaciones entre las universidades, usando el mismo criterio cada vez. ¿Qué información contienen y cuándo debes usarla? Examinemos *Peterson's 4-Year Colleges* (Universidades que ofrecen carreras de cuatro 4 años de Peterson's) para responder a estas dos preguntas. Esta guía se actualiza anualmente y contiene información que se investigó sobre más de 2,000 universidades acreditadas que ofrecen carreras de cuatro años en Estados Unidos. Guías como *Peterson's* contienen categorías como:

- Ubicación y tamaño: Estos atributos se muestran en orden alfabético para todas las universidades en cada estado. Este es un recurso valioso si eres elegible para becas porque resides en un estado en particular y deseas saber qué opciones de universidades tienes. Las universidades también se enumeran alfabéticamente, lo que te permite reunir con facilidad la información adicional.
- Contacto de solicitudes de estudiantes para primer año: En esta sección se entrega la dirección de correo de la oficina de admisión de cada universidad.
- Costo/Ayuda financiera/Opciones de matrícula y pago: En esta sección se describe el gasto anual para matrícula y cuotas que se asocian con una universidad específica y el paquete de ayuda financiera promedio que se ofreció durante el año anterior. También se describen las opciones de pago disponibles a través de la oficina de ayuda financiera.
- Requisitos de ingreso: Este es un gran recurso que hay que considerar con anticipación, el noveno grado es un buen momento. En esta área se indica el GPA, los resultados del SAT I o del ACT y el puesto de promoción que se necesitan para ser admitido en una universidad en particular. Algunas guías también enumeran la lista de secuencias de cursos que se deben completar en la escuela secundaria para ser competitivos en esa universidad.
- Directorio completo de especialidades: ¿Está disponible en esta universidad lo que te interesa estudiar? Esta sección te dará una idea de las especialidades y el enfoque de éstas en una universidad determinada. También se mencionan las especialidades más populares.
- Dificultad de ingreso: ¿Qué tan difícil es ingresar a esta universidad? ¿Qué necesitas para ser competitivo? Las universidades se ordenan de la siguiente manera:
  - Sumamente difíciles: más del 75 por ciento de los actuales estudiantes de primer año estuvieron en el 10 por ciento superior de su clase en la escuela secundaria y tuvieron un puntaje superior a 1310 en el SAT I o sobre 29 en el ACT. El treinta por ciento o menos de los postulantes a esta clase fueron aceptados.

> Desarrolla un sistema fácil y organizado para guardar los materiales que recibas de las universidades. Usa carpetas o sobres de tamaño grande, etiquetados con los nombres de cada universidad. Asegúrate de que cada paquete incluya un formulario de solicitud.

▶ Muy difíciles: más del 50 por ciento de los actuales estudiantes de primer año estuvieron en el 10 por ciento superior de su clase en la escuela secundaria y tuvieron un puntaje superior a 1230 en el SAT I o sobre 26 en el ACT. El 60 por ciento o menos de los postulantes fueron aceptados.

▶ Moderadamente difíciles: más del 75 por ciento de los actuales estudiantes de primer año estuvieron en la mitad superior de su clase en la escuela secundaria y tuvieron un puntaje superior a 1010 en el SAT I o sobre 18 en el ACT. Alrededor del 85 por ciento de los postulantes fueron aceptados.

▶ Escasamente difíciles: la mayoría de los actuales estudiantes de primer año no estuvieron en la mitad superior de la clase de su escuela secundaria y tuvieron un puntaje menor a 1010 en el SAT I o por debajo de 18 en el ACT. Hasta el 95 por ciento los postulantes fueron aceptados.

▶ No competitivas: virtualmente todos los postulantes fueron aceptados sin importar el lugar en su promoción o los puntajes de sus exámenes. A muchas instituciones públicas se les exige que admitan a todos los que residen en el estado.

▶ Deportes: En esta sección se dirá cuál es el estado de la NCAA para una universidad en particular. Si sólo estás interesado en universidades de la División I, revisa esta sección.

▶ Seguridad del campus: Lamentablemente, hoy en día la seguridad es un problema en los campus. En esta sección se resume el grado de protección disponible para los estudiantes de un campus en particular.

Las guías de universidades son herramientas de planificación útiles para usar a través de la escuela secundaria, porque te mantienen informado sobre los requisitos que necesitarás para ingresar a la o las universidades de tu elección. Usa este conocimiento para estructurar tu selección de cursos en los grados 9 a 12. En décimo y undécimo grado, usa las guías para comenzar a investigar las ofertas universitarias. En el proceso para decidir la universidad para estudiar, las guías entregan información asequible, confiable y actualizada, que está disponible fácilmente para consulta cuando lo necesites.

Otras publicaciones

La educación superior en Estados Unidos es un negocio de $150 mil millones anuales y existe una amplia gama de publicaciones que entregan información de los puntos de vista de sus entendidos sobre las universidades y el proceso de ingreso. Algunas revistas publican anualmente una edición con artículos y clasificaciones de universidades, basados en información que suministran voluntariamente las universidades. Estas revistas pueden entregarte información general sobre una institución, pero no se deben considerar como definitivas. Otros libros te contarán sobre las visitas a los recintos universitarios, cómo redactar el ensayo de solicitud de ingreso o cómo triunfar en la entrevista de la universidad.

Invierte tu tiempo y dinero con cuidado. Examina los recursos en el departamento de consejería, centros de medios de comunicación, bibliotecas públicas y librerías locales. Consigue los libros y familiarízate con lo que ofrecen y cómo presentan la información. ¿Qué libros satisfacen tus necesidades de información? Organiza tu biblioteca, de manera que puedas acceder con facilidad a la información que requieres para tomar la decisión correcta.

La conexión electrónica

Internet es una gran herramienta para expandir tus recursos y comunicarse de maneras que no existían hace algunos años. Es un recurso que ayuda para la investigación inicial de las universidades, las áreas de concentración o un deporte en particular, y es especialmente útil una vez que restrinjas la lista a alrededor de veinticinco universidades. Con la ayuda de tu consejero vocacional, puedes obtener las direcciones Web de las universidades y comenzar a buscar sus páginas. Incluso si no tienes conexión a Internet en casa, hay muchas escuelas secundarias y bibliotecas públicas que tienen computadoras conectadas a la red.

A través del sitio Web (en inglés) www.CollegeQuest.com puedes acceder a más de 3,700 universidades que ofrecen carreras de dos y cuatro años, y buscar diversos criterios, como ubicación, especialidad, cantidad de inscripción y deportes. Una vez que obtengas una lista de universidades que cumplen con tus criterios, puedes obtener más detalles de cada una de ellas, haciendo clic en el nombre de la universidad y

Las universidades no necesariamente se interesan en estudiantes que cumplan con todos los requisitos. En vez de eso, buscan estudiantes con talentos individuales destacados que, cuando se fusionen, creen una clase talentosa de estudiantes de primer año.

viendo descripciones y perfiles de búsqueda más profundos. Asegúrate de pedirle a tu consejero su opinión sobre la lista de universidades que imprimiste de la Web. Revisa la "Hoja de trabajo computacional de búsqueda de universidades" (Apéndice E) antes de comenzar tu búsqueda.

Un consejo para el usuario novato de Internet. Es importante poner atención a la precisión de la información que recolectas de la Web. Debido a que Internet no está vigilada y no es un ambiente seguro, siempre recuerda esto:

- No creas en todo lo que leas en Internet. Averigua la fuente de información. ¿Estás viendo el sitio Web oficial de la universidad o un sitio de la casa de la hermandad masculina de estudiantes?
- Sé prudente con la información que entregas a otros usuarios si te comunicas con personas a través de los directorios de correos electrónicos de la universidad.

Usar la página Web de una universidad como recurso

El sitio Web de una universidad puede entregar una visión de la vida del campus que no aparece en el folleto y el catálogo de ésta. Es cierto que el recorrido virtual te mostrará lo mejor del recinto universitario, los aspectos que el departamento de mercadeo desea que veas, sin embargo, también puedes usar la página Web para ver otras facetas de una universidad.

- Encuentra el periódico estudiantil y lee los artículos. ¿Qué ocurre en el campus? ¿Qué programas culturales se ofrecen? ¿Qué premios y reconocimientos reciben los estudiantes y miembros de la facultad? ¿Hay indicación de que la universidad y la ciudad o el pueblo vecino patrocinen programas conjuntos?
- ¿Existe un sitio de correo electrónico abierto para estudiantes? Lee los temas que se tratan ahí.
- Ve al departamento de la especialidad por la cual buscas información, ¿Quién es el presidente del departamento? Lee las biografías de los profesores. ¿Suena interesante su trabajo? ¿Cuáles son sus credenciales? Si tienes una pregunta pertinente, encuentra el correo electrónico en el directorio y envíala. Ve a la Lista de Cursos. ¿Qué cursos se necesitan? Lee las descripciones. ¿Suenan como cosas que te gustaría aprender?

UNA LECCIÓN RÁPIDA SOBRE LA BÚSQUEDA DE UNIVERSIDADES EN INTERNET

1. Identifica la información de la universidad específica que buscas. Mantente concentrado de manera que no te vayas a enlaces interesantes pero no productivos.

2. Explora el sitio Web con más de un buscador. Los suscriptores de cada uno pueden ser distintos y tus resultados pueden variar en gran parte. Algunos buscadores excelentes son Lycos, Yahoo, Dogpile, Google y Excite.

3. Como método práctico, la mayoría de los sitios Web de las universidades se mencionan como www.sunombre.edu. En caso de que no puedas acceder a la página de esa manera, encuentra el área de la pantalla que dice "SEARCH" (búsqueda) y escribe lo que deseas buscar. El buscador te entregará una lista de sitios Web que concuerdan más estrechamente con tus criterios de búsqueda. También puedes visitar www.CollegeQuest.com para obtener información acerca de universidades.

4. Busca en la página principal el dibujo o imagen que lleva a "ADMISSION" (ingreso) y comienza tu búsqueda ahí. Busca el enlace de ingreso universitario, si hay alguno, y haz clic ahí. Lee e imprime la información, ya que ahí estará todo lo que necesitas saber para postular a esa universidad. También puedes solicitar un catálogo, folleto, solicitud de ingreso e información de ayuda financiera, haciendo clic en la dirección de correo electrónico de ADMISSION.

5. Sólo por diversión, usa uno de los buscadores mencionados antes y escribe el nombre de la universidad y ve qué respuestas obtienes. ¿Es diferente la información de lo que dice la página Web de la universidad?

¿Cuánto toma este proceso completo? ¿Te das cuenta de cómo esta herramienta puede hacerte ahorrar tiempo para tu búsqueda de selección de universidades?

- Averigua sobre tu deporte. ¿Cuál es el registro de la universidad? ¿Existen muchos estudiantes que se graduarán y dejarán cupos para los jugadores que llegan? ¿Quién es el entrenador? ¿Qué becas se encuentran disponibles? ¿Qué división es?

- Revisa el directorio de correo electrónico de los estudiantes. ¿Hay algún estudiante de tu escuela secundaria que haya aceptado ser contactado en esta universidad? Inicia un diálogo con él o ella acerca de la universidad. Pregúntale si conoce a alguien que esté haciendo una especialidad en tu área de interés. Si conoce alguna, también envíale un correo electrónico para obtener información.

Una buena idea sería llevarle a tu consejero la información que conseguiste en Internet para que la verifique, en especial si es nueva y te sorprende. Aunque la mayoría son buenas fuentes, existen algunas personas que pueden no estar tan bien informadas como otras.

Herramientas de búsqueda de universidades asistidas por computadora

Las herramientas de búsqueda de universidades asistidas por computadora son las aplicaciones de software que te permiten cargar criterios y generar una lista de universidades que cumplan con estos criterios. El software te permite crear un estándar para comparar una universidad con otra en papel. Estas ayudas son maravillosas para propósitos iniciales de investigación.

La mayoría de los departamentos de consejería hoy en día tienen al menos un programa de software de búsqueda asistida por computadora que se encuentra disponible para estudiantes. Estos programas, como Guidance Informational Service (GIS), Choices o ExPAN®, te llevarán a hacer un recorrido virtual de las universidades. El formulario del Apéndice E, "Hoja de trabajo computacional de búsqueda de universidades", puede ayudarte a aclarar tu pensamiento antes de que comiences la búsqueda. Tu consejero vocacional te preguntará cómo elegiste los parámetros del formulario y luego te ayudará a investigar universidades con el programa de búsqueda o realizará una búsqueda y recopilará una lista de universidades para ti. En una reunión posterior, los dos revisarán la lista en detalle.

Existe una desventaja para el software de búsqueda generada por computadora. A veces los programas generarán listas que incluyen cientos de universidades. Si no estás familiarizado con el software, puede ser difícil saber cómo usar los parámetros correctos para eliminar o agregar universidades a la lista. Ahí descubrirás que los consejeros están bien informados sobre el software y su uso, así que déjalos que te ayuden a navegar para encontrar datos.

Sin considerar quién crea la lista de universidades, los consejeros pueden usarla junto con sus años de experiencia y conocimiento especializado para seleccionar estudiantes compatibles con las instituciones. Tu consejero vocacional considerará preguntas como: ¿cómo lo hicieron otros estudiantes de tu escuela cuando postularon a estas universidades?

Si fueron aceptados, ¿tuvieron éxito en estas instituciones? ¿Encontraron que sus universidades satisficieron sus necesidades intelectuales y sociales?

Has visitado la oficina de orientación con más frecuencia. Has buscado libros en el proceso de postulación a la universidad, has explorado los archivos de folletos y solicitudes de ingreso y has estado agregando las páginas Web a tu lista de "favoritos" en la computadora. Has ido a la tienda a comprar un nuevo cajón para archivo, lo has llenado con carpetas de archivo con coloridas etiquetas con los nombres de universidades y ahora está en el piso de tu habitación esperando ser llenado. Este es un muy buen comienzo. Ahora que tienes todos tus recursos en orden, hablemos acerca de identificar universidades por los criterios que usan para elegir a sus estudiantes de primer año.

¿QUÉ IMPORTA REALMENTE? IDENTIFICAR LOS CRITERIOS QUE USAN LAS UNIVERSIDADES

En tu undécimo grado, probablemente te preguntarás cómo vas a atravesar este laberinto de información a tiempo para sentirte cómodo con tus elecciones. Sí, dije elecciones. Debe haber unas cuantas universidades en tu lista inicial porque más de una cumplirá con tus expectativas.

Escoger de esa lista de universidades y hacer la lista final de elecciones no será tan difícil como podrías pensar. Gran parte de tu decisión se basará en hechos e información objetiva, ya que has aprendido a encontrar recursos confiables y a buscar información. Esto será parte de la decisión que podrás manejar con facilidad.

Sin embargo, habrá otros aspectos de tu toma de decisión que son pura intuición. Podría ser algo que oyes de un graduado que regresa que te desalienta a postular a la universidad, o puede ser un artículo que leíste en el periódico que trata de las deterioradas condiciones de un campus. Es posible que visites una universidad que pareciera cumplir con todas tus expectativas de tamaño y ubicación, pero algo que dice la persona que entrevista para el ingreso o algo que oyes en conversaciones con los estudiantes del campus te convence de que ese no es lugar para ti.

Tanto los sentimientos objetivos como los subjetivos participarán de manera importante en tu decisión. La influencia y el impacto que tengan los hechos y la intuición varía de una persona a otra, pero algo que no cambia es que las universidades tienen criterios de los tipos de estudiantes que buscan.

El factor *tú*

Para entender cómo encajas en la decisión que haga la oficina de admisión sobre la colocación de estudiantes, necesitamos considerar la manera en que las universidades clasifican por categoría a sus postulantes. El siguiente formulario te entrega algunas descripciones y preguntas para ayudarte a empezar a pensar desde la perspectiva de las universidades. Estas descripciones te servirán para tener un mejor sentido del tipo de estudiante que les interesa llevar a sus recintos. Entender estos criterios te ayudará a identificar tu situación mientras preparas tu lista de universidades y cómo podrías describirte en tus solicitudes.

Después de que hayas leído cada descripción y hayas respondido a las preguntas, examina tus respuestas y califícate de 1 a 5, con 5 como el máximo. Identifica tus fortalezas y compáralas con los criterios de las universidades de tu lista. ¿Dónde coincides? Deja que las bases comunes y los intereses mutuos impulsen tus decisiones sobre dónde postular.

UNA MIRADA OBJETIVA DE *TI*

Reunir la siguiente información y completar esta hoja de trabajo te ayudará a entender mejor el proceso de ingreso. Esta información puede ahorrarte tiempo cuando completes tus solicitudes de ingreso a la universidad.

Habilidades académicas

Tu rendimiento académico se describe en términos numéricos para algunos sistemas universitarios, como las grandes universidades estatales. Sin embargo, otras universidades considerarán factores como recomendaciones de los consejeros y maestros que describen a un estudiante en términos destacados desde el punto de vista escolar. Todas las universidades buscan una base académica sobresaliente, la cual es una consideración importante en su política de toma de decisiones. Si tu puntaje del SAT I está en los 750 y tu GPA es de 3.8 en una escala de 4.0, serás muy atractivo para ellos. Los cursos de nivel superior y AP también los impresionarán. Recuerda que las universidades preferirían ver una calificación más baja en un curso de nivel superior o AP que una A en un curso regular que no era arduo para un estudiante. Si tus puntajes están en los 500 y tu GPA está entre 2.0 y 3.0 de 4.0, probablemente las universidades de la Ivy League y las competitivas no son para ti a menos que tengas otros talentos o circunstancias atenuantes.

1. GPA (promedio general) _____

2. HPA ponderado (promedio general ponderado) _____

3. Los cursos de nivel superior que he tomado son _____

    Inglés _____

    Historia _____

    Matemáticas _____

    Ciencias_____

    Idioma _____

    Optativos_____

4. Los cursos AP que he tomado son _____

    Inglés _____

    Historia _____

    Matemáticas _____

    Ciencias_____

    Idioma _____

    Optativos_____

5. Resultados de exámenes estandarizados

    Resultados del PSAT_____

    Resutados del primer SAT I _____

    Resultados del segundo SAT I_____

    Resultados del ACT _____

  SAT II Subject Tests

    Prueba 1 _____ Resultado_____

    Prueba 2 _____ Resultado_____

    Prueba 3 _____ Resultado_____

Clasificación (1) _____ (2) _____ (3) _____ (4) _____ (5) _____

Logro personal

¿Recuerdas la recomendación de José que leíste en el Capítulo 1? A eso es a lo que hago referencia aquí, al tipo de estudiante que ve al mundo como si estuviera lleno de experiencias nuevas y desafíos y que prospera en excelencia. Éstos son los finalistas y semifinalistas del National Merit, los ganadores de National Latin Contest (Competencia Latina Nacional) y los Ganadores del Cornell Book. Las universidades competirán por tener estos estudiantes. ¿Pero que pasa si tu lista de logros no es tan ilustre? Anota todo en lo que hayas competido, incluso aunque no lo hayas ganado. Las universidades desean ver lo que te interesa y como te has impuesto desafíos.

1. Mis logros académicos son _____
   _____
   _____

2. El nivel de reconocimiento académico que he logrado ha sido
   Reconocimiento local _____ por _____
   Reconocimiento estatal_____ por _____
   Reconocimiento nacional_____ por _____

3. En total, consideraría que mi historial académico
   - es uno de los más altos de mi clase _____
   - está en el promedio de mi clase _____
   - está en el extremo inferior de mi clase _____

4. El rigor académico de mi escuela secundaria, en comparación al de otras escuelas del país
   - es una de las mejores escuelas en el país _____
   - se encuentra en una ubicación moderada _____
   - está dentro de los estándares promedio _____
   - no es un ambiente competitivo académicamente _____

Clasificación (1) _____ (2) _____ (3) _____ (4) _____ (5) _____

Diversidad

Como parte de sus objetivos de ingreso, las universidades intentan desarrollar un microcosmo de sociedad en sus campus. En parte, es a lo que las universidades se refieren cuando dan ejemplos de que su estudiantado viene de los cincuenta estados y cuarenta y dos países extranjeros. Las universidades incluyen en su definición de diversidad a los estudiantes que integran desde granjas de la región central del país, ciudades del sur y aldeas de New England al igual que de otros países. Las universidades quieren estudiantes que vengan de enormes escuelas secundarias públicas y de pequeñas escuelas privadas. Desean al sofisticado ciudadano que conoce la experiencia de la gran ciudad muy bien y al estudiante de pueblo pequeño que vive al lado de su maestro de segundo grado. Las instituciones mixtas desean un equilibrio igual de hombres y mujeres, en lo posible. Un estudiante de primera generación ligado a la universidad que viene de una familia hispana causa impresión, como también lo hace el estudiante de las afueras de la ciudad cuyo padre es médico y cuya madre es abogada.

Diversidad también significa admitir estudiantes que representan todos los orígenes socioeconómicos y una variedad de etnias, estre ellas la hispana, afroamericana y diversos grupos asiático-americanos.

1. ¿Tengo ventaja geográfica? (Menciona cuál es y con cuál o cuáles universidades) _____

2. ¿Es mi origen hispano una ventaja? _____

3. ¿Puede mi origen socioeconómico ser un factor a mi favor?

   _____

4. ¿Soy un inmigrante reciente a Estados Unidos?_____

5. a. ¿Soy un hombre que postula a una universidad mayoritariamente femenina? _____

   b. ¿Soy una mujer que postula a una universidad mayoritariamente masculina? _____

6. ¿Soy el primer estudiante de mi escuela secundaria que alguna vez ha postulado a esta universidad?_____

   _____

Clasificación (1) _____ (2) _____ (3) _____ (4) _____ (5) _____

Minorías y desaventajados

Las minorías se representan en los campus universitarios en grandes cantidades hoy en día, pero la etnia aún es importante en las decisiones de ingreso a la universidad en algunas instituciones que tratan de estimular un estudiantado diverso. Los estudiantes que vienen de un origen puertorriqueño, méxico-americano y otros de origen hispano pueden caer en las pautas federales de una categoría minoritaria y los administradores son conscientes de que los hispanos son la población étnica más joven y de mayor tamaño y requieren una representación significativa en los campus. Los estudiantes con discapacidades físicas y de aprendizaje también pueden recibir consideración especial. Debes asegurarte de anotar todos los ajustes o adversidades importantes que hayas superado. ¿Recuerdas la recomendación para Miguel en el Capítulo 2? Él superó una cantidad de problemas para convertirse en un mejor estudiante y un posible estudiante de primer año de universidad.

Las universidades privadas y competitivas tienden a atraer estudiantes de buena posición económica. Sin embargo, en años recientes, estas universidades se han dado cuenta del gran aporte que los estudiantes de escasos recursos pueden brindar al estudiantado. Un joven con talento académico pero de escasos recursos que proviene de un origen urbano puede brindar al campus una perspectiva única y establecer y un conjunto de ambiciones.

1. ¿Encajo en la categoría étnica hispana (u otra)? _____
2. ¿He experimentado algún ajuste mayor en mi vida, por ejemplo, divorcio o traslados múltiples? _____
3. ¿He tenido que superar alguna otra adversidad, como una discapacidad física o de aprendizaje? _____
4. ¿Se consideraría una desventaja mi origen socioeconómico? _____

_____

Clasificación   (1) _____ (2) _____ (3) _____ (4) _____ (5) _____

Talento deportivo

Los entrenadores de la universidad reclutan deportistas y son muy influyentes en el proceso de admisión, ya que buscan deportistas cuyo talento haga la diferencia para su equipo. Los ex-alumnos de universidades donde el deporte es un medio significativo para mantenerla también pueden ser parte importante en el reclutamiento. Los ex-alumnos desean encender el televisor o asistir a un partido local y ver ganar a su equipo, en especial en fútbol americano y basquetbol. Sin embargo, otros deportes también pueden ser el camino para ofertas de ingreso y becas. El gran factor es si el deportista tiene el talento académico para graduarse de la universidad después de cuatro años. Este es el análisis privado que continúa entre el entrenador y la administración. Para algunos entrenadores, las habilidades académicas son menos importantes que la ayuda que puede brindar el deportista al equipo. No subestimes la influencia que pueda tener tu talento deportivo en tu búsqueda de universidades, pero también entérate de que hay universidades que posiblemente no se inclinen por tu registro deportivo.

¿Qué pasa si no eres un futuro héroe del fútbol americano? Gracias al Título IX, muchas universidades tienen excelentes programas deportivos para mujeres y ofrecen becas en deportes como basquetbol y tenis. (Si estás interesado en las competencias interescolares o incluso en las competencias deportivas dentro de la universidad, te ayudará en tu adaptación en el campus y aumentará tu diversión, pero no será necesariamente una ventaja ante la oficina de admisión. Pero si la posibilidad de participar en deportes en algún nivel es importante para ti, asegúrate de investigar acerca de tu deporte en las universidades que consideres.)

1. ¿En qué deporte soy bueno?_____

2. He sido nombrado
   - en todo el condado _____
   - en todo el estado _____

3. He sido invitado a participar en un equipo nacional en

   _____

4. Soy considerado un deportista de nivel olímpico en_____

5. Ya me han hablado reclutadores desde
   - _____ División de la NCAA _____
   - _____ División de la NCAA _____

6. En vez de competir en equipos escolares, he competido en ligas locales y equipos de viaje para _____

   _____

7. Me gusta la diversión de las competencias dentro de la universidad y participo en _____

Clasificación   (1) _____ (2) _____ (3) _____ (4) _____ (5) _____

Talento especial

¿Bailas, actúas o tocas la tuba? Muchas universidades buscan creatividad y talento artístico para mejorar la calidad de la vida del campus, por ejemplo, algunas tienen orquestas y bandas y producen obras y musicales que dependen del talento "aficionado" de sus estudiantes.

1. He actuado en diversas producciones dentro del ambiente de la escuela y fuera de él. Menciona los títulos y papeles.

   _____

   _____

   _____

2. He participado en repertorios de verano y otras producciones de aficionados o profesionales. Menciona en qué lugar, títulos y papeles.

   _____

   _____

3. Menciona cualquier experiencia profesional. _____

   _____

   _____

4. Menciona cualquier concierto internacional al que te hayan invitado a participar._____

   _____

   _____

5. ¿Soy miembro de una orquesta, banda o coro? Menciónalos._____

   _____

   _____

6. Ya me ha contactado un profesor tutor de _____

   _____

   _____

Clasificación   (1) _____   (2) _____   (3) _____   (4) _____   (5) _____

Actividades extracurriculares

Esta área se trató bien en el Capítulo 2, pero no olvides que las universidades, en especial las más pequeñas, necesitan estudiantes que estén dispuestos a desarrollar estas responsabilidades en sus campus. Por eso, asegúrate de hablar extensamente acerca de tu registro de participación.

1. Participo en una actividad extracurricular _____

   _____

   _____

2. He ocupado los siguientes puestos _____

   _____

   _____

3. He establecido _____

4. Una contribución única que hice fue _____

_____

Clasificación   (1) _____ (2) _____ (3) _____ (4) _____ (5) _____

Liderazgo o participación empresarial

El primer estudiante que conocí en última la escuela secundaria donde trabajé ganaba más dinero en su aventura empresarial que yo en mi carrera completa. Hoy en día, tiene gran renombre en el negocio de la lucha profesional, como hombre de negocios, no como luchador. No subestimes el impacto que tendrán los perfiles con personalidad carismática en las facultades de negocios, ya que les encantan las mentes inventivas y los pensadores creativos. Así que si eres uno, haz que lo sepan. Es posible que no hayas ganado miles de dólares en la secundaria, pero si has trabajado, asegúrate de mencionarlo. Eso demuestra que tienes la capacidad de equilibrar las tareas múltiples y de ser responsable.

Los organizadores son esenciales para la vida del campus, ya que son los líderes que mantienen la vida del campus organizada. Una prueba de tus logros convencerá a las universidades de que tienes un historial de compromiso. Naturalmente, no todos desarrollarán un negocio multimillonario de promociones de lucha, pero ¿de qué manera has demostrado tu talento de liderazgo en la secundaria?

1. Mi negocio empresarial es _____

2. Anualmente gano _____

3. He trabajado después de la escuela y los fines de semana
   por _____ años haciendo _____

4. Sugerí un enfoque innovador a mi empleador para _____

   _____

5. Sugerí un enfoque innovador a mi escuela para_____

6. He demostrado liderazgo en _____

Clasificación   (1) _____ (2) _____ (3) _____ (4) _____ (5) _____

Personalidad

Sé cuando estoy en presencia de ellos y también lo saben los entrevistadores de ingreso universitario: ellos son los estudiantes con *personalidad*. Su humor es divertido, sus puntos de vista sobre la vida son únicos y están llenos de vitalidad, sus historias están repletas de detalles vívidos

Entrar en la universidad   **93**

y sus mentes dan giros y vueltas tan interesantes que tienes que prestarles atención completa para seguir con ellos. Sólo quieres estar alrededor de ellos. Las universidades pueden detectar tu personalidad durante la entrevista, a través del ensayo de estudiantes o por acotaciones dadas en las recomendaciones. La personalidad sobresale. Si tienes una personalidad realmente fuerte, busca en aquellas universidades que te brindan una oportunidad de demostrar tu individualidad. La entrevista personal, al igual que las recomendaciones de compañeros y maestros serán importantes para ti.

Clasificación   (1) _____ (2) _____ (3) _____ (4) _____ (5) _____

Legados

Usa los resultados para comparar tus características con las de las universidades que estás investigando. ¿Cuáles son tus atributos más destacados? ¿Cuáles son los de ellos? ¿Qué buscas en una universidad? ¿A quiénes buscan las universidades? ¿De qué manera concuerdan?

IDENTIFICAR TUS CRITERIOS PARA LAS UNIVERSIDADES

Ahora tienes tus recursos en orden y vas a comenzar a tener una idea sobre cómo las universidades determinan a los estudiantes. Tú entiendes de qué manera las universidades podrían buscarte, así que hablemos de identificar las universidades por criterios. Finalmente, llegas a desarrollar una "primera lista".

Comienza completando la "Hoja de trabajo computacional de búsqueda de universidades" (Apéndice E). Si tu departamento de consejería usa una herramienta de papel similar, usa la versión de tu escuela secundaria en lugar de ello. Esta hoja de trabajo te ayudará a generar tu lista de universidades. Ya sea que hagas la lista primero con tu consejero o empieces solo y luego hables con él, esta hoja de trabajo te será muy útil. En nuestro análisis de ubicación, tamaño y tipo de universidad hablamos sobre los criterios que se mencionan en la hoja de trabajo.

En la hoja se te pide que destaques aquellas áreas que deseas usar para comenzar tu búsqueda. Deseo hacer hincapié en que ésta es una herramienta flexible. No tienes que sentirte obligado a conocer todas las especificaciones desde el comienzo. No hay nada de malo en desarrollar una lista basándote en los criterios que seleccionas al comienzo y luego, después de explorar las universidades de tu lista inicial, cambiarlos y volver a ejecutar la búsqueda. Recuerda la metáfora que usé anteriormente acerca de revisar la búsqueda de la universidad como un embudo. El objetivo es comenzar la búsqueda ampliamente y luego restringirla haciendo concordar tus criterios con los de las universidades que revisas.

Intentar tu propia búsqueda en Internet

IDEALES: estas universidades están en el extremo superior o sobre tu rango académico. Son ya sea competitivas o admiten un pequeño número de estudiantes. No estás seguro de que cumplas con los estándares de ingreso, pero debes ser capaz de llevar la carga de trabajo.

POSIBLES: tus puntajes te califican para estas universidades y tienes buena opción de ser aceptado. Parece que estás en el rango medio de otros estudiantes que ingresan a estas instituciones.

SEGURAS: te encuentras sobrecalificado desde el punto de vista académico, pero constituyen tu red de seguridad.

Ahora es tiempo de llevar tu búsqueda a Internet. Si aún no has llenado la "Hoja de trabajo computacional de búsqueda de universidades", hazlo ahora. Luego usa tu navegador para ir a CollegeQuest y empezar a buscar cada universidad. Si ya tienes una idea de las universidades que te interesan, realiza una búsqueda rápida para encontrar la información en estas instituciones. Desarrolla una lista de universidades, basándose en ubicación, nivel de dificultad y especialidades. Luego puedes hacer comparaciones una por una para reducir tu lista asegurándote de incluir universidades ideales, posibles y seguras (puedes completar éstas en la siguiente gráfica).

Ideales	Posibles	Seguras

Una vez que hayas hecho esto, sería buena idea hacer una cita con tu consejero vocacional. Estas herramientas de Internet son un excelente recurso, pero sólo son información. Llévale a tu consejero vocacional la lista que creaste junto con tu hoja de trabajo computacional y pregúntale qué piensa de las universidades que has comenzado a investigar. Tu consejero es tu mejor recurso, ya que está al tanto y siempre busca las tendencias del futuro y actualizar sus materiales. Si quieres los datos más precisos con el interés personal que mereces, consulta con tu consejero para que te ayude a finalizar tu lista.

RESTRINGIR LAS ELECCIONES DE LA LISTA FINAL

¿Cómo finalizas tu lista? Haces eso, usando todos los recursos que traté en las secciones anteriores de este capítulo. Prueba con las guías de universidades como *Peterson's 4-Year Colleges* o navega en los sitios Web de las universidades. Reduce tu búsqueda concentrándote en cosas como especialidades, deportes, tasas de retención e instalaciones.

Pide catálogos de universidades e investiga sus ofertas. ¿Cuál es la amplitud de las ofertas para la especialidad que te interesa? Por ejemplo, si buscas una especialidad en ciencias empresariales, ¿cuántos tipos de especialidades en ciencias empresariales ofrece cada universidad? Por citar un ejemplo, ¿tiene una universidad doce especialidades en ciencias empresariales, desde contabilidad hasta negocios deportivos? Compara esta universidad con las otras de tu lista. En la mayoría de las universidades, el número promedio es de cinco o seis ofertas de ciencias empresariales. La universidad con doce especialidades luce como una sólida universidad para ciencias empresariales. Marca con un asterisco (*) al lado de cualquier universidad que sea sólida en tu área de especialidad de interés.

Perfil académico de la universidad

¿Qué factores necesitas clasificar? Cuando hagas tu investigación, busca las respuestas a las siguientes preguntas para cada habilidad académica de cada universidad:

- ¿Qué tan difícil es ingresar a cada universidad? Necesitarás el puntaje promedio del SAT I o del ACT para cada una de tus universidades.
- ¿Qué tan selectiva es cada universidad? Encuentra los números de los porcentajes de aceptación sobre cuántas personas postulan y cuántas son aceptadas.
- ¿Informan la clasificación de la clase de los estudiantes de primer año? ¿Qué porcentaje estuvo en el 10 por ciento superior de su clase de duodécimo?

Tipo de personalidad de la universidad

Descubrir qué tipo de estudiante busca cada universidad requerirá un poco más de trabajo y será necesario que hagas una investigación minuciosa. Revisa las categorías que se enumeran en la tabla "Concordamos" de la página 100. Escribe en lo que clasificaste de la hoja de trabajo, "Una mirada objetiva de *ti*" de las páginas 86 a 94. En cada unos de los recuadros vacíos de la línea superior de "Concordamos", escribe el nombre de una universidad que te interesa.

Completa la misma información para cada universidad que completaste para ti. Por ejemplo, ¿qué GPA y qué puntajes de exámenes estandarizados desea ver cada universidad en el registro de un estudiante? ¿Qué tipos de actividades extracurriculares que te interesen ofrece cada universidad? Completa cada columna y si necesitas más, usa otra hoja de papel.

Una vez que hayas completado la hoja de trabajo, analiza qué desean estas universidades y dónde obtuviste puntaje. ¿Dónde obtuviste tu puntaje más alto? Por suerte, existe una cantidad de coincidencias en tu lista. A medida que revisas los puntajes, considera preguntas como éstas:

- ¿Qué tipo de estudiantes necesita cada universidad? ¿Deportistas, controversistas, ciertas especialidades?
- ¿Parecen tener los estudiantes de tu estado o región una ventaja geográfica en cualquier lado?
- ¿Es la diversidad una ventaja con una universidad en particular?
- ¿Busca alguna universidad equilibrar sus estadísticas de sexo?
- Revisa los temas de ensayo para solicitud de ingreso. ¿Te dicen algo sobre el tipo de estudiante que busca cada universidad?

Un factor más

Todavía hay un factor más que considerar a medida que restringes tu lista. Encierra en un círculo los estudiantes que tú, tu consejero vocacional, padres o tutores legales o maestros sientan que concuerdan bien contigo.

La decisión final

Los consejeros pueden ayudarte con el último paso del proceso. Tienes a tu disposición, el conocimiento que tienen de ti, las universidades de tu lista y la experiencia que han tenido colocando estudiantes de tu escuela secundaria. Es momento de revisar tus universidades en orden de selectividad y desarrollar con tu consejero vocacional una lista final de universidades ideales, posibles y seguras.

En este punto del proceso, comenzarás a ver que se destacan algunas universidades. Toma tus resultados de "Concordamos" y subraya aquellas universidades que cumplen a fondo con tus necesidades y deseos. ¿Cuántas de ellas te han recomendado o sientes la certeza de que deben estar en tu lista? Márcalas con un círculo.

Muéstrale la lista a tus padres y amigos. ¿Es correcta la información sobre la cual basas tus conclusiones? ¿Es necesario modificar de alguna manera la lista? Revisa tu lista, en caso de necesitarlo, a medida que descubres nueva información. Con la ayuda de tu consejero vocacional, podrás restringir la lista a un grupo de universidades distribuidas en las tres áreas.

¿Cuál es el número mágico?

¿Cuántas universidades deben estar en tu lista? Es difícil determinar un número exacto para todos, pero esto es muy cierto: las universidades a las que decidas postular finalmente deben ser aquellas que te hagan sentir entusiasmado de asistir en caso de ser admitido. Como regla general, tu lista final debe tener dos o tres universidades en el área de ideales, de dos a tres en el área de posibles y dos universidades en la categoría de seguras. Considera los dos puntos siguientes:

- Puedes continuar haciendo cambios a tu lista, no es permanente.
- Escucha tu voz interna y confía en tus instintos.

¿Qué es lo que sigue en el proceso de selección de la universidad? La mejor herramienta de todas para ayudarte a determinar si concuerdas es la visita a la universidad.

Guía para padres

1. En el Capítulo 2, señalé que es necesario mantener un diálogo continuo entre los miembros de la familia durante el proceso de selección de universidades. Como padres, tienen opiniones y un consejo valioso. Escúchense unos a otros con atención. Dele tiempo a su hijo o hija para evaluar toda la información y ver cómo se aplica a ellos. ¿Se adecua con lo que son y lo que quieren? ¿Parte de la información es anticuada? ¿Hace cuánto tiempo fue su experiencia y cuál es la importancia que tiene hoy en día?

2. En Internet es posible hallar más información sobre universidades. Muchos sitios proporcionan direcciones de correo electrónico "gratuito". Si no tiene una cuenta, hable con su hijo o hija, que pueden aprender a acceder a estos sistemas fácilmente. Varios de estos recursos tienen traducciones bilingües de la información disponible para hablantes de español. Lean la sección para comenzar una búsqueda Web en este capítulo, accedan a las direcciones Web después de estas direcciones y dediquen un tiempo a leer los artículos y la información disponible para padres y estudiantes. Encontrará lugares en estos sitios para solicitar información sobre preguntas que pudiera tener. Las respuestas se enviarán a sus cuentas de correo electrónico usualmente dentro de las 24 a 48 horas siguientes.

CONCORDAMOS

Categorías	Mis logros							
GPA/HPA								
SAT I								
ACT								
SAT II/AP								
Otorgamientos académicos								
Diversidad								
Minorías/ Desventajados								
Talento deportivo								
Talento especial								
Liderazgo/ Participación empresarial								
Extracurricular/ Servicio comunitario								
Personalidad								
Legados								
Consejero								
Padres								
Maestro								
Yo								

Recorrer los campus

¿Comprarías un automóvil sin verlo? Por supuesto que no. No sólo verías el automóvil, sino que antes de calcular el dinero, darías varios otros pasos, como visitar salones de muestra para encontrar todo lo que puedas acerca del automóvil que piensas comprar: colores, características, precio y detalles. Te sentarías en el asiento del conductor, te harías una serie de preguntas como: ¿cómo es el interior? ¿Te sientes apretado o hay suficiente espacio? ¿Cómo es la línea de visión de todas las ventanas? Si mides 6'3", ¿quedan bien tus rodillas bajo el volante? Si mides 5'3", ¿está muy atrás el asiento? Algunos insistirían en conducirlo para ver como anda el automóvil. Luego, saldrías y cerrarías de un golpe la puerta para probar su solidez y darías puntapiés a los neumáticos.

Ésta es la investigación que harías, para la cual comprarías al menos un libro sobre automóviles. Consultarías en Internet las revistas *Consumer Reports* y *Road and Track* para ver artículos sobre el automóvil. Si fuera un automóvil más antiguo, verías el historial de reparaciones para el año de tu modelo y el valor de reventa. Si pararas en un semáforo junto a un automóvil del mismo modelo, tal vez incluso bajarías la ventana para preguntarle a la conductora si le gustó.

Realmente no lleva mucho tiempo completar el proceso de búsqueda de automóviles. Al final, te sentirás mejor y más confiado al saber que te tomaste tiempo para aprender tanto como fuera posible para asegurar la mejor compra para ti. Después de todo, un automóvil cuesta mucho dinero y por cierto no deseas comprar uno que te ocasione problemas.

Esto es lógico ¿no es verdad? Entonces, ¿cómo podrías elegir una universidad sin verla?

PLANEAR LA VISITA A LA UNIVERSIDAD

Ver para creer. Puede que hayas hablado con amigos acerca de sus experiencias en la universidad, pero ellos no son *tú*. No hay nada como estar ahí y verlo por ti mismo. Debes tratar de visitar cada una de las universidades a las que has decidido postular.

Capítulo 4

No pases mucho tiempo en tu búsqueda ni dejes de hacer esta visita, porque es demasiado importante. De todos los pasos del proceso, visitar las universidades es el único ejercicio que puede marcar la diferencia para elegir la universidad correcta. Piensa en el tiempo y esfuerzo que has puesto en estudiar para mantener un buen expediente académico y cómo has "ido hasta el límite" cuando eliges tus cursos. Los exámenes no fueron fáciles, pero encontraste el tiempo para estudiar y te fue bien. Cuando llegó el momento de crear una lista de universidades, comenzaste a mirarte a ti mismo y a hacer las preguntas difíciles. Trataste de determinar tus razones para ingresar a la universidad y descubriste lo que necesitarías de una para ser feliz. Has resumido las cualidades que valoras en una universidad, creaste una lista de institu-ciones, investigaste sobre cada una y enviaste correos electrónicos a estudiantes, a los funcionarios de ingreso universitario y a los profesores. Hasta ahora has hecho bien el proceso de selección de universidades. Así que ¡no es la hora para detenerse! *Tienes que dejar tiempo para completar esta parte de tu investigación y tienes que programarla correctamente.*

Lo que puedes descubrir en una visita a la universidad

Los catálogos y folletos, cintas de video y CD de universidades sirven bastante para ayudarte a imaginar la apariencia de las universidades. Las visitas virtuales a campus que hay disponibles en Internet o mediante paquetes de software computacionales pueden brindarte una impresión de la universidad. Pero ninguna de ellas puede incluirte a *ti* en la visita. Todos somos diferentes y las universidades también.

Como te dirá cualquier consejero vocacional después de recorrer una universidad luego de cuatro años, la personalidad de una universidad puede cambiar notoriamente con el tiempo. En general, las universidades son entidades vivientes que se moldean a sí mismas en respuesta a su misión. La administración, el profesorado, los miembros del personal y los estudiantes revisan esta misión una y otra vez, la vuelven a formular y la vuelven a prever a través del tiempo. Como resultado, es necesario considerar cuidadosamente los comentarios de los ex-alumnos que se hayan graduado de la universidad hace cinco años o más. Es posible que se haya demolido la antigua residencia y en su

Pídele a tu consejero vocacional una lista de estudiantes de tu escuela secundaria que hayan ido a universidades que te interesan y que estén dispuestos a hablar con posibles postulantes. Tal vez el consejero pueda entregarte una lista de estudiantes hispanos.

lugar se haya construido un moderno dormitorio de concreto y vidrio de varios pisos con todas las habitaciones conectadas a Internet de la universidad y una cafetería en cada piso. Pueden haber cambiado muchas cosas desde que se fue el graduado, por eso ¡compruébalo por ti mismo!

A las universidades les encanta ver posibles estudiantes y te darán la bienvenida. Debido a que éstas no pueden describir en sus folletos todas las cosas maravillosas que ofrecen, los recorridos de los campus les brindan una oportunidad de impresionarte más. Si los folletos son una lección en mercadeo, el recorrido del campus es una lección en relaciones públicas efectivas. Las universidades establecen claros objetivos para el recorrido y han elegido cuidadosamente al guía del grupo, lo que ves y lo que oyes. Las universidades ofrecen una vida social en sus campus, al igual que oportunidades académicas, por eso, debes ver el alcance de esa vida social.

Lleva a tus padres contigo, ya que su conocimiento y su manera de ver las cosas te darán un aporte adicional. Las universidades acogen a personas de todas las edades y les gusta ver hermanos menores en los campus, es decir, posibles estudiantes futuros. Puede que la idea de ir con tus hermanos no te ponga feliz, pero te diré más adelante en este capítulo cómo escurrirte de un hermano mientras recorres el campus.

¿Estás convencido de que tienes que planear un viaje y ver todo por ti mismo? ¡Bien!

Desarrollar el plan

Ahora que has hecho tu investigación y has seleccionado una cantidad de universidades, decide cuáles quieres ver primero. Pero ¿cómo sabrás si la universidad es la adecuada para ti? Para ello, necesitas un plan.

Existen unas pocas preguntas que hay que responder antes de comenzar tu viaje. ¿Cuántas universidades puedo ver en un día? ¿Qué debo buscar? ¿Dónde puedo conseguir información sobre dónde quedarme? ¿Qué necesito lograr en la universidad y la comunidad que la rodea?

¿Cuántas universidades puedo ver en un día?

Trata de no programar más de dos visitas por día. En caso contrario, sólo verás la superficie y no podrás averiguar suficientes detalles acerca de una universidad. (Consulta la sección sobre tomar notas más adelante en este capítulo.) Establece tu programa de visitas de manera que

Si los folletos son una lección en mercadeo, el recorrido del campus es una lección en relaciones públicas efectivas.

Entrar en la universidad

puedas ver varias universidades en la misma área geográfica durante una única sesión de visitas. Probablemente el máximo que puedas lograr en tres días es cinco universidades. Piensa en las distancias, distribuye el tiempo en cada universidad y considera el traslado de un lugar a otro. Deja mucho tiempo para viajar. La construcción de caminos puede causar estragos en los mejores planes y mapas.

¿Cuándo debo ir?

Trata de hacer las visitas cuando las universidades estén en clases, ya que después de todo, estás interesado en comparar tus juicios con los del estudiantado, no con los edificios vacíos. Hay veces en el año calendario en que las visitas serán más productivas para ti. Las dos oportunidades de visita más comunes son durante la primavera de tu undécimo año y en septiembre y octubre de tu duodécimo año. Algunas universidades ofrecen visitas los fines de semana, las que se programan alrededor de eventos especiales como el comienzo de una temporada de deportes, una ceremonia donde se honra a un invitado excepcional o algún evento de entretenimiento en el campus. A veces, hay semanas cuando no se permite hacer recorridos.

Llama a la oficina de admisión en cada escuela con al menos sesenta días de anticipación (120 días es aún mejor) y averigua si la escuela tiene ciertos días reservados para recorridos. La mayoría de las escuelas ofrecen un recorrido en la mañana y uno en la tarde, de lunes a sábado. Puedes programar una cita por teléfono con representantes de la escuela y obtener información adicional durante tu visita.

Examina la información que has reunido acerca de la universidad. ¿Requiere una entrevista? ¿Puedes cumplir con la entrevista antes o después del recorrido? (Descubrirás más sobre la entrevista más adelante en este capítulo.) Cuando llames, pregunta en la oficina de admisión cómo es el programa de citas y ve cuándo puedes programar tu entrevista. Existen otras preguntas que debes hacer durante esta llamada telefónica: ¿ofrece la universidad una sesión de información antes de un recorrido? ¿Cuál es el horario para los recorridos? ¿Puede la oficina de admisión ofrecer asistencia: entregar transporte desde el aeropuerto más cercano, arreglar estadías nocturnas, programar oportunidades para que asistas a clases?

> Algunas escuelas secundarias dan permiso para las visitas a universidades, algunas no. Averigua las políticas de tu escuela y también verifica el programa de feriados. ¿Hay fechas en el calendario escolar donde tengas un lunes o viernes libre?

¿A quién debo ver?

Aun cuando empieces con la oficina de admisión habrá otros contactos que podrías querer hacer en el campus. No subestimes la importancia de una conexión personal. Si tienes una razón legítima para hacer el contacto, entonces sigue adelante. La oficina de admisión puede hacer los arreglos para los contactos y puede entregarte la información de éste. Aquí hay algunas personas con las que podrías querer conversar, dependiendo de ti o tus áreas de interés:

- El entrenador jefe de un equipo deportivo para averiguar qué posiciones se encontrarán disponibles el próximo año, si los estudiantes de primer año tienen que jugar en un equipo JV, de qué manera se equilibra lo académico con las prácticas y programas de partidos
- El director del departamento de teatro para determinar si se requiere una audición y de qué manera se hacen los arreglos para ella
- Los directores del departamento de bellas artes para preguntar por los requisitos de carpeta
- El director del departamento de la ciencia que te interesa para saber sobre el área de investigación del departamento, para saber qué publicaciones han escrito el profesorado y los estudiantes, y si puedes visitar los laboratorios

¿Dónde me quedaré?

Después, necesitas pensar en dónde te quedarás, en especial si la universidad queda muy lejos de casa. Puedes consultar sobre hoteles cercanos cuando llames a la oficina de admisión. Si eso falla, intenta con la cámara de comercio de la ciudad y no olvides Internet. Existen buscadores que te permiten examinar las páginas amarillas para obtener una lista de hoteles, aeropuertos, arriendos de automóviles e incluso restaurantes en la mayoría de las áreas de Estados Unidos. También pregúntale a tu departamento de consejería si tiene una copia de *Peterson's Guide to College Visits* (Guía de Peterson's para visitar universidades). El CD TripMaker de Rand McNally que viene incluido con el libro te ayuda a crear un conjunto de direcciones e imprimir un mapa para coordinar tu visita. También incluye información sobre dónde quedarse en el área. (La *Guía* contiene un listado de universidades con los nombres de las personas de contacto que te pueden ayudar a planear tu visita. Aunque el libro contiene información sobre los horarios de recorrido, las opciones de visita a los salones de clase y las visitas de estadía, aun debes llamar antes y confirmar los detalles y los arreglos.)

Cuando has completado la búsqueda de todos los detalles, haz tus reservaciones, pero hazlas por adelantado, en especial si visitas un campus en un fin de semana de eventos especiales.

Aprovechar al máximo el recorrido del campus

Finalmente te encontrarás parado enfrente de un impresionante megalito de educación llamado el Edificio de Administración. ¿Y ahora qué? Bien, respira profundo y dirígete a la oficina de admisión. Preséntate. Tú eres el único que irá a la universidad, no tus padres, por eso debes ser tú el que hable. Toma el control de la situación.

Pide un mapa del campus. Preséntate con la persona de contacto que programó tu visita. Mientras esperas, pide un periódico estudiantil para leer más tarde. Pide una copia del periódico local y hojéalo. Busca respuestas a preguntas como: ¿cuáles son las políticas de la comunidad? ¿Se menciona en la sección de avisos y de entretenimiento alrededor de la ciudad cualquier cosa que te interesa hacer o ver? ¿Hay un cine? ¿Qué clase de tiendas tiene la ciudad?

Observa los alrededores de la oficina de admisión también. ¿Qué tipo de cosas se muestran en los muros y los tableros de anuncios? ¿Cómo se tratan entre sí los miembros del personal? ¿Cómo tratan a los estudiantes de la universidad que actúan como guías de recorrido? Usa bien tu tiempo cuando esperes el recorrido o tu entrevista.

Tengo un consejo sobre usar bien tu tiempo: no dejes que te intimiden. Asegúrate de que en tu viaje a través del campus le hables a los estudiantes. Pregunta por las cosas que son importantes para ti como clases, maestros, comida y seguridad, lo que sea que quieras saber. Pregunta si hay lugares cerca para relajarse, si los dormitorios se mantienen limpios y se le hacen reparaciones, si los laboratorios están bien equipados. Ahora es tiempo de asegurarse, ¡no después de que ya estés inscrito!

Cuando vayas a la oficina de admisión preséntate inmediatamente. Tú eres el único que irá a la universidad, no tus padres, por eso debes ser tú el que hable. Toma el control de la situación.

Por tu cuenta

La mayoría de tus preguntas serán respondidas en el recorrido programado, pero también es bueno hacer alguna investigación por tu cuenta. ¿Dónde debes ir?

El primer lugar es el Centro Estudiantil. Por lo general, éste es el centro de la vida estudiantil para todos los segmentos de la civilización del campus. Si hay algo que vale la pena comer, aquí es donde puedes comprarlo. Mira a tu alrededor. ¿Quiénes pertenecen al Centro Estudiantil? ¿Ves estudiantes y profesores hablando en las mismas mesas? ¿Se divierten las personas? A menudo, los centros estudiantiles proporcionan el pase para el entretenimiento y la vida social del campus. ¿Existe algún café? ¿Algún teatro pequeño? ¿Qué puedes decir acerca de la vida social de la universidad? Nuevamente, ¿qué se muestra en los muros?

Echa un vistazo a las instalaciones deportivas. He visto algunas que compiten con las instalaciones de centros vacacionales de lujo. Sauna, sala de masaje, baños de hidromasaje, un par de piscinas olímpicas, gimnasio, salas de pesas, campos de juego con pasto verde esmeralda y una cuenca interna para lancha con tripulación con corrientes que pueden regularse de acuerdo a la fuerza de vientos muy fuertes. ¡Las instalaciones deportivas pueden ser muy impresionantes! Averigua con qué frecuencia se abren éstas y si pueden usarlas los estudiantes que no son miembros del equipo. Mide la distancia para determinar qué tan lejos se encuentran las instalaciones de donde probablemente vivirás. Visitar las instalaciones deportivas y luego los edificios para salones de clase y los laboratorios puede darte un indicio acerca de los valores de la universidad.

Asegúrate de servirte alguna comida en los comedores. Los comedores universitarios varían desde una cafetería comercial a una sala de comedor privada en un dormitorio. Mira a tu alrededor. ¿Está limpio? ¿Está lleno de gente o hay suficientes asientos? ¿Cómo es la comida y qué dicen los estudiantes sobre ella? ¿Es sana o tiene exceso de frituras y está llena de grasa? ¿Es el menú lo bastante variado? ¿Consideran otras culturas? ¿Ofrecen una elección de comidas hispanas y de otras etnias? ¿Cuáles son los horarios de los comedores? ¿Existen planes de comidas disponibles que satisfagan tus necesidades?

> Tú y tus padres pueden sentirse muy tensos durante el recorrido de un campus, en especial si tienes una entrevista programada. El nivel de ansiedad de todos puede elevarse. Habla de esto por adelantado y acuerden ser pacientes unos con otros.

Les dije anteriormente que les diría cómo enviar lejos a tus hermanos mientras investigas el campus por ti mismo. Envíalos a ellos y a tus padres al Centro Profesional. Explica que necesitas separarte para hacer el mejor uso del tiempo. Esto es lo que tus padres deben buscar: ¿cuál es el profesionalismo de los servicios de colocación profesional? ¿Hasta dónde llega la conexión con ex-alumnos para empleos? ¿Viajan a este campus renombrados empleadores para hacer visitas y reclutar gente? ¿La universidad ofrece pasantías? ¿Cómo son y en qué campos? ¿Funciona el centro como un establecimiento del siglo veintiuno o luce como que ha estado ahí por siempre? Dile a tus padres que tomen notas para ti. Después de la visita, fusiona esta información con lo que aprendiste.

Esto puede sonar raro, pero siempre voy a la parte trasera de los dormitorios para ver cuántas latas de cerveza y botellas vacías de licor hay tiradas ahí. Esto dice mucho sobre la "otra" vida social en el campus, en especial cuando las latas comienzan a apilarse desde el jueves en la mañana.

Mientras miras alrededor, no olvides hacer tus preguntas. Habla con cuantas personas sea posible acerca de las clases, es decir, pregunta si son interesantes, demasiado grandes, más que una cátedra o en su mayoría las dictan los TA (asistentes de docencia). Pregunta sobre la calidad de lo que se enseña: ¿creen los estudiantes que es pertinente y se relaciona con la carrera? ¿Sienten los estudiantes que sus especialidades están bien establecidas en un campus? ¿Cómo se administran las calificaciones y los exámenes finales? ¿Y qué tipo de relación existe entre los estudiantes y profesores? ¿Son cordiales, distantes o de tutoría? Aun cuando hables con estudiantes de una especialidad en un campo totalmente ajeno al que te interesa, la información puede entregarte otros conocimientos importantes sobre lo que esperas de la universidad, en caso de que te inscribas.

La nota de visita a la universidad

Como consejera vocacional, he hecho cientos de visitas a universidades y después de un tiempo, todas comenzaron a parecer ladrillos rojos e hiedras con enormes relojes en el centro del campus. El cansancio de visitar el campus, el viaje, la entrevista y la cercanía de la visita con la decisión final pueden hacer que sea difícil recordar dónde estuviste esta mañana. Tratar de recordar información de hace dos meses será casi imposible a menos que tomes notas durante las visitas.

He incluido en el Apéndice C una página titulada "Notas de visita a universidades". Haz copias y lleva una contigo para cada universidad que visites. Llena la información de la parte superior antes de que te vayas de casa, de manera que si te pierdes, tendrás el teléfono correcto ahí para llamar a la oficina de admisión. Debes completar toda la información durante la visita, de modo que cuando vuelvas a mirar las hojas después, tengas los mismos datos en cada universidad para hacer comparaciones. Esta hoja también te proporciona una parte para registrar cualquier información de contacto que obtienes mientras haces la visita, como nombre y dirección del entrenador y cualquier comentario específico que te haga un profesor y que consideres importante.

Después de la visita, coloca las notas en la carpeta que has designado para esa universidad, ya que será una herramienta útil cuando hagas tu lista final. Cuando vuelvas a leer sobre tu visita a la universidad, las notas que hiciste pueden determinar si la universidad sigue en tu lista. ¿No te gustó la manera en que luce el lugar? Sácala de la lista.

Reunir información

He indicado algunas de las preguntas que podrías hacer a medida que recorres un campus y hay otras que necesitas hacer de manera consecuente en cada universidad que visitas. Probablemente pensarás en las que más se relacionan directamente con tus intereses y necesidades. Escríbelas ahora en la parte interna de la tapa de este libro, de manera que no se te olviden. Aquí hay algunas preguntas importantes que deben responderse en cada visita a campus:

1. **Estudiantado:**
   ¿Cómo me siento?
   ¿Podría ser uno de ellos?
   Evalúa lo amistosos que son los estudiantes.
   ¿Me hicieron sentir cómodo de inmediato?
   ¿Me siento cómodo entre ellos?

¿Son muchos o muy pocos?

¿Hay algún uniforme no expresado y que no está en mi guardarropa?

2. **Tamaño del campus:**

¿Me siento cómodo aquí?

¿Se siente bien el tamaño?

¿Dónde se encuentran ubicados los dormitorios en relación con los edificios de salones de clases?

¿El centro estudiantil? ¿El centro de salud? ¿Las instalaciones deportivas?

¿Son pequeñas las habitaciones?

¿Viven los estudiantes de primer año en dormitorios separados y dónde se encuentran ubicados?

¿Qué se anuncia en los tableros de anuncios de los dormitorios?

¿Cómo viajaría por el campus?

3. **Ambiente del campus:**

¿Me gusta la apariencia y la sensación del campus?

¿Me veo en este campus durante cuatro años?

¿Cómo es la arquitectura, la estética y la distribución? ¿Me gustan?

¿Qué pasa con la energía en el campus? ¿Es viva y vibrante o dormida y tranquila?

¿Cómo son los salones de clase?

¿Cómo es ese anfiteatro? ¿Demasiado grande?

¿Están bien mantenidos los edificios? ¿Está limpio el lugar?

4. **Distancia desde el hogar:**

¿Aún me siento cómodo con la distancia?

He hecho el viaje ahora. ¿Se siente demasiado lejos?

¿No lo bastante lejos?

Si tuviera que tomar tren o volar, ¿Cuán a menudo puedo afrontar el costo de viajar a casa?

5. **Comunidad de los alrededores:**

¿Es como pensabas que sería?

¿Hay suficiente actividad en el área local?

¿Las opciones sociales ofrecidas por la comunidad complementan las opciones en esta universidad?

¿Hay conflictos entre las personas que viven en la ciudad y la comunidad universitaria?

Si necesito ir a una ciudad cercana ¿a qué distancia se encuentra? ¿Qué tan accesible es?

6. **Desafío académico:**

¿Aún me siento cómodo con la idea de hacer frente a las expectativas académicas?

¿Qué dicen los estudiantes del campus sobre los cursos y la carga de trabajo?

¿Cuánto tiempo le dedican a sus estudios?

7. **Preocupaciones especiales:**

¿Puede esta universidad satisfacer mis necesidades?

Dieta: ¿consideran las restricciones dietéticas, comidas étnicas o planes de comidas religiosas?

Los estudiantes con necesidades especiales o con impedimentos: ¿qué tipos de acomodaciones harán?

Condiciones de salud prolongadas: ¿podré recibir los servicios que necesito?

La segunda visita

Regresar a un campus puede ser útil cuando tienes que decidir entre las dos o tres universidades de tu lista final. Por ejemplo, una universidad puede permanecer en la lista en segundo o tercer lugar, pero el paquete de ayuda financiera que entrega te hace querer investigarla más de cerca. En la segunda visita, quédate a dormir y asiste a algunas clases. La oficina de admisión hará los arreglos para ti. Si tienes un contacto ahí que viene de tu escuela secundaria, pide quedarte en el mismo piso. Explica que también te gustaría asistir a algunas clases, ojalá a una en tu especialidad. Si puedes, planea tu viaje para un viernes y quédate hasta el domingo, así puedes tener una idea de cómo es la vida social en un fin de semana.

Cuando llegues al campus, ve directamente a la oficina de admisión. Tu contacto tendrá un itinerario arreglado para ti. Este viaje te dará la oportunidad para hacer tantas preguntas de los estudiantes como gustes y ver la vida del campus por ti mismo. Prepara por adelantado las preguntas adicionales que necesitas que se respondan.

EL PROCESO DE ENTREVISTA DE LA UNIVERSIDAD

Las universidades tienen sus propios procedimientos de entrevista, los que pueden variar mucho. Algunas exigen una entrevista en el campus, otros requieren una con un representante de la universidad o un ex-alumno. Algunas otorgan entrevistas grupales y otras no las exigen en lo absoluto. Mientras más selectiva es una universidad, más probable es que exija una entrevista. Sin embargo, es aconsejable concertar una cuando sea posible.

¿Por qué una entrevista?

Una entrevista es tu oportunidad de ser más que un archivo en la oficina de admisión. Es tu opción de personalizar el proceso. Las entrevistas no serán un factor abrumador para las decisiones de ingreso, pero debes tratar de tener una entrevista en aquellas universidades que realmente te interesan y que son opciones realistas. Si eres una de esas personalidades carismáticas que describí en el Capítulo 3, la entrevista será el lugar ideal para demostrarlo. Las entrevistas te dan la opción de experimentar si una universidad coincide bien contigo y te permite demostrar cuánto interés tienes en una. Es momento de obtener respuestas a aquellas preguntas que no se te respondieron en la información de la universidad.

La mayor parte de las entrevistas serán de información. En estos casos, la entrevista tratará más acerca de tus preguntas sobre la universidad que sobre la intención del entrevistador de evaluarte para colocarte en la clase de estudiantes de primer año de la universidad. La manera en que se realiza la entrevista y quién la hace, también puede decirte algo sobre la institución. ¿Es apurada la entrevista? ¿A quién se asignó para participar en el proceso de entrevista? ¿Es un estudiante de último año de universidad empleado a tiempo parcial por la oficina de admisión? ¿O es la persona que leerá tu carpeta y que ayuda a tomar las decisiones de ingreso a la universidad?

Entrevistar es una aptitud que dura toda la vida, por eso, comienza a practicar ahora.

> Asegúrate de llamar a la universidad para averiguar sobre su política de entrevistas. Si puedes tener una, prográmala cuando hagas los arreglos para visitar el campus.

Organizarte para una entrevista

No programes tu primera entrevista en la universidad de tu primera elección. Elige la universidad que menos te interese y arregla una cita para entrevista ahí primero. Lo harás mejor después de que hayas tenido alguna experiencia en una situación de entrevista. Igualmente, trata de evitar hacer tu última entrevista con la universidad de primera opción porque deseas seguir estando fresco y espontáneo en tus respuestas.

Programa todas las entrevistas con bastante antelación. Podrías ser capaz de hacerlas parte de tus recorridos de campus, pero esto puede ser difícil con el estrés de tratar de visitar cuatro o cinco universidades en un fin de semana de 3 días. Si las universidades que investigas están lejos de casa y el viaje es caro, quizás debas planear tu entrevista junto con la visita. Si por alguna razón no puedes asistir a una cita para entrevista, asegúrate de llamar y cancelarla. Una cancelación no se considerará en contra tuya, pero la falta a una cita sin aviso probablemente sí.

Prepararse para la entrevista

La entrevista es un aspecto sutil y subjetivo del proceso de ingreso a la universidad. Tratarás de causar una buena impresión, así que es necesario que seas sincero y cortés y que le demuestres a la universidad que sabes algo sobre ella y que tienes algo que ofrecer.

Asegúrate de leer el catálogo y hacer una lista de preguntas que deseas hacer. El entrevistador ya habrá examinado tu información. Tómate tiempo para pensar en tus fortalezas y debilidades y prepárate para hablar acerca de ellas de una manera positiva. Las entrevistas de la universidad no son el momento para modestia y respuestas monosilábicas. Al mismo tiempo no deseas parecer jactancioso y arrogante. Vuelve a examinar las actividades extracurriculares en las que has participado y tus pasatiempos, trabajo de voluntariado y otras maneras de ocupar tu tiempo. Si hay circunstancias especiales que hayan afectado tu vida, es conveniente abordarlas en tu entrevista. Por ejemplo, si faltaste mucho a la escuela porque tu familia pasó un año abrumador con un divorcio, desempleo o enfermedad, es conveniente hablar acerca de ello con tu entrevistador. Evita sonar como si estuvieras dando excusas, sino que sólo pretendes aportar información para la universidad sobre quién eres.

Averigua la hora y ubicación de la entrevista y planea llegar temprano.

Es conveniente llevar a la entrevista una copia de tu certificado de calificaciones y un currículum vitae de actividades. Si hay algo en tu certificado de calificaciones que necesite una explicación, prepárate para hacerlo. Tal vez tener una B+ en historia de una maestra en particular fue un logro importante, pero si estás considerando hacer una especialidad en historia, podría surgir una pregunta sobre esta calificación. Deja que el entrevistador sepa cuán orgulloso estás de haber tenido esa calificación excelente en la clase de esta maestra y que tu B+ fue sólo la segunda que ella ha colocado en cuarenta años de enseñanza. La primera fue para un estudiante que se graduó hace treinta y cinco años.

Algunas preguntas que podrían hacerte

Trata de dar una *entrevista virtual*. Pídele a un miembro de la familia o amigo que te entreviste o entrevístate frente a un espejo. Prepararse por adelantado hará más agradable la experiencia para ti y todos a tu alrededor porque disipará algo de la ansiedad.

Las preguntas que hará el entrevistador se han diseñado para ser variadas, de manera que la conversación fluya naturalmente de área en área. Recuerda, la mayoría de las entrevistas de la universidad ofrecen una oportunidad de explorar preguntas que puedas tener sobre las ofertas de la universidad y si ésta se adecua bien a ti. Examina las preguntas que se mencionan en las siguientes páginas. Practica elaborando tus respuestas. Piensa en los por qué de las preguntas y tus reacciones a ellas. Formula tu respuesta y practica, diciéndolas en voz alta a tu familia o amigos, pero no memorices las respuestas. El propósito de examinar estas preguntas es aclarar tus pensamientos sobre estos temas, no escribir un manuscrito.

He visto muchas entrevistas simuladas demostradas por directores de ingreso durante programas vespertinos para padres y he interrogado a mis estudiantes acerca de lo que se preguntó durante sus entrevistas. Los siguientes son algunos de los tipos más comunes de preguntas que se hacen. Un entrevistador hará sólo una o dos de estas preguntas en una categoría para comenzar desarrollando un nivel de comodidad e iniciar la conversación. Hazte las preguntas y ve de qué manera las responderías.

Preguntas sobre tu experiencia en la escuela secundaria

Las preguntas que hará un entrevistador sobre la escuela secundaria aluden a temas con los que estás más familiarizado: tu entorno académico, tus pensamientos sobre la escuela secundaria, tus actividades extra-curriculares y tu comunidad.

Tu entorno académico y la escuela

- ¿Cómo son algunos de tus cursos?
- ¿Con cuáles cursos has disfrutado más?
- ¿Cuáles cursos han sido los más difíciles para ti?
- ¿Cuál es tu horario en la escuela secundaria?
- ¿Qué satisfacción has obtenido de tus estudios?
- ¿Ha sido ardua la escuela? ¿Cuáles cursos han sido los más arduos?
- ¿Te gusta tu escuela secundaria?
- ¿Cómo describirías tu escuela?
- ¿Cuál es el rango de estudiantes en tu escuela? ¿Dónde encajas?
- ¿Te gustan tus maestros? ¿Cómo es tu maestro favorito?
- ¿Qué haces en tu tiempo extra?
- ¿Qué hiciste el verano pasado?
- ¿Qué haces con el dinero que ganas?
- Si pudieras cambiar una cosa de tu escuela secundaria, ¿qué sería?

Tus actividades extracurriculares

- ¿Qué actividad extracurricular ha sido la más satisfactoria para ti?
- ¿Cuál es la contribución más significativa que has hecho a tu escuela?
- ¿Cómo describirían otros tu función en la comunidad escolar?
- ¿Qué actividades disfrutas más fuera de la rutina diaria de la escuela?
- ¿Tienes pasatiempos o intereses especiales?
- ¿Has trabajado de voluntario?
- ¿Harías elecciones diferentes de actividades si tuvieras que hacerlo todo de nuevo?
- ¿Qué es lo que más te gusta hacer para divertirte? ¿Para relajarte? ¿Para estimularte?
- ¿Cómo pasas un día típico después de la escuela?
- ¿Qué deseas saber sobre nuestras actividades?

Tu comunidad

- ¿Cómo describirías tu ciudad natal?
- ¿Cómo es tu comunidad?
- ¿Cuál ha sido un tema controversial en tu comunidad?
- ¿Cuál es tu postura sobre ello?
- ¿De qué manera ha afectado tu perspectiva el hecho de vivir en tu comunidad?

Preguntas sobre la universidad

La segunda categoría de preguntas es sobre la universidad. La interrogante básica, aquella que debiste haberte detenido a pensar cuando hiciste tu autoevaluación, es por qué deseas ir a la universidad. Existen variaciones en este tema que pueden surgir durante la entrevista y pueden incluir temas como éstos:

- ¿Has trabajado esforzándote al máximo?
- ¿Es tu registro un indicador preciso de tus capacidades y tu potencial?
- ¿Hay alguna circunstancia externa que interfirió con tu rendimiento académico?
- ¿Qué es lo más interesante para ti de nuestra universidad?
- ¿Qué es lo que más te interesa de nuestro campus?
- ¿Cuáles otras universidades estás considerando?
- ¿Qué esperas estar haciendo en siete años más? ¿Doce años?
- ¿Alguna vez has pensado en no ir a la universidad? Si es así, ¿qué harías?

El mundo que te rodea y tú

Esta tercera categoría de preguntas requiere alguna introspección de tu parte. El entrevistador no hace dichas preguntas para provocarte, sino para saber más sobre tus actitudes y de tus puntos de vista. En esta categoría se incluyen las que se consideran las preguntas difíciles, que incluyen preguntas sobre libros que has leído, una variación sobre el tema del héroe, más preguntas personales para indagar y temas de hechos actuales. Mientras más selectiva sea la universidad más indagadoras suelen ser estas preguntas. Asegúrate de responder con tus propias ideas y entusiasmos. No lo hagas más difícil hablando sobre un libro que no terminaste o de un tema del que no estás informado. Trata de elaborar algunas preguntas sobre la base de estas ideas y responde con un pensamiento prudente.

¿Qué hay de tus preguntas?

Saca ventaja de la oportunidad de la entrevista para hacer tus propias preguntas. Ve preparado con una lista de preguntas específicas para cada universidad con la que te entrevistas. Trata de no hacer preguntas sobre información que pudieras haber leído en catálogos y folletos.

Preguntas como las siguientes podrían dar lugar a una conversación interesante:

- ¿Cómo trata la universidad los puntajes AP? ¿Existe un límite en el número de créditos AP que otorga la escuela?
- ¿Cuál es el sistema para emparejar a compañeros de habitación?
- ¿Cómo funciona el trabajo de asesoría? ¿Cuál es el sistema de la universidad para la selección de cursos?
- ¿Qué nuevas ofertas se consideran en mi especialidad?
- ¿Hay nuevos edificios planificados? ¿Cómo afectarán la apariencia del campus?

Algunas sugerencias para una buena entrevista

¿Qué me debo poner?

Así como hay ropas para actuaciones, hay ropas para entrevistas. Para las mujeres, se recomienda una falda o un vestido sencillo, o pantalones y una blusa posiblemente con una chaqueta. Los zapatos deben ser de tacón bajo a medio. Los hombres deben usar pantalones de vestir con camisa, chaqueta y corbata. También se permite un suéter de cuello alto o camisa y suéter. Los jeans y las gorras no son adecuados. Las áreas de admisión son oficinas profesionales y es apropiado vestir de acuerdo con la atmósfera. Aunque no deseas dar una impresión falsa, éste no es el momento para hacer una declaración personal sobre quién eres a través de tu vestimenta. Si miras alrededor de la sala de espera y ves los otros posibles postulantes vestidos como si acabaran de salir de la cama, es posible que ésta sea su entrevista de "práctica" (aunque no es una buena idea vestir casualmente) o que sólo demuestren falta de criterio.

Manejar tu lenguaje corporal

Cualquiera que haya entrevistado de manera profesional te dirá que el lenguaje corporal puede revelar mucho de una persona. El lenguaje corporal consta de las señales físicas que dan a conocer información no verbal. Los entrevistadores están capacitados para buscar estas señales. ¿Cómo puedes enviar el mensaje correcto con la postura de tu cuerpo?

- Siéntate tranquilo y mira directamente al entrevistador. Si hay más de un entrevistador, mira a la persona que hace la pregunta en ese momento.
- Mantén contacto visual. Puede que alguien considere una intrusión el contacto visual por más de 5 segundos. Otros pueden interpretar la falta de contacto visual como un signo de que no son confiables. Prueba manteniendo contacto visual unos 4 a 5 segundos y luego mira ligeramente a otro lado unos 3 a 5 segundos.
- Abstente de golpear con los dedos la mesa o el brazo de la silla.
- Aguanta golpear el piso con el pie o balancear las piernas. Siéntate derecho en la silla con ambos pies en el piso.
- Respira lentamente y haz una pausa entre tus pensamientos; esto te ayudará a permanecer calmado.

Indicadores personales

Aquí hay algunas cosas adicionales para recordar:

- Averigua la hora y ubicación de la entrevista. Planea llegar temprano.
- Ten una buena actitud sobre ti mismo.
- Habla positivamente sobre ti sin fanfarronear.
- Sé alegre y amistoso.
- Recuerda que este es un ambiente profesional, por eso no es apropiado usar lenguaje coloquial.
- Escucha atentamente las preguntas que se te hacen y respóndelas por completo.
- Disfruta la entrevista. Es una gran experiencia de aprendizaje para ti y para el entrevistador.

> Tratar la entrevista personal con respeto creará una situación que será beneficiosa para ti y para el entrevistador. La regla más importante es ser tú mismo y relajarte.

DECIR "GRACIAS"

Las visitas al campus requieren coordinación y para eso se necesita tiempo y esfuerzo. Por lo general, las personas que hacen el trabajo se encuentran en el sobrecargado departamento de ingreso a la universidad, que hace arreglos para cientos, tal vez miles, de estudiantes al año. ¿Enviar una nota de agradecimiento hará la diferencia entre aceptación y rechazo? ¿Quién sabe? Pero no es por eso que escribes la nota. La escribes para agradecer a las personas por hacer tu visita tan agradable e informativa como sea posible.

Agradece al personal de la oficina de admisión. Escribe al director del departamento que dedicó media hora de su tiempo para mostrarte los salones de clases. Envía un correo electrónico a los estudiantes con quienes te reuniste esa noche en el dormitorio y que te invitaron a sus habitaciones, compartieron sus galletas hechas en casa y pasaron una hora describiéndote sus experiencias. Estarán ahí para darte la bienvenida en el otoño y eso hará que sea más fácil adaptarte, ¿no es verdad? No olvides agradecer a tus padres o tutores legales que tomaron tiempo libre de su trabajo y pagaron todos los gastos. Han estado contigo cada paso del camino. ¿Por qué no dejas que sepan cuánto aprecias su apoyo?

Guía para padres

1. Un mensaje para ustedes para sentirse más cómodos con las universidades ubicadas lejos de casa: traten de hacer a un lado sus preocupaciones por ahora y recuerden que estamos explorando todas las opciones. Consideren factores como la fortaleza de la parte académica, la ayuda financiera que se puede ofrecer, la calidad de la experiencia total y las iniciativas que han instituido estas universidades para asegurar que sus campus sean seguros. También consideren si su hijo o hija ingresará al programa de su elección o quedará fuera porque hay un número limitado de puestos disponibles en una especialidad en particular. Esto puede ocurrir si su hijo o hija trata de transferirse de una universidad que ofrece carreras de dos años.

2. Padres, es importante que ustedes recorran los campus. El conocimiento adicional que ofrecen ustedes y su manera de ver las cosas aportará más. Las universidades acogen a personas de todas las edades y les gusta ver hermanos y hermanas menores en los campus, al fin y al cabo, son posibles estudiantes futuros.

---

3. Los funcionarios de ingreso son muy astutos y observarán quién lleva la conversación durante la visita. Su creencia es que el estudiante que entra a la oficina de admisión y toma el control de la situación demuestra un nivel de madurez que les ayudará a tener éxito en el campus. Por más difícil que pueda ser, traten de permitirle a su hijo o hija que haga la mayoría de las preguntas.

4. Puede que sientan cierto grado de tensión mientras visitan un campus, en especial si hay una entrevista programada. Hablen sobre esto antes de que lleguen al campus y acuerden ser pacientes unos con otros.

5. Sepárense durante la visita. Por separado usarán su tiempo de la mejor manera. Es importante que los padres visiten el centro profesional en el campus. Esto es lo que los padres deben buscar: ¿cuál es el profesionalismo de los servicios de colocación profesional? ¿Hasta dónde llega la conexión con ex-alumnos para empleos? ¿Viajan a este campus los mejores empleadores para hacer visitas y reclutar gente? ¿La universidad ofrece pasantías? ¿Cómo son y en qué campos? ¿Funciona el centro como un establecimiento del siglo veintiuno o luce como que ha estado ahí por siempre? Tomen notas y, después de la visita, fusionen esta información con lo que su hijo o hija ha averiguado.

6. Dar entrevistas es una aptitud que dura toda la vida, por eso, ayuden a su hijo o hija a comenzar a practicar ahora. El mejor consejo es comenzar con una universidad que no esté entre las principales de su lista de opciones y practiquen sus técnicas de entrevista ahí. Ofrezcan a su hijo o hija una oportunidad de elaborar las respuestas. Escuchen cómo formula las respuestas y ayuden a proporcionar sesiones de práctica. Recuerden, el propósito de repasar estas preguntas es aclarar pensamientos sobre estos temas, no memorizar respuestas.

Postular a la universidad

Postula tú mismo, piensa en estas tres palabras por un minuto.

Estas palabras tienen varios significados importantes para ti en el proceso de postulación a la universidad. Un significado se refiere a la necesidad de mantenerse concentrado durante este momento significativo en tu vida y mantener las prioridades en orden. También se refieren a la necesidad de conocer las fechas límite de postulación y terminar a tiempo el trabajo que implica. Por último, la frase podría abarcar el tema de quién es responsable realmente de tu postulación.

Nadie más debería recopilar tus solicitudes aparte de ti, tú debes ser el dueño de este proceso. La intervención de otros en el caso de las postulaciones a la universidad, incluyendo el ensayo, debe ser sólo para proporcionar consejo. El consejero privado no es responsable de completar tus solicitudes ni tampoco las debería escribir a máquina la secretaria de tu papá o de tu mamá. Sí, las solicitudes para la universidad son una carga de trabajo adicional en tu duodécimo grado, sumadas a las clases académicas más difíciles a las que te inscribiste. Necesitarás tomarte el tiempo para llenar tus solicitudes además de completar las visitas a universidades y presentar los últimos SAT o ACT de tu programación de exámenes. Escuchaste de tus amigos del último año de la secundaria del año pasado que esto iba a pasar, pero no comprendiste completamente hasta ahora la importancia de mantener un equilibrio en tu último año de la secundaria.

Es mucho más fácil dilatar algo, lo que vuelve locos a tus padres. Ellos se frustran tanto que toman el poder del proyecto. Es una estrategia que ha servido contigo antes, entonces ¿por qué renunciar ahora? Dos buenas razones son que eres tú quien está al borde de la adultez y que eres tú quien se va a ir a la universidad. Ellos no van a estar en tu habitación el próximo año para hacerte la tarea. ¿Qué tan importante es la solicitud? En algunos casos, será lo único que verán las universidades sobre ti.

Capítulo 5

ELEMENTOS ESENCIALES DE LA SOLICITUD

Al llenar tu mismo la solicitud aprendes más sobre la universidad a la cual estás postulando. Lo que una universidad te pida en su solicitud puede decirte mucho sobre ella. Las solicitudes de las universidades estatales, que tienen sólo dos páginas y sólo solicitan números, te dicen cómo van a ver la variedad de sus postulantes. Generalmente, ellos seleccionan a los estudiantes basándose únicamente en los promedios generales y en los puntajes del SAT I o ACT de los postulantes. Las universidades que exigen entrevistas y que solicitan que respondas algunas otras preguntas o incluso que escribas un ensayo se interesan más en un enfoque personal y buscan un tipo diferente de estudiante que las universidades estatales. Los temas de los ensayos te pueden decir cuáles son intereses de la universidad y también sobre su estilo y personalidad.

Ahora que has hecho tu tarea sobre dónde quieres postular, estás listo para pensar en cómo empezar. Esa caja para la leche que compraste para guardar tus materiales seguramente está a mano. Los catálogos, los folletos, la información de ayuda financiera estarían sobre toda tu cama, en el suelo y el fondo de tu armario. Sin un sistema de organización, probablemente ya te hubieras tenido que mudar de tu habitación. Pero, ¿has revisado algo de ello recientemente?

> Antes de comenzar a completar tus solicitudes, averigua bien el plazo de cada universidad. Esto te ayudará a evitar sorpresas desagradables más adelante.

Revisar los plazos de las solicitudes

Estoy seguro de que cuando fuiste a las ferias de universidades, recopilaste tantas solicitudes como pudiste de los representantes de las universidades. En estos momentos probablemente también ya has visitado los sitios Web de las universidades y solicitaste que te enviaran más información. Cuando visitaste las universidades, en las oficinas de admisión recogiste todo el material que te faltaba. Si todo lo demás falló, enviaste una amable solicitud de información a aquellas universidades con las cuales no te pudiste comunicar de otro modo. (Consultar "Solicitud de muestra para información" en el Apéndice D.) A medida que los catálogos y los folletos te llegaban y los llenabas, ¿los revisaste para asegurarte de tener una solicitud para cada universidad de tu lista? Por lo general, las solicitudes no están disponibles hasta agosto, por lo tanto, las universidades te enviarán primero su material y luego las solicitudes. Ellos tienen tu nombre en carpeta en caso de que te hayan enviado un paquete incompleto y son muy cuidadosos con el seguimiento. Sin embargo, si no has recibido una solicitud para mediados de septiembre, llama a la oficina de admisión.

No querrás estar completando las solicitudes y no tener una para una universidad en particular, no con el tiempo de espera que involucra obtener una solicitud. Esto podría causar que quitaras una universidad de tu lista sólo porque no pudiste cumplir con su plazo. Si aún no lo has hecho, detente y revisa las fechas de cada solicitud y de la Solicitud común. Coloca los plazos en tu "College Planning Timetable" (Horario de planificación universitario) y en tu lista de universidades seguras, de objetivo y soñadas. (Consulta el Paso 3 en la página 126.)

Postular en Internet

La conexión electrónica tiene un gran impacto en el proceso de postulación a la universidad. Cada vez más universidades colocan sus solicitudes en Internet e informan a los estudiantes sobre las ventajas de postular a través de este medio. En algunos casos, especialmente con las grandes universidades estatales, puede haber hasta tres semanas de ventaja para un estudiante que postula por Internet en comparación con uno que postula por correo normal.

Solicitudes universales y comunes

Una manera de evitar todo este papeleo es usar la Solicitud común. La Solicitud común, que puedes conseguir a través de tu consejero vocacional o en Internet en www.commonapp.org, es auspiciada por la National Association of Secondary School Principals, NASSP (Asociación Nacional de Directores de Escuelas Secundarias) y se acepta en 230 universidades independientes. Además, en www.CollegeQuest.com puedes encontrar enlaces a muchas universidades y solicitudes electrónicas. Este formulario se desarrolló para entregarle a los estudiantes maneras más convenientes de postular y facilitarles este proceso a varias universidades al mismo tiempo.

¡Esto es fabuloso! Piensa en todo el tiempo y la energía que ahorrarás al usar un formulario único. No existen ventajas al usar el formulario propio de la universidad, entonces ¿por qué hacerlo? Quizá

Las universidades que aceptan las Solicitudes universales y comunes han acordado darle *la misma importancia* a este formulario de solicitud que a uno presentado en sus propios formularios. Úsalo siempre que sea posible.

a los padres les cueste entender este concepto y a veces será necesario que los convenzas. Pídele a tu consejero vocacional que hable con ellos o ponlos en contacto directamente con la oficina de admisión de la universidad para que estén tranquilos. De cualquier modo, ellos se convencerán de que no tienes que pasar por el tremendo esfuerzo de completar una solicitud individual para cinco o seis universidades. El uso de la Solicitud universal o común te ayudará a concentrar el tiempo y el esfuerzo en tus actividades académicas y además te permitirá crear el tipo de solicitud que mejor refleje tus logros. Aquí se te explica cómo funciona.

Utilizando las computadoras en casa, los estudiantes completan sus datos personales y la información académica una vez y luego envían copias a las universidades a las que están postulando. Las universidades aceptan estas solicitudes y les dan la misma importancia que a sus solicitudes propias. Al completar la información en una solicitud, los estudiantes pueden enviarla a cualquier universidad de la lista. Muchas universidades aceptan estas solicitudes electrónicas; otras exigen que los estudiantes impriman una copia de la Solicitud común y la envíen por correo.

Aunque todas las universidades toman sus decisiones de acuerdo únicamente a estos documentos, existen algunas que aceptan las solicitudes por Internet sólo como el primer paso en el proceso de postulación. Después de haberla recibido, te enviarán una parte complementaria de información adicional. Después de dos o tres semanas de haber enviado la solicitud inicial, deberías recibir la solicitud complementaria. Dicha solicitud puede incluir una pregunta tipo ensayo adicional, por lo que tienes que dejarte el tiempo para dichas exigencias. Si la universidad exige un complemento, generalmente se señalará en el procedimiento de postulación para dicha universidad específica. También deberías encontrar esta información cuando investigues la universidad.

ORGANÍZATE

Ahora, hablemos sobre la organización de la información que necesitarás para completar tus solicitudes con precisión y tiempo. No importa si estás postulando vía correo electrónico o en papel impreso, la información que se te pregunta es similar en todos los casos. Te voy a dar 6 pasos para completar de manera exitosa esta parte de tu proceso de selección de la universidad.

Paso 1: Copias de práctica

Saca una fotocopia de la solicitud de cada universidad. Puesto que la presentación de tu solicitud puede considerarse un aspecto importante al momento de la admisión, no querrás borrar, tachar o utilizar corrector en tu solicitud final.

Comete todos los errores en tus copias y cuando creas que está correcta, entonces transcribe la información a tu copia original o ingrésala en Internet en la solicitud electrónica de la universidad. Si vas a enviar tus solicitudes por correo, trata de utilizar un procesador de texto, pero si vas a escribirlas a máquina, intenta limitar tus respuestas a los pequeños espacios. Recuerda que en las universidades grandes, puede que tu paquete de solicitud sea lo único que vean de ti.

Paso 2: Decidir tu enfoque

Ahora que ya tienes las solicitudes, revísalas. ¿Qué información te piden las universidades? Decide cómo vas a presentar tus fortalezas, qué enfoque vas a usar para contar tu historia. No tienes que usar el mismo tema para todas las solicitudes, pero si adaptas tu enfoque a cada perfil de la universidad, asegúrate de poder apoyar tus declaraciones. Esto es lo que se llama presentación y no hay nada de malo en ella. Siempre es importante saber cuál es tu público y hablar en un lenguaje que conocen y aprecian.

¿Qué es lo que le llamará la atención de tu solicitud al consejero de ingreso universitario que saque tu solicitud de un mar de ellas para considerarla? Sé animado e interesante en lo que dices, sé memorable en el enfoque de tu solicitud. Tú quieres que el consejero de ingreso universitario se acuerde de ti, no de tu castillo español hecho de palitos de helado. Lo más importante, sé honesto y no exageres tus actividades académicas y extracurriculares. Enfoca cada paso del camino de este proceso con integridad. Es la mejor manera de terminar en una universidad que sea la adecuada para ti. Si no dices la verdad, la universidad en algún minuto lo sabrá. ¿Y cómo lo harán? Si tus certificados de calificaciones y las recomendaciones dicen una cosa y tú dices otra, la oficina de admisión se dará cuenta: ¡otro punto en contra!

Sé memorable en el enfoque de tu solicitud, pero no exageres, no envíes tu castillo hecho de palitos de helado a la oficina de admisión.

Paso 3: Revisar los plazos

En septiembre del último año de la escuela secundaria, organiza tus solicitudes en orden cronológico. Coloca los plazos para tu lista final de universidades junto a sus nombres en tu lista segura, de objetivos y soñadas y en tu "College Planning Timetable", que se encuentra en el Apéndice A. Trabaja primero en la solicitud que vence antes.

Paso 4: Revisar *tus* datos

Necesitas asegurarte que toda la información de apoyo que envíes sea correcta. Lo primero que debes revisar es tu certificado de calificaciones, puesto que debes incluir una copia en cada solicitud que envíes. Anda a la oficina de orientación y pide una "Solicitud del Certificado Oficial de Calificaciones". Llena la solicitud para el certificado de calificaciones formal e indica que estás solicitando una copia para ti y que la recogerás. Si existe algún arancel, págalo.

Cuando tengas tu certificado, míralo detenidamente. Tendrá varias páginas e incluirá la información como los nombres de todos los cursos que has tomado desde noveno grado junto con las calificaciones finales para cada curso y las horas de servicio de asistencia a la comunidad que has registrado cada año. Revisa la información detenidamente. ¿Está todo ahí? ¿Están los puntajes de tu SAT I y ACT? (Eso dependerá de la política de tu escuela, consulta la página 40.) ¿Están correctos los puntajes? Es comprensible que existan errores con tal cantidad de datos involucrados. No obstante, debido a que esta información es vital para ti y tú eres quien mejor puede juzgar su precisión, de ti depende su revisión. Infórmale a tu consejero vocacional de todos los errores o dudas que tengas. Si es una calificación cuestionable, tu consejero te ayudará a encontrar la calificación que se debió haber colocado en tu certificado. Haz lo que sea necesario para asegurar que tu certificado se corrija antes del 1° de octubre de tu último año de la secundaria.

Para aquellos que han asistido a universidades locales y han acumulado créditos por programas de doble inscripción u otros trabajos en el ámbito universitario, necesitarán completar la Sección de datos educacionales. Se te solicitará que hagas una lista de los cursos y también se te exigirá un certificado de calificaciones oficial de dicha institución de educación superior. Para asegurar estos registros, tu departamento de consejería te ayudará con dicho procedimiento.

> Cuando llenes la "Solicitud del Certificado Oficial de Calificaciones", asegúrate de preguntar cuánto tiempo requiere tu escuela secundaria para reunir y enviar tu certificado. Para estar seguro, envía tu solicitud con bastante anticipación.

Ahora que te has asegurado que la información que sale de tu escuela secundaria es precisa, necesitas cerciorarte que llegue a las universidades. Haz un seguimiento de cada certificado para asegurarte que se haya enviado antes del plazo. Por lo general, dos o tres semanas después de haber enviado tu solicitud las universidades te enviarán una postal acusando recibo de tu material y notificándote de la información que aún está pendiente. Si no recibes dicha postal dentro de tres semanas, llama a la oficina de admisión y comprueba que hayan recibido tu solicitud y materiales. No aplaces las cosas pensando excusas para no llamar, tales como que no quieres importunarlos o que crees que están muy ocupados para buscar, ¡sólo hazlo!

Paso 5: Hacer una lista de tus actividades

Cuando revises tus solicitudes, encontrarás una sección de actividades extracurriculares. Es tiempo de utilizar tu procesador de texto nuevamente para priorizar tu lista de actividades extracurriculares y determinar el mejor enfoque para presentarlas a las universidades. Algunos estudiantes preparan un currículum vitae y lo incluyen en cada solicitud que envían. Otros desarrollan un "Anexo de experiencia extracurricular, académica y laboral" y marcan aquellas secciones específicas de su solicitud, "Consulte Anexo adjunto".

Este es un buen momento para hablar de la importancia de leer las instrucciones de las solicitudes y seguirlas cuidadosamente, por ejemplo, las instrucciones de la Solicitud común que están escritas en negritas: **para permitir que nos concentremos en lo resaltado de tus actividades, completa esta sección incluso si piensas adjuntar un currículum vitae.** Las universidades son serias con respecto a las instrucciones que dan y no seguirlas puede ser una de las razones por las cuales no se revise una solicitud en forma positiva.

Si eres un estudiante muy participativo, te tomará tiempo priorizar tu historia de actividades y redactarla en forma breve e incluso interesante. Escribe aquellas actividades que producirán un impacto mayor, muestra las actividades en que te involucraste con mayor consistencia y demuestra tus habilidades de liderazgo al comienzo de la lista. Esto tomará tiempo, así que planéalo como corresponde. Si sientes que has dejado de lado información importante debido a que el formulario te limita, incluye un anexo o un currículum vitae como apoyo.

Paso 6: Organizar el resto de tus datos

¿Qué otra información puedes organizar con anticipación para completar tus solicitudes?

Sección de datos personales

La mayor parte de esta sección es información personal estandarizada que no tendrás dificultad de responder aunque en algunos puntos tendrás que pensar. Por ejemplo, verás que una pregunta dice: "¿A qué facultad o división especial estás postulando?" ¿Tienes alguna facultad específica en mente, como la de ingeniería? ¿O responderás a la facultad de arte y ciencias porque no sabes aún cuál va a ser tu especialidad? Conversa con tu consejero vocacional si necesitas ayuda para determinar a qué facultad postular dentro de una universidad. En algunas universidades, existen ventajas definidas en postular a algunas facultades en vez de otras. Si no estás seguro sobre tu especialidad, pregúntate a ti mismo que es lo que más te interesa y luego ingresa a dicha facultad. Cuando ya estés en la universidad y tengas un mejor sentido de lo que quieres hacer, siempre puedes cambiar tu especialidad.

La solicitud proporcionará un espacio adicional para declarar etnia. Si crees que te gustaría declarar tu origen étnico hispano y que sería una ventaja para tu admisión, considera completar esta sección.

Para completar esta sección, necesitarás tu número del College Entrance Examination Board, CEEB (Consejo de Evaluación para el Ingreso a la Universidad) de la escuela secundaria. Dicho número es el que anotaste cuando llenaste los paquetes de exámenes del SAT I y del ACT. Puedes obtener dicho número de la portada de tus paquetes del SAT y ACT o en el departamento de consejería.

Sección de pruebas estandarizadas

La solicitud te pide la fecha de tus exámenes y tus puntajes. Los puntajes del College Board deben estar registrados en los últimos resultados de las pruebas que recibiste. Tu último registro de ACT sólo tendrá los puntajes actuales a menos que hayas solicitado los anteriores. Si extraviaste esta información, comunícate con estas organizaciones o dirígete a tu departamento de consejería. Tu consejero debe tener copias. Asegúrate que las organizaciones de los exámenes envíen tus informes de puntajes oficiales a las universidades a las que estás postulando.

Si estás planeando presentar uno de estos exámenes en el futuro, las universidades querrán esas fechas también y esperarán dichos puntajes antes de tomar una decisión. Si cambias de planes, escribe una nota a la oficina de admisión con las nuevas fechas o la razón para cancelar.

Sección de carga de cursos del último grado de la escuela secundaria

Las universidades te solicitarán la lista de los cursos, por semestre, del último año de la secundaria. Establece la lista en el siguiente orden: coloca en primer lugar cualquier curso AP o cursos anuales de nivel superior; esto causará un mayor impacto. Luego coloca otros cursos anuales obligatorios, luego los cursos semestrales obligatorios y finalmente los optativos. Asegúrate de colocar apropiadamente los cursos del primer y segundo semestre. Si estás tomando educación física, no se te olvide colocarlo.

La carta de presentación

Has recopilado toda la información necesaria para la solicitud y estás listo para incorporarla en un producto final. ¿Qué más necesitas? En cada solicitud se debe adjuntar una carta de presentación individual para cada universidad. Digo "individual" porque una carta genérica suena como lo que es y no dará una impresión positiva en la oficina de admisión. Aquí te entregamos algunas sugerencias de lo que podrías incluir en una carta de presentación de tres párrafos:

- Párrafo 1: Señala qué te hizo elegir esa universidad. ¿Fue el recorrido por la universidad, los cursos en la especialidad de tu interés o la ubicación?
- Párrafo 2: Explica qué te hace especial para que seas un buen candidato para la universidad.
- Párrafo 3: Cuéntale a la universidad cuánto has averiguado para entrar a estudiar en su institución en el otoño.

Escribe la carta de tal manera que el consejero de ingreso universitario esté interesado en leer más sobre ti.

ELEGIR SABIAMENTE A QUIENES ESCRIBIRÁN TUS CARTAS DE RECOMENDACIÓN

El piso de mi estudio está lleno de pilas de papeles. Para un extraño que mirara por la puerta, le parecería un revoltijo desorganizado de papeles esparcidos sin ninguna lógica o razón. Pero para mí, es un sistema que funciona. Todos los montones se relacionan con un estudiante de duodécimo grado y están organizados por tema. Está el montón de actividades académicas, de actividades extracurriculares, de información personal, de reconocimientos y distinciones y también el de intereses externos y servicio de asistencia a la comunidad. Luego, se encuentran las notas personales que he escrito durante el tiempo que he pasado con el estudiante de duodécimo grado que me ayudarán a describirlo en términos individuales.

Es noviembre, y al igual que muchos de los consejeros de todo el país, estoy inmerso en el proceso de escribir recomendaciones. Paso las tardes y fines de semana entre octubre y febrero reuniendo información y escribiendo recomendaciones para mis estudiantes de duodécimo grado. Muchas universidades solicitan recomendaciones del consejero como parte del proceso de postulación, pero no podríamos hacer dicho tipo de trabajo sin la ayuda de nuestros estudiantes. Es decir, que vas a tener que proporcionar información y documentos que ayuden al consejero a conocerte y escribir con entusiasmo sobre ti.

Renuncia a revisar las recomendaciones

Antes de analizar más sobre los contenidos de las recomendaciones, necesitas saber otro asunto que probablemente surgirá, la renuncia a revisar las recomendaciones, es decir, tu escuela secundaria o la universidad a la cual estás postulando te solicita renunciar a ver tus recomendaciones escritas sobre ti antes de que las envíen. Puedes estar pensando, "¿Por qué debería aceptar?" Las escuelas ven las recomendaciones que no has leído con un valor agregado. El mensaje que les envías es que cualquiera que escriba una recomendación sobre ti, lo hará positivamente y que tú confías en que dicha recomendación es lo suficientemente sólida sin tu intervención. No ha habido "un análisis o un ajuste" por parte tuya. La recomendación es la visión real y sin editar del escritor. Todos estos factores hacen que el contenido sea muy convincente frente al comité de ingreso.

Así es como debería ser una renuncia para revisar las recomendaciones de la escuela secundaria:

Yo, _____, con el conocimiento y consentimiento de mis padres/tutores legales, acepto que todas las recomendaciones escritas por el personal y consejeros de _____ (nombre de la escuela) permanezcan confidenciales a todas instituciones educacionales y futuros empleadores. Comprendo que renuncio a mi derecho a acceder a dicha información.

_____ _____

Ambas firmas, la tuya y la de tus padres.

Conversa con tu consejero sobre las políticas de la escuela sobre la renuncia. Revisa tus solicitudes para ver si existe una sección que solicite renunciar a tu derecho de revisar las recomendaciones que han escrito para ti. En vista de que tus padres o tutor legal tendrán que firmar la renuncia en representación tuya, asegúrate de explicarles a ellos el propósito de ésta. Si tienen alguna pregunta, pídeles que hablen con tu consejero o con el director de la escuela. Una vez que hayas firmado la renuncia en tu escuela secundaria, sé consecuente y firma todas las partes con respecto a la renuncia de todas las solicitudes.

La recomendación de tu consejero

Volvemos a hablar de la redacción de las recomendaciones. Además de pasar tiempo conversando con tu consejero, existen varios otros medios para proporcionarle información. Algunos consejeros le entregarán a sus estudiantes una pregunta de ensayo que creen que les dará una base de lo que ellos necesitan con el fin de estructurar una recomendación. Otros solicitarán opiniones a un amplio grupo de personas que conocen al estudiante para obtener una imagen amplia de éste en varios ambientes. Ningún enfoque es mejor que otro.

Averigua cuál es el que utilizan en tu escuela. Probablemente obtendrás esta información como folleto en uno de esos programas de consejería de las tardes o en una presentación en el salón de clases realizada por el departamento de consejería de tu escuela. Si aún no estás seguro de lo que se espera de ti o si el perro se comió esos papeles, pregúntale a tu consejero vocacional qué hay que entregar y cuándo es el plazo final. Asegúrate de completar el material a tiempo y de reservar suficiente tiempo para hacerlo de una manera imparcial.

Algunas herramientas que encuentro especialmente útiles para obtener la información que necesito para escribir las recomendaciones son la "autobiografía", la "recomendación de los compañeros" y el "cuestionario y declaración descriptiva de los padres". A lo anterior le agrego algo llamado "la recomendación informal" que le pido a los estudiantes que le den a las personas que escribirán sus recomendaciones cuando son estudiantes de undécimo año. Todos estos documentos me dan una visión de un estudiante desde diferentes puntos de vista.

La autobiografía

El ensayo autobiográfico no es un ejercicio inútil y tu consejero no está intentando aumentar tu carga de trabajo. Lo más probable es que las preguntas para la autobiografía hayan sido tomadas de las preguntas de ensayo que varias universidades han usado en sus solicitudes. El objetivo de la actividad es ayudarte a preparar respuestas a preguntas similares a las que te pueden aparecer en las solicitudes. Más abajo aparecen algunas preguntas que uso en el formulario de autobiografía que le entrego a mis estudiantes. Lee las preguntas y piensa cómo las podrías responder.

Si tu departamento de consejería no te solicita una autobiografía, pregúntale a tu consejero vocacional si encontraría útil esta información.

Tu educación

- ¿Qué cursos te han interesado más? Da dos razones a tu respuesta.
- ¿Qué cursos te han presentado más dificultad? Da dos razones a tu respuesta.
- ¿Qué elegiste para aprender solo? Considera intereses expresados a través de temas elegidos para trabajos de investigación, informes de laboratorio, proyectos individuales y lectura independientes; trabajos y trabajos de voluntariado.
- ¿Qué muestran tus elecciones sobre tus intereses y la manera cómo te gusta aprender?
- Anota uno a tres libros que hayas leído este último año que no estén relacionados con la escuela. ¿Qué te gustó de cada uno?

- ¿Cuál ha sido tu experiencia intelectual o académica más estimulante en los últimos años fuera de la escuela (por ejemplo, experiencias de verano y viajes)? Explica cómo te influyó en tu crecimiento personal.
- ¿Crees que tus calificaciones de la escuela secundaria reflejan tu habilidad? Explícate.
- ¿Existen algunas circunstancias externas (en tus experiencias o entorno reciente) que hayan interferido en tu rendimiento académico?

El mundo que te rodea y tú

- Si has viajado o vivido en diferentes lugares, comenta dichas experiencias si consideras que fueron significativas para tu desarrollo.
- ¿Qué esperan tus padres de ti? ¿Han expresado planes, ambiciones y objetivos específicos para ti? ¿Cómo han influido sus expectativas en las metas y normas que has establecido para ti mismo?
- ¿Cuáles son las dos o tres cosas que más te afligen?
- ¿Qué actividades fuera de la escuela te han ayudado a desarrollar mejores aptitudes interpersonales? Da ejemplos.

Tu personalidad y relaciones con otros

- ¿Cuál consideras tú que es tu mayor debilidad?
- ¿Cuál consideras tú que es tu mayor fortaleza?
- ¿Cómo te describiría alguien que te conoce bien? ¿Estarías de acuerdo con esa descripción?
- ¿Has madurado o cambiado durante tus años de secundaria?
- ¿Cuál relación o relaciones son más importantes para ti y por qué? Da ejemplos.

Si tu departamento de consejería no te solicita que redactes una autobiografía, pregúntale a tu consejero vocacional si encontraría útil esta información. Entregues esta información a tu consejero o no, sería útil para ti que escribieras las respuestas a dichas preguntas. Si te tomas el tiempo y consideras tus respuestas detenidamente en esta práctica, tendrás el trabajo hecho cuando tengas que llenar las solicitudes. Incluso si no te aparecen las mismas preguntas, responderlas te ayudará a conocerte a ti mismo y conocer mejor tus intereses para cuando tengas que tomar la decisión final sobre la elección de tu universidad.

> Si escribes un ensayo autobiográfico para tu consejero, no limites tus experiencias sólo a lo que haya ocurrido en la escuela. Incluye experiencias y actividades de cualquier momento de tu vida y recuerda ser específico en tus ejemplos.

Recomendación de los compañeros

Las recomendaciones de los compañeros no sólo son una herramienta para los consejeros vocacionales sino también para las universidades de artes liberales. Como consejero vocacional, creo que las recomendaciones de los compañeros son una fuente valiosa y única de información sobre mis estudiantes. Piénsalo, en muchos casos, tus amigos están más cerca tuyo de lo que lo está tu familia. Pasas muchas más horas con ellos en clases, actividades y situaciones sociales. Cuando le pido a un estudiante que pida una recomendación a un compañero, le explico que es una herramienta opcional y que ponga cuidado en elegir a un amigo que se exprese o escriba bien. El amigo tiene que ser uno que conozca al estudiante desde hace mucho tiempo y que sea capaz de compartir experiencias que ofrecerán tener una visión única de dicho estudiante.

> Si te piden escribir una recomendación para un amigo, acepta la responsabilidad. Tus comentarios serán valiosos para tu amigo y te ganarás el reconocimiento que implica redactar una recomendación.

¿Qué aprendo de las recomendaciones de los compañeros? Por ejemplo, podría aprender qué es lo que un estudiante ha hecho para ayudar a otros sin esperar nada a cambio, podría aprender sobre las aptitudes interpersonales de la persona y cómo un estudiante donó parte de su tiempo libre para estar con una persona que estuvo en problemas. Podría escuchar sobre las horas adicionales que el capitán del equipo de fútbol americano pasó en las sesiones de entrenamiento adicionales durante el verano para ayudar a los jugadores nuevos a adquirir aptitudes para sobresalir en el equipo. Existe una abundancia de este tipo de conocimiento compartido a través de los ojos de un amigo. Yo aprecio los recuerdos que me han contado y el lenguaje descriptivo usado para expresar la individualidad de un amigo. Las recomendaciones de amigos me han ayudado a escribir con más precisión y de una manera más personal sobre mis estudiantes. Recomendaciones similares pueden ser una ayuda para tu consejero.

Las siguientes son preguntas que les hago a mis estudiantes para que piensen cuando escriben recomendaciones a sus compañeros. Los estimulo a responder las preguntas para que mencionen aquellos ejemplos que han formado sus sentimientos hacia su amigo.

- ¿Hace cuánto tiempo y en qué circunstancias has conocido al estudiante?
- ¿Por qué valoras conocer a esta persona?
- ¿Cuáles crees que son las fortalezas y debilidades de esta persona?

- ¿Esta persona posee algún talento o habilidad especial?
- ¿Qué cualidades crees tú que esta persona entregará al campus de la universidad?

Aporte de los padres o tutores legales

El "cuestionario y declaración descriptiva de los padres" es un área donde tus padres pueden describir las imágenes tuyas y contar las historias sobre cómo has madurado. Generalmente, la visión de los padres es muy precisa. La experiencia de "poner a tu hijo o hija en papel" es conmovedora para ellos y, a menudo, provoca interesantes conversaciones entre los padres y su hijo o hija maduro. Este es un momento difícil para los padres puesto que la separación y el distanciamiento son necesarios en este proceso. No seas impaciente, es muy importante tomarse el tiempo para aceptar sus sentimientos.

Las siguientes son algunas preguntas que uso en mi "cuestionario y declaración descriptiva de los padres". Revisarlas te dará una idea de lo que el departamento de consejería te puede pedir. Comparte esta información con tus padres o tutor para que puedan estar preparados.

- ¿En qué áreas ha presenciado que su hijo o hija ha tenido un desarrollo y una madurez mayor durante sus años de secundaria?
- ¿Cuáles son los rasgos más destacables de la personalidad de su hijo o hija?
- Si tuviera que describir a su hijo o hija con sólo cinco o seis adjetivos, ¿cuáles utilizaría?
- ¿Ha habido circunstancias personales inusuales que hayan afectado la experiencia educacional o el desarrollo personal de su hijo o hija? Explíquelas.
- Describa a su hijo o hija en términos de logros escolares. ¿Cuál acontecimiento nos podría contar que ilustre las cualidades que más admira de su hijo o hija en el entorno escolar? ¿Qué ejemplo utilizaría para describir a su hijo o hija en su mejor entorno?
- Describa a su hijo o hija como persona. ¿Qué cualidades admira? ¿Cuál acontecimiento podría ilustrar de mejor manera a su hijo o hija fuera del entorno escolar?
- ¿Qué es lo que más le gustaría que un funcionario de ingreso a la universidad supiera sobre su hijo o hija?

Recomendación informal de un maestro

Aparte de las recomendaciones formales de los maestros, de las cuales hablaré más adelante, algunas escuelas pueden usar un sistema de recomendaciones informales. El propósito de esto es proporcionar al consejero una perspectiva más completa de quién eres. Las universidades no ven esto.

A menudo el formulario de recomendación informal se entrega a los maestros en el undécimo grado de los estudiantes y hay que devolverlo al departamento de consejería. A través de estas recomendaciones, tu consejero verá qué es lo que piensan tus maestros sobre ti. Sus comentarios lo ayudarán a identificar tus mejores áreas académicas. Cuando escriba la recomendación, el consejero puede incorporar ideas y citas de estas recomendaciones informales, lo que le permite presentar a la universidad una visión personal y académica más amplia de ti.

En lugar de enviar un formulario para que completen los maestros, algunas escuelas le piden a los maestros al final del año escolar que coloquen los comentarios para cada estudiante que hayan tenido en una carpeta acumulativa del estudiante. Pregúntale a tu consejero vocacional sobre la política de tu escuela.

Recomendación formal de un maestro

Además de las recomendaciones de tu consejero, las universidades pueden solicitar recomendaciones adicionales de tus maestros. Puesto que es una recomendación formal, tus maestros de materias la envían directamente a las universidades. La mayoría de las universidades solicitan al menos una recomendación formal además de la recomendación del consejero. Sin embargo, muchas instituciones competitivas solicitan al menos dos, y a veces tres, recomendaciones académicas. Sigue las instrucciones de la universidad con respecto al número exacto. Demasiados papeles podrían atenuar la solidez de tu solicitud. Conversa con tu consejero sobre si es aconsejable enviar recomendaciones adicionales basadas en tus circunstancias particulares.

Las recomendaciones se consideran un factor importante en el proceso de toma de decisiones de la universidad y una recomendación detallada puede ser una diferencia favorable. No subestimes esta parte de la solicitud. Elige sabiamente a las personas que escribirán tus recomen-

> Escribir las recomendaciones junto con su compromiso de enseñanza regular coloca a tus maestros en una situación tensa. Asegúrate y consigue a las personas que van a escribir tu recomendación formal al comienzo de tu duodécimo grado. Dales el tiempo suficiente.

daciones. Cuando estés en el duodécimo grado tendrás que solicitar a tus maestros las recomendaciones formales. ¿Cómo haces para solicitar una recomendación a un maestro? ¿Qué debes considerar al seleccionarlo?

Una de las preocupaciones que podrías tener al momento de seleccionar a la persona que va a redactar tu recomendación, especialmente si has firmado la renuncia a revisar las recomendaciones, es ¿qué pasa si escribe algo no muy halagador? Esto es poco probable. Vas a solicitarle a las personas que escriban tus recomendaciones personalmente. Puede que te encuentres con educadas excusas como: "lo siento pero no puedo escribir una recomendación para ti. Ya me comprometí con muchos estudiantes y sería difícil cumplir con las fechas estipuladas". Este maestro puede estar realmente sobrecargado con solicitudes, (especialmente si es un maestro de inglés del duodécimo año) o el maestro te puede guiar a alguien más que pueda escribirte una mejor carta. De todos modos, acepta la educada negación y busca otra persona.

¿Cómo decides a quién preguntarle? Aquí hay algunas preguntas que te ayudarán a seleccionar a los que escribirán las recomendaciones:

- ¿Qué tan bien te conoce la maestra o el maestro?
- ¿Has tenido clase con él o ella en más de un curso? (Un maestro que te ha enseñado durante dos o tres años ha visto desarrollar tus talentos y aptitudes.)
- ¿El maestro o maestra ha auspiciado actividades extracurriculares en las que has participado?
- ¿Tienes una buena relación con él o ella?
- ¿La universidad indica que recomienda o exige una recomendación de un instructor de una materia en particular?
- Si señalas una especialidad futura, ¿puedes obtener una recomendación de un maestro en dicha área?
- CONSEJO: proporciona recomendaciones de dos asignaturas, por ejemplo, inglés y matemáticas.

Un consejo: las personas que escriban deberán hacerlo basándose únicamente en su perspectiva, no repitiendo los comentarios que puedan aparecen en las recomendaciones de otros maestros. Cuando le pidas a tu maestro o consejero vocacional que escriba una recomendación y te pida una copia de tu currículum vitae, dile que enviarás una copia de él con tu solicitud. No hay nada más contraproducente que enviar a los funcionarios de admisión el mismo tipo de información varias veces en diferentes formatos. Ofrece establecer una cita con la persona que va a escribir tu recomendación de manera que ella pueda conocer otros aspectos de ti. Cuando te reúnas con ella, asegúrate de tener a mano el cuestionario de los padres y las recomendaciones de tus compañeros.

Facilitar el trabajo a las personas que escriben las recomendaciones

Organizar el material para las personas que escribirán tus recomendaciones les ayudará a terminar sus cartas a tiempo y te lo agradecerán. Incluso puedes contribuir a que escriban con entusiasmo sobre ti.

1. Entrégale a cada maestro una carpeta con tu nombre en el frente.
2. Incluye en cada carpeta lo siguiente:
   - Una lista de las universidades a las cuales vas a postular con la fecha plazo de cada una.
   - Un sobre con estampilla y la dirección de cada universidad.
   - Si la solicitud de la universidad incluye un formulario de evaluación del maestro, adjunta el formulario al sobre que enviarás a dicha escuela en particular.
   - Si una solicitud no incluye un formulario de evaluación del maestro, adjunta al sobre una nota que enviarás a dicha universidad diciendo: "no hay formulario de evaluación para la universidad XYZ. Por favor, envíe una carta de recomendación".
3. Adjunta una nota a los paquetes de cada universidad con la fecha del plazo para las solicitudes de manera que la persona que escriba la recomendación sepa cuándo debe terminarla y enviarla a la universidad.
4. Escribe una nota de agradecimiento a cada maestro y colócala en la carpeta de la persona. Puede ser corta, pero tiene que mostrar agradecimiento por el tiempo que la persona ocupó en escribirte la recomendación.

Otros que pueden escribir tus recomendaciones

Ahora es tiempo de hablar sobre otras personas que pueden escribir tus recomendaciones: tu empleador, tu sacerdote, el director del campamento de verano donde trabajaste los últimos dos años y así sucesivamente. Sin embargo, ten presente que a menos que estas cartas adicionales vayan a revelar aspectos ocultos de ti que provoquen un profundo impacto en la manera en que la universidad vea tu postulación, ten cuidado de no sobrecargar tu solicitud.

Este es el momento de ser sumamente selectivo con respecto a la información que vas a incluir. Las partes de una solicitud deben usarse para crear una imagen sobre quien eres. La redundancia es una pérdida de tiempo de los funcionarios de ingreso. Tu consejero no repetirá la información académica que es parte de tu certificado de calificaciones. En lugar de eso, estructurará la recomendación para proporcionar detalles importantes sobre ti como persona y miembro de la comunidad. ¿Existen muchos "detalles" que sólo otras personas podrían completar legítimamente?

Otro aviso es importante aquí. ¿Qué hacer frente a la oferta de un socio de tu padre, que sugiere que él podría ayudarte haciendo "una llamada telefónica" por ti? Después de todo, él se graduó de la universidad hace diecinueve años y dice que se acordarán de él. A menos que haya contribuido lo suficiente en la construcción de un edificio de la universidad como para que una biblioteca tenga su nombre, rechaza la oferta gentilmente. Estoy siendo gracioso acá, pero a menos que el pariente o el amigo de la familia tenga una relación de ex-alumno actual y comprometida con la institución, puede no ser útil aceptar la oferta. Es posible que te presionen, por lo que sería conveniente que hablaras con tus padres antes de que surjan estas sugerencias. Luego tu familia y tú tendrán un acuerdo sobre cómo responder.

Has elegido a las personas que escribirán tus recomendaciones detenida y cuidadosamente. Le has dado lo que necesitan para que cumplan con su tarea. Ahora es tu momento de escribir. ¿Acabo de escuchar una queja?

> **Las partes de una solicitud deben usarse para crear una imagen sobre quién eres.**

ESCRIBIR LA DECLARACIÓN PERSONAL O EL ENSAYO PARA LA UNIVERSIDAD

El plazo para enviar tu solicitud es mañana a la medianoche y te acabas de sentar frente al computador para escribir tu "Declaración personal" o el ensayo para universidad que es parte de la solicitud. Te preguntas, ¿cuál es el apuro? Después de todo, tu maestro de inglés o tu consejero vocacional pueden leerlo mañana en la escuela y hacer sugerencias. Eso

> El ensayo es una oportunidad para demostrar cuán único eres realmente. Alguien se va a tomar el tiempo de leer sobre ti porque quién eres es lo que importa.

te dará mucho tiempo luego de la escuela para hacer las correcciones y llevarlo al correo a medianoche. Hmmm. ¿Qué oficina de correos está abierta a medianoche para sellar tu carta?

Esta es una visión exagerada de un estudiante de duodécimo grado que enfrenta el ensayo de la universidad. En realidad probablemente tus padres te han estado preguntando durante semanas cuánto has escrito. Te has ingeniado para evitarlos cuando intentan obtener una respuesta directa. ¿No se dan cuenta de que todo este tiempo lo has estado redactando en tu cabeza y que cuando te sientes frente al computador, luego de una hora escribirás un perfecto ensayo? Por la manera en que tus padres reaccionan, podrías pensar que tu futuro depende de ello.

Si piensas, "sí, probablemente lo haré así", déjame decirte que *no* es la manera como lo deberías hacer.

La importancia de la declaración personal

¿Por qué te piden las universidades que escribas una declaración personal? Sea una sola pregunta de ensayo o varias preguntas de ensayo de temáticas como aquellas en la solicitud de la Bowdoin College, las universidades están utilizando este enfoque para aprender más sobre el tipo de persona que eres y qué tan bueno eres para expresar tus pensamientos de manera escrita.

Por algo se llama declaración personal. Las universidades no buscan una crónica de tu vida y no desean sentirse abrumados con tantos datos que sienten que estás escribiendo "fuera de ti", distanciándote del tema. Las universidades quieren saber cómo te sientes con respecto a lo que hayas elegido escribir. Ellos quieren leer sobre tu perspectiva personal sobre dicho tema.

Es cierto que puede haber cierta ansiedad involucrada al momento de escribir sobre tus pensamientos y sentimientos. ¿Algo de ansiedad? El ensayo puede generar mucha ansiedad puesto que te piden que pongas en un papel un pedazo de ti para que otros lo lean. En este caso, ese pedazo puede ser un factor determinante en la decisión de aceptarte o no en la universidad de tu preferencia. Sabes que has llegado a un importante momento en el proceso de postulación y que eres el único responsable. No es sorprendente que los estudiantes de duodécimo grado se quejen a viva voz con sus amigos sobre el ensayo para la universidad y lo aplacen antes de finalmente sentarse a escribirlo. ¿Cómo escribir sobre ti mismo? ¿Qué parte de tu vida es más importante para resaltarla?

Finalmente, escribir el ensayo para la universidad es cuestión de actitud, de mantenerse positivo sobre la experiencia de escribir el ensayo y verlo como una gran oportunidad. Ésta puede ser la primera oportunidad que tengas para mirar hacia atrás en tu vida y considerar todas las cosas buenas que te han pasado (éste podría ser un tema) y todas las grandes personas que has conocido en tu vida y han compartido sus experiencias contigo (otra pregunta que a menudo aparece en los ensayos). La mayoría de los estudiantes con los que he hablado después que han escrito su ensayo creen que la experiencia los cambió de alguna manera.

Ocho pasos para redactar el ensayo para la universidad

Hagamos de esto una oportunidad que te beneficie. Te sugiero los siguientes consejos seleccionados de las sesiones ofrecidas todos los años por los directores de ingreso a padres y estudiantes. El público cambia todos los años, pero no así los elementos básicos de calidad de la declaración personal.

1. **Comienza por ti mismo.**

   Comienza preparando tu currículum vitae y haz una lista de tus actividades. Tómate tiempo para apreciar cuán especial eres y cuánto has hecho para llegar a este punto. Mira tus fortalezas. Asegúrate que éstas se incluyan en tu solicitud. Pregúntate a ti mismo: "¿En qué otra parte del paquete de admisión se analizan mis fortalezas? ¿Se incluyen en mi currículum vitae? ¿Alguien las analiza en mis recomendaciones? ¿El certificado de calificaciones resalta esta información?" Conoce los materiales de apoyo y familiarízate con el tipo de información que se presentará en cada documento adjunto. ¿Si algo falta en estas fuentes, debería ser parte de tu ensayo?

2. **Acepta la manera en que te ves en los documentos.**

   Tu expediente de la escuela secundaria está en papel. Tu certificado refleja tus calificaciones y la calidad de tus cursos. ¿Existen circunstancias que influyeron en que obtuvieras una calificación deficiente o hubo un momento cuando te luciste al enfrentar la adversidad? Es posible que este ensayo pueda ser el medio que uses para referirte a dichas circunstancias.

3. **Tu ensayo debería agregar nueva información a tu solicitud.**

   No seas redundante. Tus cursos están en tu certificado de calificaciones. Las universidades recibirán tus puntajes del SAT o los resultados del ACT. El ensayo no es el lugar para hacer una lista de tus cursos. ¿Qué es lo nuevo que es necesario decir sobre ti?

4. **Aprópiate de la declaración personal.**

   El ensayo es el lugar para mostrar tus fortalezas. Las universidades quieren llegar a conocerte en un ámbito personal; y tú necesitas enseñarles más sobre ti. Aquí está tu oportunidad para desarrollar una parte de la solicitud que es exclusivamente para ti. Recuerda: esta sección es tuya.

5. **Sé tu propia voz.**

   Esta es una frase que a menudo se escucha en las oficinas de admisión de la universidad en todo el país. Se refiere al hecho de que no debería haber razón alguna para cuestionarse quién escribió la declaración personal. Muchas universidades incluyen una solicitud de una muestra de un ensayo calificado de sus postulantes. La política comenzó cuando aparentemente algunos candidatos le pagaban a otras personas para que escribieran sus ensayos. Si tus calificaciones en inglés son C y tu puntaje en la sección de verbal del SAT es de 423, un ensayo que es equivalente a una obra de Shakespeare creará algunas dudas. Si has escondido este talento durante todos estos años, un funcionario de admisión astuto se preguntará por qué.

6. **Hazlos que te vean a través de tus ojos.**

   Muéstrale al comité de ingreso a la universidad lo que quieres decir. No lo aburras con un cuento largo y plano. Haz que tu historia sea vibrante y que ellos lo sientan a través de una redacción activa. Crea personajes interesantes y escenas intensas. Usa una voz activa y palabras sensoriales.

7. **La presentación cuenta.**

   Si no estás postulando en Internet, en lo posible usa un procesador de texto. (También se aplica para la solicitud.) Si ingresas tu solicitud en Internet, asegúrate de escribir tu ensayo, revisarlo y corregirlo, así como también de obtener opiniones de tu maestro de inglés y de tu consejero vocacional antes de comenzar a completar el formulario con tu copia final. No escribas simplemente un ensayo y hagas clic en *Enviar*.

8. **Escríbelo ahora.**

   No lo dejes para más adelante. Te puedes sorprender con todo lo que tienes que decir cuando finalmente te sientes a escribir tu ensayo.

Algunos tipos de ensayos posibles

Existen ciertos temas comunes en la mayoría de los ensayos para la universidad. Puedes encontrar una pregunta que te pida evaluar una experiencia significativa o logros que tengan un significado especial para ti o puede ser que te pidan que analices algún tema de interés personal, local, nacional o internacional y que lo relaciones contigo. Otra pregunta podría ser indicar una persona que te haya influenciado y describir dicha influencia. Estas son preguntas de ensayo estándar incluidas como opción en la mayoría de las solicitudes. Digo opción porque algunas universidades exigirán más de un ensayo. Al hacer pensar y a menudo entretener, estas preguntas se desarrollan para analizar tu manera de pensar.

No intentes hacer que un ensayo se adecue a la pregunta sólo porque no tienes ganas de escribir otro ensayo. Esta parte del proceso de postulación va a tomar tiempo y no será fácil. Las universidades selectivas son ingeniosas al momento de hacer sus preguntas, ya que quieren ver la misma creatividad e ingenio en las respuestas de sus ensayos. Las preguntas de este tipo presentan grandes desafíos incluso para las mentes más creativas.

Reunir todo

Comienza creando un esquema personal. Prueba alguna de estas ideas para comenzar a escribir tus ideas en papel o en un computador.

Primero, necesitas ideas:

- Anota ideas: establece un límite de tiempo o completa una página. Escribe sobre:

  - Todo lo que se te pueda ocurrir sobre ti, bueno, malo, especial o hábitos obvios.
  - Trabajos hechos, lugares que visitaste y logros de los que estés orgulloso.
  - Dichos que hayas escuchado en tu casa toda tu vida. ¿Podría usarse esto como un tema?

- Ten un diario durante un par de semanas y anota no lo que haces sino las respuestas y pensamientos de cada día.
- Reúne momentos importantes de tu pasado.
- Usa tu currículum vitae como una herramienta para revisar lo que has hecho durante los últimos años. Léelo para obtener ideas. ¿Te hace recordar actividades o experiencias que te hayan formado como un individuo o señala experiencias destacables? Luego de varios días o semanas, pregúntate:

  - ¿Cuáles son tus fortalezas y debilidades? Sé completamente honesto.
  - ¿Por qué haces las cosas que haces y qué es lo que te importa?
  - ¿Cómo es crecer donde vives?

Cuando tengas tus ideas, concéntrate en:

- Hacer relaciones. Agrupa las ideas o situaciones similares, por ejemplo, proyectos de voluntariado o amor por la ciencia.
- Cuatro o cinco fortalezas importantes. No mantengas las ideas inusuales e intensas en tu esquema personal y ¡siempre sé positivo!

Finalmente,

- El propósito del ensayo es persuadir, por lo que tendrás que demostrar tus puntos.
- Haz una lista con tus características de personalidad y cinco o seis pruebas sobre lo que has hecho y quién eres.

Escribir el ensayo

Probablemente desde la escuela intermedia has estado usando el siguiente mecanismo para redactar: anotar las ideas, escribir un borrador, escribir el texto, corregir y pulir la redacción. Para este entonces debería ser automático, entonces úsalo para escribir tu ensayo. Ya te he dado algunas sugerencias para tener ideas. Úsalas para crear tu primer borrador, centrándote en el contenido para comunicar tus pensamientos. Luego déjalo a un lado por un día o dos. Cuando lo vuelvas a leer, tendrás una nueva perspectiva. Haz cualquier corrección necesaria. También este es el momento en que deberías considerar los asuntos de organización, estilo, gramática, aspectos prácticos, ortografía y tono. Una vez que hayas vuelto a escribir tu primer borrador, puedes desear mostrárselo a tu familia, amigos, maestro de inglés y consejero vocacional. Mientras el producto final y la decisión final sean tuyos, estas personas pueden ser capaces de ofrecerte sugerencias útiles para mejorar tu trabajo. Cuando estés satisfecho, agrégalo a tu solicitud.

Qué hacer y qué no hacer

Dentro de este esbozo general para escribir tu ensayo, recuerda lo que debes y no debes hacer.

Qué hacer

- Dejar tiempo para corregir y volver a redactar. Siempre puedes mejorar tu presentación.
- Pensar en "pequeño" y escribir sobre algo que sepas.
- Mostrarte en lo que escribas. Está bien hablar de tus angustias o momentos muy difíciles de tu vida. Si lo haces, cuenta cuánto creciste debido a esta experiencia.
- Demostrar en lugar de contar dando ejemplos e ilustrando tus temas. Este enfoque te ayudará a revivir tu historia.
- Ser tu propia voz y tener tu propio estilo.
- Leer las instrucciones y seguirlas cuidadosamente. Si dice que limites tu declaración a 500 palabras, hazlo.
- Recordar relacionarte con la universidad a la cual estás escribiendo el ensayo. Escribe ensayos diferentes para universidades diferentes, es decir, puedes usar el mismo tema general, pero asegúrate de incluir cómo coinciden la universidad en particular y tú.

Qué no hacer

- Escribir lo que crees que otros quieren leer.
- Exagerar o escribir para impresionar.
- Usar un estilo demasiado elaborado, exagerado o pretencioso.
- Usar clichés.
- Descuidar la parte técnica de tu ensayo (gramática, aspectos prácticos, ortografía, organización y estructura de las oraciones).
- Ser muy extenso. Di lo que tienes que decir de manera concisa.
- Escribir tu ensayo a mano. Cuando sea posible, usa un procesador de texto.

Escribe un ensayo sincero, hecho por una persona real. Observa muy dentro de ti y escribe desde tu corazón, con sinceridad y seriedad. Permite que el comité de ingreso vea quién eres y en qué crees. Cuando hayas terminado tu ensayo, verás cuánto has madurado. Puede impresionarte y con seguridad impresionarás a tu público: el comité de ingreso de la universidad de tu preferencia.

ACCIÓN Y DECISIÓN TEMPRANAS

Ninguna otra área en el proceso de ingreso a la universidad había recibido tanta atención en los últimos años como el uso de las opciones de Acción temprana, EA (por sus siglas en inglés) y Decisión temprana, ED (por sus siglas en inglés) como estrategias para ingresar a las universidades de la Ivy League y a las altamente competitivas. Ninguna otra área está rodeada por tanta información errónea, histeria o mal uso. Las siguientes declaraciones revelan las presiones que se producen para influir en el proceso de ingreso a la universidad y, a su vez, dichas declaraciones aumentan las presiones:

1. Las universidades de la Ivy League y las altamente competitivas rechazan a los candidatos superiores y las solicitudes a las universidades menos competitivas y estatales han aumentado.

2. El proceso de postulación a las universidades está siendo cada año más competitivo.

3. Un número mayor de estudiantes eligen la universidad luego de graduarse de la escuela secundaria. Alrededor de un 67 por

ciento de todos los estudiantes de duodécimo grado de la escuela secundaria ingresan a la universidad.

4. La cultura en las comunidades suburbanas exige que los niños y niñas de dichas comunidades planeen asistir a la universidad luego de la graduación y entre un 70 y un 80 por ciento ingresan a la universidad. Las expectativas es que esta tendencia aumentará durante los próximos diez años, por eso, los estudiantes hispanos urbanos necesitan asistir a la universidad para competir en la fuerza laboral en el futuro.

5. Consejos sobre las excelentes universidades están disponibles para un grupo más amplio de estudiantes, no sólo para aquellos que asisten a las escuelas secundarias acomodadas públicas o privadas. El consumidor se ha vuelto alguien más informado y sofisticado.

6. Los estudiantes con puntajes en el SAT de 1450, 5 en sus exámenes AP y cursos de nivel superior en sus certificados de calificaciones, que son excelentes en liderazgo, participan en actividades extracurriculares y servicio de asistencia a la comunidad, son rechazados o puestos en las listas de espera en universidades como Harvard, Brown, Georgetown y Wesleyan.

Menos cupos implica más competencia. ¿Qué hacer para ingresar a la universidad que quieres? Muchos estudiantes hablan de Acción temprana o Decisión temprana.

La polémica de las opciones tempranas

La EA y la ED pueden ser valiosas herramientas para los estudiantes que saben a cuál universidad quieren asistir, pero no siempre es la mejor respuesta. Para decidir si EA o ED es una buena solución para ti, necesitas algunos hechos e información precisa. Primero, tenemos que definir la diferencia entre Acción y Decisión tempranas. De acuerdo a un plan de Acción un estudiante postula a una universidad a comienzos del duodécimo año, entre el 30 de octubre y el 15 de enero, y solicita una notificación temprana de admisión. Generalmente lleg una decisión entre tres o cuatro semanas después de la postulació un estudiante es aceptado, no es obligación que asista a institución. El estudiante puede conservar esta admisión y aún

Aceptar cumplir con una Decisión temprana implic un contrato obligacion cambiar pero ca

147

a otras universidades durante el período de admisión regular. De acuerdo a un plan de Decisión temprana un estudiante postula a una institución a comienzos de su duodécimo año de secundaria, también entre el 30 de octubre y el 15 de enero, y solicita una notificación temprana de admisión. Sin embargo con este plan, el estudiante y su consejero vocacional firman un contrato al momento de la postulación que indica que si es aceptado, el estudiante está obligado a asistir a dicha institución. Algunas universidades ofrecen tanto EA como ED. Lee sobre tus opciones detenidamente y asegúrate de entender qué planes ofrecen.

Entonces, ¿por qué se ha convertido en una polémica? Durante los últimos años, las historias sobre las admisiones altamente competitivas pero limitadas han llevado a los estudiantes a las opciones tempranas para intentar asegurar un lugar en las universidades de su primera preferencia puesto que tienen miedo que todas las vacantes se copen si postulan durante las admisiones regulares. A menudo los consejeros y los padres han tenido que aconsejar a los estudiantes desilusionados a utilizar las opciones tempranas como una estrategia de tiempo para asegurar el ingreso.

Se ha convertido en un tema tan grande que en el boletín National Association of College Admission Counselors, NACAC (Asociación Nacional de Consejeros para el Ingreso Universitario) se envió una petición a las universidades titulada *Counselors Need More Information about ED/EA from Colleges* (Los consejeros necesitan más información sobre ED y EA de las universidades). La NACAC le solicitó a las universidades compartir su pensamiento y sus políticas sobre las opciones tempranas con los consejeros de manera de que estuvieran en una mejor posición para asesorar a los estudiantes sobre preguntas tales como: ¿son mejores mis opciones de ingreso si postulo temprano? ¿Por qué una decisión temprana afecta mi paquete de ayuda financiera? ¿Qué sucede si nadie me acepta para Acción temprana? Pareciera que nadie pregunta cuántos de estos estudiantes son aceptados realmente por las universidades a través de la EA o ED.

Debido a que el tiempo de postulación se ha convertido en una estrategia de ingreso, las universidades que nunca han ofrecido un plan de Decisión temprana o Acción temprana han instituido una o ambas opciones. Otras han cambiado el plan Acción temprana (la opción no

Un ingreso diferido significa que la universidad está interesada, pero no puede aceptar en momento. aprovechar del entre abril tu ina

148

obligatoria) a uno de Decisión temprana. Algunas universidades ofrecen dos fechas de calendario para sus opciones tempranas, una generalmente alrededor del 1° de noviembre y la otra en enero, para atraer a los candidatos excelentes que es posible que no hayan sido aceptados en las universidades soñadas de su primera opción y que les gustaría tener la ventaja de ser considerados bajo una Opción temprana en otra universidad.

Las ventajas de postular temprano

La ventaja obvia es que tú sabrás en diciembre si fuiste aceptado, rechazado o diferido. Si recibes un sobre grueso, puedes relajarte y disfrutar verdaderamente los desafíos y las experiencias de tu duodécimo grado de la escuela secundaria. ¡Aprovéchalo al máximo! Si recibes un sobre delgado, tendrás que aceptar la desilusión y luego seguir adelante. Completa las otras solicitudes y espera la decisión de abril. Un ingreso diferido significa que la universidad está interesada, pero no te puede aceptar en ese momento. Puedes aprovechar la ventaja del intervalo entre diciembre y abril para agregar tu archivo a la oficina de admisión. Podrías enviar un aviso de un premio o reconocimiento especial que hayas recibido. También, asegúrate y envía tus solicitudes a otras universidades de tu lista.

¿Existen otras ventajas? En general, la mayoría de las universidades no creen que exista una ventaja en postular temprano como una estrategia para aumentar la posibilidad de ingresar. Las universidades dicen que intentan tomar la misma decisión en diciembre que en abril. El Director de Ingreso de Brown University señaló recientemente: "El porcentaje de aceptación para postulantes que realizan Acción temprana tiende a ser un poco mayor, pero es porque el grupo es levemente mejor con postulantes más calificados que consideraron cuidadosamente las universidades y evaluaron su idoneidad.

Esa última parte es importante. Si vas a postular para EA o ED, necesitas estar seguro que estás postulando a la universidad adecuada para ti.

Johns Hopkins University en Baltimore tiene la siguiente filosofía sobre los postulantes que optan por postular temprano, que hace eco en la visión de muchas otras universidades. Ésta cree que los postulantes de decisiones tempranas demuestran un fuerte compromiso para con la universidad. Un estudiante que busca una admisión temprana envía un mensaje muy claro, es decir, que desea esa universidad en particular. Si un estudiante típico en el grupo de solicitudes regular tiene un promedio A, el promedio en el grupo de decisión temprana puede sólo ser A– o B+. Pero los estudiantes del grupo de decisión temprana demuestran un gran interés en la universidad lo que implicará que tendrán un punto a su favor al momento de tomar la decisión.

La realidad de las opciones tempranas

No postules temprano sólo por que una revista o un periódico señala que todas las vacantes en las clases de los estudiantes de primer año de universidad en todo el país las ocupan las personas que postulan temprano. Si investigas las universidades que te interesan, puedes encontrar que la realidad de las universidades de tu lista no apoyan dichas declaraciones. En general, ha habido cierto crecimiento en el número de estudiantes que postula temprano y las universidades admiten más estudiantes en esta modalidad. Sin embargo, el número es mucho menor de lo que te imaginas.

Las universidades se interesan en los estudiantes que postulan temprano sólo si se concuerda estrechamente con la institución. El Director de Ingreso de Brown aconseja: "Si no tienes la seguridad, entonces espera e investiga otras opciones. No te sientas presionado en postular antes con la esperanza de aumentar tus oportunidades de ingresar. Puesto que a las universidades postulan muchas personas buenas en la postulación regular, deben ser muy cuidadosos de no usar todas las vacantes temprano. Ellos desean a los mejores estudiantes en sus instituciones, ya sea postulen para acción temprana o para ingreso regular". Es esencial que explores los resultados y las estadísticas de los planes de Acción temprana o Decisión temprana en las universidades que estás considerando. También es muy importante que conozcas los verdaderos porcentajes de aceptación temprana.

¿Cuándo podría ser apropiada una opción temprana?

Bajo ciertas circunstancias, puede ser apropiado considerar las opciones tempranas. Sin embargo, éstas no se deben usar como un medio para ingresar a la universidad que está fuera de las posibilidades, incluso si es tu "universidad soñada". Se pueden considerar las opciones tempranas bajo las siguientes circunstancias:

- Comenzaste tu planificación académica para la escuela secundaria temprano y has tenido éxito al elegir los cursos que te estimularon e incitaron a obtener conocimientos.

- Te las has arreglado para alcanzar logros académicos en aquellos cursos arduos, manteniendo un alto nivel en todas tus clases.

- Te familiarizaste con el proceso de exploración de universidades antes, identificando quién eres y relacionándote a ti mismo con las universidades que ofrecen un programa que satisfaga tus necesidades.

- A través de la publicidad, la investigación y la información obtenida, has identificado expresamente las ofertas universitarias que son más atractivas para ti.

- Organizaste tu visita a la universidad para obtener las posibilidades reales para las universidades de tu lista de exploración. Volviste a aquellas que encontraste más interesantes y asististe a clases y te quedaste a dormir.

- Existe una coincidencia exacta para ti con una universidad en particular. Sientes que podrías tener éxito en dicho ambiente y que las actividades académicas y el enfoque para con el aprendizaje se relacionan con tu estilo para aprender. El entorno del campus y la personalidad del estudiantado hace que te sientas en casa y te ves a ti mismo ahí durante los próximos cuatro años.

- Tus estadísticas están dentro del promedio para esta universidad. Puede que sea una universidad soñada para ti, pero serás capaz de manejar la exigencia académica en dicha institución.

- No tendrás segundas opiniones o te arrepentirás sobre las otras universidades de tu lista si te aceptaran temprano a esta universidad de tu "primera elección".

- No estás en la posición donde necesitas revisar el paquete de ayuda financiera de varias universidades para comparar qué paquete te ofrece la mayor cantidad de dinero.
- Es en realidad tu universidad de primera opción.

Las opciones siempre son buenas, pero incluso es más importante entender todos los componentes de tus opciones. Antes de elegir una opción de decisión temprana o acción temprana, conversa con tu consejero. No olvides que él y tú deben firmar una declaración en la portada de tu solicitud si estás optando por una Decisión temprana. Dicha declaración le dirá a tu consejero que firme sólo luego de estar seguro o segura que entiendes la decisión obligatoria de tu parte. Explora todas tus opciones y los hechos con tu consejero y tus padres o tutor antes de firmar.

INSCRIPCIÓN CONTINUA

Otra opción que puedes tener es el plan Rolling Admissions (Inscripción continua). No existen plazos para presentar una solicitud. Este concepto es comúnmente usado por las universidades estatales. Los estudiantes reciben sus cartas dentro de tres o cuatro semanas luego de haber enviado sus solicitudes.

Las solicitudes se procesan para considerarlas a medida que se reciben. Aunque las normas generalmente se mantienen constantes durante el período de postulación, el número de vacantes disminuye constantemente a medida que se realizan las ofertas, es decir, si esperas mucho tiempo, aunque el plazo no haya pasado, puede ser más difícil ingresar.

Si estás planeando postular a una universidad fuera de tu estado, es mejor que postules lo antes posible. Estas universidades tienen pocas vacantes para estudiantes que no residen en su estado. En el caso de las universidades más selectivas, debes enviar tus solicitudes a tu departamento de consejería para que las llenen en una fecha cercana al 31 de octubre, es decir, que tu evaluación tiene que estar terminada para ese entonces y que los puntajes de tus exámenes están dentro de rango de estas universidades.

Una vez que recibas tu aceptación, aún puedes completar las solicitudes para otras universidades. Puede ser un alivio saber que tienes un lugar en una universidad o dos en tu lista. Esto te da espacio para respirar y poner nuevamente tu energía en tus actividades académicas.

DECISIÓN DE INGRESO A LA UNIVERSIDAD

Si elaboraste tu lista utilizando los datos analizados en este libro, habrás postulado a varias universidades. Las únicas cartas oficiales que recibirás serán del Director de Ingreso. Aunque es amable de parte del entrenador o del presidente del departamento con quienes te has estado comunicando que te envíen una carta que indica que has sido aceptado, la carta formal de ingreso será de parte del Director de Ingreso. ¿Qué podría decir dicha carta?

Existen varios términos usados para describir las decisiones tomadas por los comités de ingreso: aceptado, aceptado/negado, rechazado y lista de espera. Lo que significa aceptado está más que claro: ¡estás dentro! Aceptado/negado significa que te han aceptado pero te han negado ayuda financiera. Sin embargo, las otras dos categorías necesitan un análisis.

Lista de espera

Estar en lista de espera significa que aún no te han aceptado pero estás en la lista de espera en caso de que haya disponible una vacante. Las universidades clasifican a sus postulantes del grupo de admisión regular en listas de espera en orden de prioridad y, lamentablemente, hay años en que las listas de espera en las universidades más competitivas nunca corren. Luego de un tiempo, se envía una notificación de rechazo, pero te deben avisar antes del 1° de agosto.

Las decisiones de lista de espera son difíciles, especialmente si has postulado a una institución y durante ese tiempo no has realizado ninguna otra solicitud. Ésta es otra razón para tener cuidado cuando se decide "postular temprano" en una solicitud. Algunos estudiantes perderán su motivación para continuar trabajando en sus otras solicitudes una vez que hayan recibido una decisión de lista de espera. Es posible que para remotivarlo se necesiten varias noches de conversación con la familia y amigos para que se vuelva a concentrar, pero es importante

Para tener una definición completa de éste y otros términos que podrías encontrar en el proceso de ingreso a la universidad, consulta el Glosario.

sacar estas solicitudes adelante. Les sugiero a mis estudiantes que deciden enviar una solicitud temprana que continúen su trabajo en las otras solicitudes y que las tengan listas en caso de que necesiten enviarlas.

Si recibes una notificación de lista de espera en una decisión temprana, recuerda que tu solicitud ha sido devuelta al grupo regular para que sea revisada durante el próximo período. Si te colocan en la lista de espera durante el período de admisión regular, te colocan en una lista de espera clasificada. De acuerdo a la "Statement of Students' Rights and Responsibilities in the College Admissions Process" (Declaración de los Derechos y Responsabilidades del Estudiante en el Proceso de Ingreso a la Universidad) de la NACAC, tienes el derecho a una historia de la lista de espera de la universidad que indique cuántos estudiantes hay en la lista, cuántos fueron aceptados y la posibilidad de ayuda de residencia y financiera para aquellos estudiantes que fueron aceptados más tarde. Tu consejero te puede ayudar con esto, llamando al funcionario de ingreso a la universidad que es responsable de tu archivo.

De cualquier manera, es importante mantener la universidad que te colocó en la lista de espera actualizada en todo lo nuevo que podría mejorar tu solicitud. Deberías dar a conocer todos los hitos académicos, proyectos reconocimientos y logros destacables. También podrían ser útiles las cartas de tus maestros que resaltan los proyectos especiales en los cuales puedes haber participado durante este tiempo. Pídele a tu consejero vocacional que coordine los esfuerzos de manera que la universidad no se sienta bombardeada y presionada, pero que continúe sintiéndose informada y tranquila de tu interés.

Decisión de rechazado

En algunas ocasiones, una solicitud que parece estar en una buena posición para un "sí" en una universidad en particular es rechazada. A veces, se involucran factores en las decisiones de ingreso que no tienen nada que ver con las calificaciones de los postulantes. Por ejemplo, la administración de cada universidad del país establece objetivos anuales y luego se establecen políticas de ingreso para cumplir dichos objetivos. Supón que en una universidad en particular el año pasado tuvieron un alto rango de admisión de alumnos para el primer año, es decir, el número de estudiantes que aceptaron en esa universidad fue mayor que

Consulta el sitio Web de NACAC, www.nacac.com, para tener el texto completo de "Students' Right and Responsibilities in the College Admission Process" (Derechos y Responsabilidades del Estudiante en el Proceso de Ingreso a la Universidad).

el usual. Un rango de admisión alto puede causar problemas a una universidad, especialmente si el espacio de los dormitorios es limitado. Es posible que las universidades no tengan el espacio suficiente para todos los estudiantes que ingresaron en el otoño y como resultado de eso, se tomó una decisión de admitir menos estudiantes de primer año para equilibrar el número de estudiantes.

¿En qué te afectará esta decisión si decides postular a esta universidad este año? Verás que las normas para ingresar serán mayores y que el número de vacantes será menor. Las pautas de admisión que investigaste para esta universidad en particular eran precisas para todos los años menos éste y es posible que no conozcas esta política hasta que hayas recibido tu decisión. La decisión de rechazado tiene menos que ver contigo y más que ver con la situación en dicha universidad. Cosas como éstas suceden todo el tiempo en las universidades, por lo que no tienes que tomar las decisiones en forma personal.

Estas circunstancias desconocidas son parte de la razón para desarrollar una lista que ofrezca opciones en las zonas seguras, de objetivos y soñadas. El objetivo es terminar teniendo una lista de universidades seleccionadas de estas tres áreas. Es posible que exista una oportunidad cuando se recibe una decisión de rechazado a pesar de todos los esfuerzos hechos por un estudiante para seleccionar universidades apropiadas. Recuerda la información que acabas de leer sobre la competencia por una vacante entre todos los estudiantes que ingresan a la universidad. Incluso con este revés, necesitas continuar enviando tus solicitudes y mantenerte al día con los plazos. Existen otras grandes universidades esperando a que te unas a sus estudiantes de primer año en el otoño, pero eso no sucederá si no continúas postulando.

> Mientras esperas las respuestas de las universidades, mantente en contacto con tu consejero. Recuerda que no estás solo y que existen estrategias que pueden iniciar a medida que lleguen las respuestas.

TRAYECTORIA ALTERNATIVA

Hemos hablado de algunas razones por las cuales una universidad podría rechazar a un postulante, pero sin importar dicha razón, la desilusión es una reacción natural. Trata de mantener las cosas en perspectiva. Busca consejos y apoyo de las personas que te hayan apoyado en el pasado. Dependiendo de la situación, en este momento también podrías considerar algunas alternativas.

Universidad que ofrece carreras de dos años

Es posible que el enfoque de cuatro años no sea la mejor opción para ti, especialmente si tus calificaciones y los puntajes de tus exámenes no son buenos. ¿Por qué no probar con una universidad técnica que ofrece carreras de dos años o un instituto de enseñanza para la comunidad o escuela semisuperior y luego transferirte después de un año o dos? Podrías optar por terminar un título asociado en un programa de transferencia que es parte de una universidad que ofrece carreras de cuatro años. Algunas universidades que ofrecen carreras de dos años tienen acuerdos de difusión especiales con algunas universidades muy buenas, las cuales reconocen todos los créditos transferidos de las universidades que ofrecen programas de dos años. Este programa le da a los estudiantes un nivel de estudiante de penúltimo año de universidad mientras tienen tiempo para madurar y fortalecer sus aptitudes de estudio y sus registros académicos.

O si deseas elegir una especialidad como ingeniería y crees que tu nivel de matemáticas de la escuela secundaria no es suficiente para ingresar a un programa de ingeniería de cuatro años, la universidad que ofrece carreras de dos te dará una oportunidad de obtener los conocimientos que necesitas mientras tomas cursos que te llevarán a una especialidad de ingeniería.

La universidad no es sólo un "nombre"

La otra opción es buscar universidades menos competitivas y no obsesionarse con un "nombre". En lugar de concentrarse en ser aceptado por una universidad de renombre, busca aquellas universidades que puedan tener una inscripción menos competitiva pero que entreguen una buena experiencia educacional. Dichas universidades te pueden dar conocimientos educacionalmente sólidos y un excelente comienzo para la vida.

LA DECISIÓN FINAL: ¿CÓMO ME DECIDO?

La larga espera a terminado. Has recibido tus respuestas y tienes tus aceptaciones en tus manos. Incluso algunas de tus universidades soñadas están en tu montón de aceptaciones. ¿Cómo tomar la decisión final?

En algunos casos puedes estar muy claro sobre tu primera opción. Si está entre tus cartas de aceptación, la decisión es fácil, pero ¿qué pasa si la decisión no es muy clara? ¿Qué pasa si existen varias universidades en la pila de aceptación que te parecen bien?

Una nueva visita

Visita los campus nuevamente. Volver a una universidad es una buena manera de acercarse más. Puesto que esta es una decisión definitiva, irás con una actitud diferente y con un ojo más crítico. ¿Qué te parece tu área de concentración ahora? Ahonda en las propuestas académicas de las universidades. Consulta los catálogos de selección de cursos y boletines. Asiste a algunas clases de tu especialidad. ¿Cuál universidad tiene una propuesta más sólida? ¿En qué lugar serías más feliz durante cuatro años?

Revisa para ver cuán avanzados están los nuevos proyectos que la administración dice que estarían listos para el próximo año. Conozco un estudiante que le dijeron que su universidad de artes liberales tenía la intención de construir un teatro de fondo negro al año siguiente. Desde ese entonces ya se graduó con una especialidad en teatro de la universidad, pero aún no existe dicho teatro.

Habla más con personas mientras estás ahí. Escucha detenidamente, pero no te abrumes con lo que escuches. ¿Existen ciertas cosas esenciales para ti en la universidad? ¿Las personas están diciendo algo que te está convenciendo que ésta no es la elección adecuada para ti? Escucha tus sentimientos.

Algunos otros asuntos que pueden interferir

Es importante mantenerse centrado cuando se toma la decisión. No te distraigas con opiniones no deseadas. Existen períodos en el proceso de selección de la universidad en los que puedes recibir información no deseada u opiniones no solicitadas. El momento de tomar la decisión puede ser uno de estos períodos.

También otros estudiantes recibirán sus aceptaciones y si son competitivos, puede ser que analicen sus resultados con todo el mundo. Nunca me ha dejado de asombrar cómo los estudiantes convertirán en ficción sus resultados para evitar la posibilidad de perder nivel entre

Toma tu decisión detenidamente. Establece un plazo para ti mismo y rígete por él. Algo pasará y la decisión se tiene que tomar.

otros estudiantes. No creas todo lo que oyes. No dejes que te distraigan de tu propio éxito de ganar un lugar en la universidad.

En el Capítulo 3, hablé sobre la importancia de tener una conversación seria con tus padres o tutores al iniciar el proceso de ingreso a la universidad. Si lo haces y sale todo bien, estarías en condiciones de tomar una decisión con la cual tus padres y tú estarán contentos. Por otro lado, si tienes diferencias de ideas con tus padres sobre la decisión de la universidad es posible que enfrentes una situación difícil. Algunos padres ven la aceptación de su hijo o hija a una universidad competitiva como un símbolo de nivel. Lo consideran un reflejo positivo sobre ellos y sienten que es su derecho compartir la aceptación de su hijo o hija con el mundo. Otros proyectan una sensación de fracaso y decepción porque su hijo o hija no alcanzó sus expectativas.

¿Qué les digo a los estudiantes que enfrentan problemas con sus padres sobre la decisión de la universidad? Primero, reviso con ellos los criterios para su decisión. ¿Son legítimos? Les reafirmo que la universidad es su decisión y estudio con ellos los pasos que han seguido para llegar a donde lo han hecho. Les ofrezco que preparemos una conversación con sus padres de manera que tengan la oportunidad de organizar sus pensamientos antes de sentarse y realmente hablar con sus padres. ¿Es una posibilidad visitar nuevamente la universidad de preferencia del estudiante con los padres? ¿Podría ayudar de alguna manera el departamento de ingreso a la universidad? En pocas palabras: si se trata de dinero, es muy difícil que un estudiante gane. Si es un ultimátum, es esta universidad o nada, el estudiante puede que no tenga elección. Quizá es posible que la familia llegue a un acuerdo: a la posibilidad de una transferencia si el estudiante prueba con la primera elección de los padres y realmente le desagrada luego de un año.

Puede haber muchas distracciones mientras intentas hacer una elección. Es importante que tengas en mente tus metas, ya que necesitas tomar una decisión y responder a la universidad que elijas antes del 1° de mayo, a menos que te hayan dado otro plazo. Considera detenidamente tu decisión, tómate tiempo e involucra a las personas necesarias. Si es necesario, establece un plazo para ti mismo y rígete por él. Algo pasará y la decisión se tiene que tomar.

Comprometerse con la universidad de tu preferencia

Ahora que ya te has decidido, tienes que decírselo a la universidad. Completa los formularios requeridos y envíalos a la universidad que elegiste, aceptando su oferta de admisión. Organízate para completar otros constituyentes de tu paquete de aceptación. La mayoría de las universidades exigen un examen físico y una copia actualizada de vacunas. También tendrás que completar un formulario para compañero de habitación, una descripción de lo que te gusta y lo que no y un formulario para solicitar un dormitorio. Algunas universidades te pedirán que completes tu selección de cursos para el otoño, ya sea en este paquete o poco tiempo después. No olvides pagar tu depósito, que generalmente es entre $200 y $250, para asegurar una vacante para las clases de otoño. Al mismo tiempo, te darán la fecha para la orientación de los alumnos de primer año y te pedirán una confirmación.

> Una vez que hayas tomado tu decisión, no esperes para notificar a tus otras posibilidades. Otros estudiantes pueden estar esperando una vacante que tiene tu nombre.

¿Qué pasa con las otras universidades que te enviaron las aceptaciones? Necesitarás enviarles educadas notas rechazando su ofrecimiento de ingreso y agradeciéndoles por su tiempo y esfuerzo en considerar tu solicitud. Hazlo tan pronto como hayas decidido cuál será tu elección final. Es posible que haya otros estudiantes en sus listas de espera, las que no pueden correr hasta que respondas. Por el bien de ellos, completa esta tarea lo antes posible.

Has tomado tu decisión. Te sientes seguro de la opción que tomaste y aliviado de que el momento de decidir haya terminado. ¿Qué sigue? Pagarla, por supuesto.

Guía para padres

1. A menudo los consejeros vocacionales les piden a los padres que completen el "Parent Questionnaire and Descriptive Statement (Cuestionario y declaración descriptiva de los padres)". Las respuestas de los padres son muy útiles para los consejeros cuando están escribiendo las recomendaciones. Este formato proporciona un área para que los padres describan imágenes y cuenten historias sobre cómo ha madurado su hijo o hija. Generalmente, la visión de los padres es muy precisa. La experiencia de "poner a tu hijo o hija en papel" es conmovedora para ellos y, a menudo, provoca interesantes conversaciones entre los padres y su hijo o hija maduro. Este es un momento difícil para los padres puesto que la separación y el distanciamiento son necesarios en este proceso. No sean impacientes, es muy importante tomarse el tiempo para aceptar los sentimientos de los otros.

2. Este es el momento para hablar sobre otras sugerencias que pueden obtener para recomendaciones: un empleador, el sacerdote, el director del campamento de verano donde trabajó su hijo o hija los últimos dos años y así sucesivamente. Los amigos, vecinos y otros miembros de la familia pueden tratar de convencerlos de incluir múltiples recomendaciones. Ellos tienen buenas intenciones, pero a menos que estas cartas adicionales revelen aspectos ocultos de su hijo o hija que provoquen un impacto en la manera en que la universidad vea su postulación, eviten incluirlas.

3. Otro aviso es importante aquí. ¿Qué hacer frente a la oferta de un socio o socia de la oficina, que sugiere que él o ella podría ayudar haciendo "una llamada telefónica" de parte de su hijo o hija? Después de todo, él se graduó de la universidad hace diecinueve años y dice que se acordarán de él. A menos que haya contribuido lo suficiente en la construcción de un edificio de la universidad como para que una biblioteca tenga su nombre, rechacen la oferta gentilmente. Estoy siendo gracioso acá, pero a menos que el pariente o el amigo de la familia tenga una relación de ex-alumno actual y comprometida con la institución, puede no ser útil aceptar la oferta. Es posible que se sientan presionados, por lo que sería bueno decidir una estrategia sobre cómo responder a estas ofertas con anticipación.

4. En el Capítulo 3, hablé sobre la importancia de tener una conversación seria como familia al iniciar el proceso de ingreso a la universidad. Si eso se hace y sale todo bien, estarían en condiciones de tomar una decisión con la cual todos estarán contentos. Por otro lado, se pueden enfrentar a una situación difícil si su hijo o hija tiene una idea diferente sobre la decisión de la universidad. Algunos asuntos que pueden surgir con los padres son:

    *   Algunos padres ven la aceptación de su hijo o hija a una universidad competitiva como un símbolo de nivel.

    *   Ellos consideran la aceptación como un reflejo positivo sobre ellos y sienten que es su derecho compartir la aceptación con el mundo.

    *   Otros proyectan una sensación de fracaso y decepción porque su hijo o hija no alcanzó sus expectativas.

    *   Los padres puede que presionen excesivamente a su hijo o hija para que se inscriban en una universidad en particular y no les permiten que tomen sus propias decisiones.

    Algunos asuntos que pueden surgir con los estudiantes son:

    *   Ellos eligen una universidad en particular porque sus amigos o novio o novia van a estudiar ahí.

    *   Ellos se preocupan de que las presiones académicas son muy grandes y desean dedicar más atención a su vida social.

    *   Ellos se preocupan sobre el costo financiero para sus padres y permiten que eso determine su decisión.

¿Qué les digo a las familias que enfrentan problemas sobre la decisión de la universidad? Primero, les reafirmo que la universidad es la decisión del estudiante y estudio con ellos los pasos que han seguido para llegar a donde lo han hecho. ¿Es el criterio legítimo? Puede ser tiempo para reunirse con toda la familia nuevamente para analizar estos puntos. ¿Cuáles son algunas sugerencias para enfocar esta dificultad? ¿Es una posibilidad visitar nuevamente la universidad de preferencia del estudiante? ¿Podría ayudar de alguna manera el departamento de ingreso a la universidad? Si se trata de dinero, es muy difícil que un estudiante gane. Si es un ultimátum de los padres, es esta universidad o nada, el estudiante puede que no tenga elección. Quizá es posible que la familia llegue a un acuerdo: a la posibilidad de una transferencia si el estudiante prueba con la primera elección de los padres y realmente le desagrada luego de un año. El último objetivo del proceso de postulación es permitirle a su hijo o hija descubrir más sobre ellos mismos y descubrir un lugar que les permitirá prosperar y crecer. Cualquier conversación que comience con esa premisa es una base que ofrecerá el mejor enfoque para tomar la decisión final.

Pagar la universidad

Volvamos a la analogía del automóvil que utilicé en el Capítulo 4, pero esta vez concentrémonos en cómo pagarás el automóvil. Te has decidido por un automóvil deportivo económico y pequeño, el modelo básico sin características especiales. Cuesta sólo $14,000 y entregarás como parte de pago el automóvil usado que compraste hace un año, porque no puedes mantener los gastos de reparación. El concesionario te ofrece $4,000 por tu automóvil usado en parte de pago y vas a negociar un préstamo de $10,000 a una tasa de 6.9, con un período de reembolso de cinco años. El pago mensual será de $197.54 y el monto de reembolso al final de tu préstamo será de $11,852.40. El automóvil se devalúa desde el minuto que te entregan la llave y lo sacas del estacionamiento. Cada mes que es de tu propiedad, el auto vale menos y menos.

Tendrás que tomar un trabajo a tiempo parcial para pagar el automóvil. Después de un tiempo, es posible que descubras que necesitas aumentar las horas de trabajo a fin de pagar el seguro del automóvil. Tu trabajo puede comenzar a interferir con tus estudios y tendrás que sentarte y volver a establecer las prioridades de tu vida para dejar todo equilibrado. Debido a que la universidad tiene que estar primero y el trabajo para pagar el automóvil viene segundo, tu vida social es la que sufre. ¿Acaso mejorar tu vida social no era una de las razones por la cual compraste el automóvil?

AHORA ESTÁS ACEPTADO, ¿CÓMO LA PAGAS?

Solicitarás un préstamo para comprar un automóvil, pero lo pensarás dos veces antes de pedir un préstamo para pagar tu educación universitaria. ¿Por qué?

El reembolso por cada dólar que gastas en tu educación es una inversión en ti. Además, tu educación no se devalúa y nadie puede quitártela. Es portátil y viajarás con ella alrededor de todo el mundo, que es más de lo que puedes decir acerca de ese pequeño automóvil deportivo. Además, el interés que pagas por tu préstamo universitario es deducible de impuestos. No puedes decir eso de un préstamo automotriz.

Capítulo 6

El mejor consejo que puedo darte acerca de la política de precios de las universidades es no mirar el precio de la etiqueta hasta el final, ya que deseas ahorrarle a tus padres la mayor impresión que puedas sobre este precio. Existen muchas maneras de pagar la universidad y después de considerar los diferentes tipos de ayuda disponible, a la larga, una universidad privada puede costar lo mismo o levemente más que una universidad estatal.

¿Cuánto cuesta ir a la universidad?

En general las cuotas y gastos universitarios variarán basándose en la distancia desde el hogar, tipo de universidad (dos o cuatro años, privada o pública) y el costo de alojamiento, ya sea en un dormitorio o en un departamento cerca del campus.

> Por cada dos años de educación universitaria, tu ingreso de por vida aumentará en $400,000. Una educación de cuatro años aumentará tus ganancias de por vida en $800,000.

La mayor parte de las diferencias son fáciles de calcular. Asistir a una universidad que está a una hora de distancia con un amigo que tiene automóvil o asistir a una donde hay que tomar un vuelo de $300 significa no sólo gastar más dinero cada vez que vas a casa sino ir menos a menudo. Compartir un departamento de $800 al mes con tres amigos costará menos que una habitación de dormitorio de $7,000 por año, pero no olvides calcular el costo de comida para el departamento. ¿Usarás el cheque-comida que tu madre insistió en comprar o comerás tacos congelados en bandejas de papel mientras miras televisión por cable? A propósito, ¿quién pagará el cable?

Calcular el costo de universidades públicas contra universidades privadas no es tan obvio como puede parecer. A primera vista, parece que las universidades privadas siempre son más caras que las públicas. Pero, después de que el paquete de ayuda financiera se incluya en el análisis del costo general, hay veces en que una universidad privada puede ser más barata que una estatal. Debido a que las donaciones en las universidades privadas son mayores, a menudo éstas ofrecen recursos financieros adicionales en formas de subvenciones y becas. Una vez que se calcule la ayuda, el costo de una institución privada puede ser $1,000 a 2,000 adicionales por año sobre el costo de una universidad pública. La calidad de las ofertas en estas instituciones puede ser mayor que el costo adicional para ti. Con el tiempo, cuando consideres el reembolso financiero de una educación universitaria, esos $1,000 ó $2,000 por año serán mínimos.

Asegúrate de investigar qué programas financieros puede ofrecer tu estado. Algunos estados tienen contactos con universidades privadas para acceder a campos que consideran de alta demanda, por ejemplo, el Florida Tuition Equalization program (programa de Compensación de Matrículas de Florida) paga el saldo de la matrícula de universidades privadas para estudiantes que ingresan a especialidades con personal insuficiente. Iowa, Georgia y otros estados tienen programas similares que ofrecen ahorros significativos. Por eso, mantén todas tus opciones abiertas y no elimines una universidad privada por cuestiones financieras. Tus necesidades y la manera en que coincides con la universidad siempre deben ir primero.

Para tener una visión más clara y para entender mejor lo que hablamos aquí, revisemos algunas cuotas.

Costos anuales promedio
(a finales de la década de los 90, para estudiantes universitarios a tiempo completo)

Matrícula

- Instituto de enseñanza para la comunidad público (que ofrece carreras de dos años, que otorgan A.A.) $1,501 (cuotas para estudiantes dentro del estado)
- Universidad privada (que ofrece carreras de cuatro años, otorgan B.A.) $13,664
- Universidad pública (que ofrece carreras de cuatro años, otorgan B.A.) $3,111 (cuotas para estudiantes dentro del estado)

Libros y cuotas

- Públicas $590
- Privadas $600

Alojamiento y comida

- Públicas $4,500
- Privadas $7,000

Otros gastos

- Viajes, entretenimiento $1,869
- Teléfono, personales $1,530

Costos totales

- Instituto de enseñanza para la comunidad público $8,460
- Universidad privada que ofrece carreras de cuatro años $22,794
- Universidad pública que ofrece carreras de cuatro años $10,070

La ayuda federal y otra ayuda basada en necesidades económicas pueden reducir los cobros sustancialmente. Las cifras nacionales para un año académico reciente demostraron que una vez que se contabilizó toda la ayuda, el costo total para los institutos de enseñanza para la comunidad fue de $1,200 menos que la cifra de matrícula total; en el caso de universidades públicas, éste fue de alrededor de $4,900 menos y para las universidades privadas fue de $8,700 menos.

Para el año 2000, más de ochenta universidades de Estados Unidos tenían matrícula, alojamiento y comida que se inclinaban a escalas de $32,000 al año. Esto significa que una educación de cuatro años en estas universidades está en el rango de $130,000. Aunque sólo el 6 por ciento de todos los estudiantes universitarios asisten a instituciones con tarifas de este rango, muy pocos pueden afrontar el pago de una educación universitaria sin algún tipo de financiamiento. El endeudamiento promedio para estudiantes universitarios que salen de una institución de cuatro años es de $16,500. Incluso el buscador de becas más energético y provisto de recursos puede no juntar suficientes subvenciones, becas y trabajo y estudio para cubrir los costos de una educación de cuatro años. La mayor parte de los estudiantes descubren que después de agotar sus propios ahorros y los de sus padres, aún necesitan arreglar préstamos del gobierno y privados.

En instituciones privadas, casi un 80 por ciento de los estudiantes reciben subvenciones o becas, que promedian $6,000 cada una.

¿Quién conseguirá el dinero?

La mayoría de la ayuda se basa en la necesidad financiera. Las familias de clase media pueden sentir que no calificarán para ayuda financiera basada en necesidades económicas, pero en realidad alrededor de un 30 por ciento de estudiantes con ingresos familiares entre $50,000 y $70,000 reciben subvenciones que promedian $1,700 cada una. En instituciones privadas, casi el 80 por ciento de estudiantes reciben subvenciones o becas, que promedian $6,000 cada una. También hay algunos reconocimientos, subvenciones y becas que se reservan para estudiantes de minorías.

La entrega de ayuda basada en las necesidades económicas es determinada por el hecho de si el aporte familiar esperado, EFC de tu familia para tu educación universitaria, según se calcule a través de fórmulas federales, excede el costo de la universidad. Si lo hace, tu base para la necesidad "oficial" se desvanece. Sin embargo, se considera una cantidad de factores para calcular el EFC. El ingreso de tus padres es sólo un factor. Sus activos, los gastos de la familia y el tamaño de ésta también se consideran cuando se hacen los cálculos.

¿Cuáles son algunas de las formas de pagar la universidad?

Mira el recuadro "La trilogía de la ayuda financiera", a continuación. Tienes tres opciones: subvenciones y becas, programas universitarios de estudio y trabajo y préstamos.

A excepción de la mayoría de las instituciones competitivas, hay disponibles becas al mérito y reconocimientos no basados en las necesidades económicas. Si estás en la mitad superior de la clase de primer año de la universidad, puedes ser elegible para una beca de $500 a $2,000 en dinero. Todo lo que podrías necesitar hacer es escribir un breve ensayo en respuesta a una pregunta en la solicitud. Si tienes talento para la música o artes del espectáculo, si eres un escritor o controversista o si demuestras otras fortalezas, puedes ser elegible para reconocimientos al mérito que presenta anualmente una amplia gama de universidades. Sólo un consejo para los atletas: sigan estudiando. Los deportes no tienen una compensación tan grande como puedes creer. Sólo alrededor del 1 por ciento de los estudiantes universitarios están inscritos en universidades con becas deportivas.

Trilogía de la ayuda financiera

Puedes recibir ayuda financiera para la universidad de tres maneras:

1. Subvenciones y becas: éste es dinero que no tiene que ser reembolsado después de la graduación.
2. Trabajo y estudio: éste es dinero que puedes ganar a través de un trabajo en tu propia universidad y se paga directo a la universidad para ayudar a cancelar tu matrícula.
3. Préstamos: éste es dinero que pediste y debes reembolsar con intereses a través del tiempo.

La mayoría de las universidades revisarán automáticamente las solicitudes de sus candidatos para evaluar becas al mérito y basadas en talento. Algunas universidades pueden exigir una audición o carpeta en las categorías de bellas artes y artes aplicadas. A menudo, el paquete de ayuda financiera que ofrece la universidad es una combinación de ayuda basada en el mérito y las necesidades económicas.

FUENTES DE AYUDA FINANCIERA

Antes de que revisemos las fuentes de ayuda financiera, existen tres normas que debes mantener en cuenta a medida que haces la investigación, solicitas y adquieres apoyo financiero, y son las siguientes:

- Revisa tus plazos. Las fuentes para financiamiento establecen sus propios plazos y éstos se diferencian unos de otros. Muchos estudiantes pierden miles de dólares cada año porque dejan pasar los plazos. Por eso, es necesario que revises las fechas de vencimiento cuidadosamente.
- Nunca asumas que no calificarás. Debido a que cada universidad puede establecer niveles basados en las necesidades económicas para la ayuda financiera que pueden diferenciarse de las pautas federales, tú podrías ser elegible para apoyo basado en la universidad. Estos niveles determinados por la universidad varían, por eso, aun cuando no califiques para tener apoyo de una institución eso no necesariamente significa que no recibirás dinero de otra.
- Lee tus cartas de otorgamiento cuidadosamente. Dado que cada universidad calcula de manera diferente sus paquetes de ayuda financiera y los reconocimientos no basados en las necesidades económicas, es importante comparar los montos en dólares cuidadosamente después de que hayas recibido las aceptaciones. No es el monto total que está en la parte de abajo del formulario el que importa. Lo que interesa es cómo vas a conseguir el dinero. Se prefieren los paquetes de ayuda financiera donde la oferta es mayor en subvenciones y menor en préstamos. Si tienes varias universidades en tu lista de aceptaciones que cumplan con todos tus criterios, la comparación del costo final es otro factor que hay que considerar antes de tomar la decisión final.

> ## En el caso de que pienses que tus circunstancias son únicas:
>
> - Siete de cada 10 estudiantes a tiempo completo reciben alguna forma de ayuda financiera.
> - La ayuda financiera cubre alrededor de un 40 por ciento del presupuesto de los estudiantes a tiempo completo.
> - Las subvenciones y los préstamos son los tipos más comunes de ayuda financiera.
> - Las subvenciones cubren un 20 por ciento del presupuesto para estudiantes universitarios a tiempo completo.
> - A finales de la década de los 90, más de la mitad de los estudiantes a tiempo parcial y todos los estudiantes a tiempo completo recibieron ayuda en subvenciones.
> - Uno de cada 5 estudiantes universitarios proviene de familias con un ingreso inferior a $20,000 al año.

Un préstamo como opción

Un préstamo es una opción viable cuando se paga por una educación que es invaluable a fin de expandir tus opciones de vida. Solicitar un préstamo de manera responsable y conocer el costo de los diferentes tipos que hay es importante para tomar una determinación inteligente. Si no analizaste el pago de la universidad en la conversación inicial con tus padres o tutor legal, es momento de hacerlo. Necesitas hablar sobre cómo pagarás la universidad y cuánto dinero realmente necesitarás pedir. Al mismo tiempo, será necesario que encuentres respuestas a preguntas tales como:

- ¿Cuáles son los planes de tus padres para pagar la universidad?
- ¿Qué expectativas tienen sobre tu contribución a los gastos universitarios?
- ¿Cuáles son los límites en los préstamos que tú y tus padres están dispuestos a tomar para pagar la universidad?
- ¿Qué otras opciones están disponibles para ti y tu familia?

Cada familia responderá a estas preguntas de modo diferente, pero es importante idear una estrategia que funcione para tu familia. Después, es importante que aprendas tanto como puedas sobre qué opciones hay disponibles para ti.

Programas federales de ayuda financiera

Los programas de préstamos federales para educación ofrecen tasas de interés más bajas y planes de reembolso más flexibles que la mayoría de los préstamos bancarios para consumidores, de este modo se convierten en una manera atractiva de financiar tu educación. El gobierno federal actualmente gasta sólo un 1 por ciento de su presupuesto en becas para ayudar a familias de recursos bajos y medios a pagar la universidad. Sin embargo, los subsidios federales, los préstamos y los programas de trabajo y estudio aún constituyen un 73 por ciento de toda la ayuda financiera disponible: $44 mil millones de un total de $60.5 mil millones a fines de la década de 1990. Las subvenciones de instituciones y fuentes privadas constituyen otro 19 por ciento ($11.2 mil millones) y los subsidios estatales entregan el 6 por ciento restante ($3.3 mil millones). Debido al costo de la educación superior, los estudiantes se están esforzando cada vez más por financiar su educación a través de préstamos en vez de subvenciones o estudio y trabajo.

Nombre del programa	Tipo de programa	Otorgamiento máximo anual
Federal Pell Grant	Subvención basada en necesidades económicas	$3,125
Federal Supplemental Educational Opportunity Grant (FSEOG)	Subvención basada en necesidades económicas	$4,000
Federal Work-Study	Trabajo a tiempo parcial basado en necesidades económicas	sin máximo
Federal Perkins Loan	Préstamo basado en necesidades económicas	$3,000
Subsidized Stafford Loan (EFEL/Direct)	Préstamo basado en necesidades económicas	$2,625 (el primer año)
Unsubsidized Stafford Loan (EFEL/Direct)	Préstamo no basado en necesidades económicas	$2,625 (el primer año)
PLUS Loans	Préstamo para padres no basado en necesidades económicas	Hasta el costo de la educación

(*Nota:* Tanto el Direct como el FFEL Stafford Loan (Préstamo Directo Stafford y Préstamo Stafford FFEL) tienen máximos superiores después del primer año de universidad.)

El gobierno federal tiene una cantidad de programas para ayudar a los estudiantes y sus padres con los costos de la universidad. Lee la lista de la página anterior y revisa lo que piensas en que puedes calificar. Pero hasta que completes y envíes tu Free Application for Federal Student Aid, FAFSA (Solicitud Gratuita de Ayuda Federal para Estudiantes), no lo sabrás con certeza. Para obtener información para llenar la FAFSA, consulta la página 180.

Programa de préstamo federal subsidado)

El Departamento de Educación de Estados Unidos opera dos programas importantes de préstamos: El programa Federal Family Education Loan, FFEL (Préstamos Federales para la Educación Familiar) y el William D. Ford Direct Loan Program (Programa de Préstamo Federal Directo William D. Ford). Estos son los programas de préstamos más grandes según los programas federales de ayuda para la educación superior, que constituyen un 92 por ciento de los préstamos federales para la educación superior.

El programa FFEL entrega préstamos a los estudiantes de instituciones de educación superior a través del uso de prestadores privados y agencias de garantía como bancos, cooperativas de crédito o sociedades de ahorro y préstamo. Los estudiantes deben demostrar necesidad financiera para ser elegibles para préstamos subsidiados.

El programa Direct Loan usa fondos de la Tesorería de Estados Unidos para proporcionar capital de préstamo directamente a instituciones que participan en la educación superior, que, a su vez, hacen los préstamos a los estudiantes. El dinero no pasa a través de un prestador privado. Una universidad debe participar en un programa de Direct Loan a fin de que los estudiantes califiquen para un Direct Loan.

Tanto el programa de Direct Loan como el de FFEL ponen a disposición dos tipos de préstamos: los Stafford Loans para estudiantes y los Plus Loans (Préstamos PLUS) para padres. La diferencia entre estos préstamos es el origen del crédito, pero para el prestatario, la diferencia casi no se nota. Los estudiantes no pueden recibir un Direct Loan y un FFEL por el mismo período, pero es posible recibir ambos en períodos de inscripción diferentes.

En 1976, los préstamos constituían un 20 por ciento de la ayuda federal para la universidad. Para 1996, los estudiantes recibían tres cuartos de su ayuda en préstamos.

- *Subsidized Stafford Loans (Préstamos Stafford Subsidiados)*
  Los Subsidized Stafford Loans están hechos sobre la base de las necesidades económicas demostradas del estudiante y su interés lo paga el gobierno durante el tiempo que el estudiante esté en la universidad. El reembolso del préstamo comienza seis meses después de que el estado de un estudiante cae a menos de tiempo parcial y el programa de reembolso puede alargarse a diez años. La tasa de interés es 0 por ciento mientras el estudiante está matriculado en la universidad (el gobierno federal subsidia esta parte) y tiene un tope de 8.5 por ciento durante el tiempo del reembolso. Los prestatarios deben pagar un derecho de 4 por ciento que se deduce de los fondos del préstamo.

- *Unsubsidized Stafford Loans (Préstamos Stafford No Subsidiados)*
  Este préstamo no se basa en necesidades económicas, lo que significa que los estudiantes son elegibles sin importar el ingreso familiar. Se aplican los mismos términos de interés y reembolso que el de los Subsidized Stafford Loans. La excepción es que se acumula el interés durante el tiempo que esté el estudiante en la universidad y en el período de gracia de seis meses en que el estudiante ya no esté matriculado a tiempo completo.

- *PLUS Loans*
  Son préstamos para padres de estudiantes dependientes y están diseñados para ayudar a familias con problemas de flujo de efectivo. No es necesario pasar pruebas para calificar y los padres pueden pedir hasta el costo de la educación de un joven, menos otra ayuda financiera recibida. El reembolso comienza sesenta días después de que se adelanta el dinero y el interés se acumula a una tasa que no excede el 9 por ciento. Se resta un derecho de 4 por ciento de los fondos. Por lo general, los padres deben tener un buen informe de créditos para calificar para PLUS Loans. Como ocurre con los Stafford Loans, los PLUS Loans pueden procesarse bajo el programa de Direct Loan o el sistema de FFEL.

Federal Perkins Loan Program (Programa de Préstamo Federal Perkins)

Los Perkins Loans (Préstamos Perkins) son coordinados por la oficina de ayuda financiera de tu universidad para que proporcionen préstamos con una baja tasa de interés (5 por ciento) a estudiantes con necesidad financiera excepcional (estudiantes con la Expected Family Contribution más baja). Los fondos son suministrados por las contribuciones de capital federal, fondos de aportaciones institucionales y recolecciones de prestatarios anteriores. Los prestatarios pueden tomarse hasta diez años para pagar el préstamo y comenzar nueve meses después de que se gradúan o caigan en estado de menos de medio tiempo. No se acumula interés mientras están en la universidad y bajo ciertas circunstancias, parte o todo este préstamo puede ser condonado para prestatarios que trabajan en ciertas ocupaciones o en ciertas áreas geográficas después de la graduación. Las ocupaciones como enfermería, cumplimiento de la ley, enseñanza en áreas rurales o ubicaciones urbanas o trabajar como voluntarios de VISTA o del Cuerpo de Paz pueden cumplir con los criterios para condonación del préstamo.

Pell Grant Program (Programa de Beca Pell)

Este programa es el programa de subvención más grande (a casi 4 millones de estudiantes se les otorgan Pell Grants (Becas Pell) cada año). La subvención está destinada a ser la base o punto de apoyo para familias de bajos ingresos. Las Pell Grants se otorgan a los estudiantes con mayores necesidades económicas, cuya elegibilidad se determina mediante la Expected Family Contribution. El ingreso promedio familiar de los que reciben la Pell Grant que eran dependientes de sus padres para apoyo financiero fue de $19,259. La subvención máxima para 1999-2000 fue de $3,125 y se espera que este número aumente en los próximos años.

Supplemental Educational Opportunity Grants, SEOG (Beca Federal Suplementaria para la Oportunidad Educativa)

Este programa, que se maneja a través de oficinas de ayuda financiera de las universidades, ayuda a llenar el vacío entre la Pell Grant máxima y el costo de una universidad en particular. La universidad complementa la Pell Grant del estudiante. La parte federal del otorgamiento de un estudiante no puede exceder el 75 por ciento del total y el restante 25 por ciento lo contribuye la institución. Es una manera eficaz y rentable de ayudar a los estudiantes e incentivarlos a continuar con su educación. Lo que se otorgó el último año varió desde $100 a $4,000, con la subvención promedio de $700. Más del 77 por ciento de los estudiantes que recibieron becas SEOG federales provenían de familias con ingresos anuales inferiores a $20,000, más del 90 por ciento tenía ingresos familiares bajo los $30,000.

Leveraging Educational Assistance Partnerships, LEAP (Sociedad de Apoyo para Ayuda Educacional)

Anteriormente conocido como el State Student Incentive Grant Program, SSIG (Programa de Beca de Incentivo Estudiantil Estatal), LEAP entrega subvenciones de incentivo a los estados para ayudar a estudiantes a pagar su educación superior. Es necesario que los estados entreguen un 50 por ciento del financiamiento para el programa. Para recibir las subvenciones estatales, los estudiantes deben demostrar necesidad financiera. En el último año, unos 650,000 estudiantes recibieron fondos a través de LEAP, con el monto promedio de $600. El ingreso familiar medio era de $12,053.

Federal Work-Study, FWS Program (Programa Federal de Trabajo y Estudio)

Este programa proporciona trabajos a tiempo parcial a estudiantes que necesitan ayuda financiera para sus gastos educacionales. Los estudiantes trabajan por hora en un trabajo dentro del campus o fuera de él y se les paga al menos el salario federal mínimo. Los fondos federales cubren hasta el 75 por ciento del salario de un estudiante y el resto lo paga la institución, el empleado u otro donador. En el último año, el promedio de ganancias fue de $1,123 y casi el 52 por ciento de los estudiantes que fueron parte del programa de estudio y trabajo provenían de familias con ingresos anuales inferiores a $30,000. Las oficinas de ayuda financiera de las universidades supervisan este programa en los campus.

Programas federales especializados

Las agencias federales distintas al Departamento de Educación ofrecen ayuda para la universidad. Estos programas especializados pueden basarse en necesidades económicas o el mérito y consisten en subvenciones y becas, pasantías y becas de investigación. Además, los programas de servicio como Americorps, VISTA y el Cuerpo de Paz ofrecen oportunidades pagadas y aplazamientos o condonaciones de parte de un préstamo federal para estudiantes.

Elegibilidad para ayuda financiera federal

Existe una cantidad de criterios que es necesario cumplir para ser elegible para programas de ayuda financiera federal, incluyendo subvenciones, trabajo y estudio y préstamos. Estos criterios se evalúan de acuerdo con una fórmula que determina cada año el gobierno federal. La fórmula requiere que tú:

- Demuestres tener necesidad financiera.
- Obtengas un diploma de la escuela secundaria o presentes el GED (Examen de Equivalencia de la Escuela Superior) o pases un examen administrado de manera independiente por el Departamento de Educación de Estados Unidos.
- Estés inscrito en un programa de educación superior elegible.
- Seas ciudadano estadounidense o no ciudadano elegible.
- Te inscribas con el Servicio Selectivo si eres varón y tengas entre 18 y 25 años.
- Hagas un progreso académico satisfactorio, según lo defina tu universidad.

Creas o no que eres elegible para ayuda financiera federal, es importante que completes un formulario FAFSA. Éste es el instrumento federal para determinar la necesidad financiera. Aunque el formulario es un instrumento federal para determinar la necesidad financiera, las oficinas de ayuda financiera también lo usan como base para calcular la ayuda financiera basada en necesidades económicas o mérito que es patrocinada por otras fuentes disponibles a través de la universidad.

> **Creas o no que eres elegible para ayuda financiera federal, es importante que completes un formulario FAFSA.**

Llenar la FAFSA

Antes de sentarse a completar el formulario FAFSA, necesitarás reunir los siguientes registros financieros:

- La declaración de impuestos sobre la renta de tus padres (o tutores legales, si ellos son responsables de tus gastos) del año pasado, estimada si es necesario.
- Tu declaración de impuestos sobre la renta para el mismo período, estimada si es necesario.
- Los formularios W-2 para tus padres (o tutores legales) y tú O los recibos de pago al 31 de diciembre para ti y tus padres (o tutores legales), que mostrarán ingreso y retención.

Podrás encontrar este formulario FAFSA en la oficina de orientación de tu escuela secundaria o centro profesional o a través de la oficina de ayuda financiera de una universidad. También puedes obtener una copia, llamando gratuitamente al 800-4-FED-AID o encontrarlo en el sitio Web en www.fafsa.ed.gov. Completa el formulario en Internet o envíalo lo más pronto posible después del 2 de enero. Los plazos varían por universidad y estado, algunos terminan tan temprano como el 1° de febrero.

Será necesario que hagas que tus padres completen sus cálculos de impuestos sobre la renta para tu duodécimo año. No tienen que enviar por correo su declaración al IRS hasta el 15 de abril, pero necesitan calcular sus impuestos para propósitos de determinar tu elegibilidad de ayuda. También tendrás que calcular tu declaración de impuestos sobre la renta porque el ingreso que ganaste también se usa para determinar la necesidad financiera.

Si tu empleador o los empleadores de tus padres no entregan los formularios W-2 rápidamente después del 1° de enero (tienen hasta el último día de enero), es posible que sea difícil completar con precisión tus cálculos de impuesto sobre la renta. ¿Solución? Guarda hasta el último recibo de pago y pídele a tus padres que hagan lo mismo. El último recibo totaliza el ingreso y las deducciones de impuesto para el año.

Para completar el formulario FAFSA, necesitarás saber si tú y tus padres usaron el formulario 1040, 1040A ó 1040EZ para presentar sus declaraciones de impuestos. La FAFSA te dirige a las líneas exactas en estos formularios de impuestos desde las cuales se sacan los números para poner en la FAFSA.

Tienes que colocar en el formulario el código federal de la universidad (no el código del programa SAT I /ACT Asssessment) para todas las universidades a las que has postulado. Pídele a tu consejero vocacional los códigos o sácalos del sitio Web de FAFSA. El resultado de tu prueba de elegibilidad le será entregado a tus universidades vía electrónica por el gobierno federal.

Si necesitas ayuda para llenar los formularios, consulta si tu departamento de consejería realiza jornadas nocturnas de ayuda financiera. El departamento de consejería invitará al director de ayuda financiera de una de las universidades para que venga y repase contigo y tus padres el proceso de llenar la FAFSA. Si tu escuela no ofrece dicho programa, pídele a tu consejero vocacional que te ayude.

Notificación de FAFSA

Al mismo tiempo que recibes un formulario de respuesta llamado Student Aid Report, SAR (Informe de Ayuda para el Estudiante) del gobierno, tus resultados serán enviados a tus universidades a través de Internet. Si presentas el formulario en Internet, los resultados estarán disponibles en dos a tres semanas, en cambio si lo haces en papel, se necesitarán de cuatro a seis semanas para que tu FAFSA sea procesada. Si no recibes los resultados dentro de este período, llama al 319-337-5665. El SAR no te entrega las cifras reales en cuanto a dinero que necesitas para determinar tu ayuda real, pero te indicará si eres elegible y te pedirá que revises que toda la información sea correcta. Si hay correcciones que hacer, se te entregan instrucciones para devolver la información correcta.

Tus universidades interpretarán tu elegibilidad y recibirás una carta de otorgamiento de la oficina de ayuda financiera. Cada paquete de asignación de la universidad se determina por el alcance de sus recursos financieros, lo que significa que los paquetes de dinero pueden variar de una universidad a otra. El documento que se otorgue especificará los tipos de ayuda para la que eres elegible y el monto en

> Obtener ayuda financiera es una situación del que primero llega, primero se atiende. Mientras más pronto presentes el formulario FAFSA completo, es más probable que el dinero de una universidad esté disponible para ti.

cada categoría que recibirás de esa universidad. Tu elegibilidad de ayuda financiera es la diferencia entre el costo de la educación y la Expected Family Contribution, EFC. El costo de la educación incluye matrícula y cuotas, alojamiento y comida, libros y materiales, transporte y gastos misceláneos. El gobierno federal realiza un análisis de necesidades sobre la base de los datos financieros que presentaste a fin de determinar tu EFC.

Programas de ayuda de la universidad

La información que acabas de leer abarca la herramienta de ayuda financiera federal, la FAFSA, para calcular la necesidad financiera. Pero aquellos de ustedes que tienen universidades privadas en su lista final, es posible que necesiten completar un formulario adicional, el Financial Aid Profile del College Scholarship Service, CSS (Perfil de Asistencia Económica del Servicio de Becas Universitarias).

Debido al aumento de donaciones, una inversión cuidadosa y programas muy activos de donación de ex-alumnos, alrededor de 400 universidades privadas pueden patrocinar sus propios programas basados en necesidades económicas y no basados en ellas. Tienen más de $2 mil millones en becas para entregar anualmente y estas entregas pueden ascender a casi un 20 por ciento de toda la ayuda a estudiantes. Estas universidades les piden a sus estudiantes y sus familias que presenten tanto la FAFSA como una solicitud llamada PROFILE (Perfil).

El formulario PROFILE de la universidad

Mientras que la FAFSA es gratuita, el PROFILE tiene una tarifa. Existe un costo adjunto a cada informe que desees enviar a una universidad que requiera el PROFILE. Te puedes inscribir llamando al número gratuito del College Board al 800-788-6888 ó a través del sitio Web del College Board en www.collegeboard.com. El College Board tiene un acuerdo a través de su College Scholarship Service con las universidades que usan el PROFILE para procesar las solicitudes de PROFILE. Cuando te inscribas, se te pedirá que entregues alguna información básica de manera que el paquete de PROFILE que recibas esté personalizado con tus necesidades específicas.

Además de las declaraciones de impuestos y los W-2 que necesitas para completar la FAFSA, necesitarás la siguiente información adicional para completar el PROFILE:

- Declaraciones de interés y dividendo de cuentas bancarias
- Información de hipoteca de la casa, si se aplica
- Información de deudas

Dependiendo de qué fecha de enero lleguen los estractos de cuenta de intereses y dividendos, datos de hipoteca de la casa y estractos de tarjetas de préstamo y crédito, es posible que tú y tu familia necesiten hacer algunos cálculos.

El PROFILE fue creado hace varios años cuando el gobierno federal cambió el formulario FAFSA y eliminó la información de patrimonio del hogar, interés y dividendo e información de deudas de la ecuación para calcular la necesidad financiera. Las universidades privadas sentían que el patrimonio del hogar familiar era un factor importante para financiar una educación en universidad privada. Además, mientras que el PROFILE espera una contribución mínima del estudiante, la FAFSA no requiere dicha contribución. Sin embargo, el PROFILE te permite explicar circunstancias especiales que pueden afectar las finanzas de tu familia, como gastos médicos y costos de escuelas secundarias privadas. El formulario también incluye preguntas suplementarias que ayudan a las universidades a determinar la elegibilidad para becas y subvenciones limitadas, como becas para ciertas especialidades o subsidios para estudiantes de ascendencia hispana u otras etnias. En general, el EFC calculado a través del PROFILE será mayor que lo que calcule la FAFSA.

Pasos en el proceso del PROFILE

El proceso para completar el PROFILE es parecido al que hiciste con la FAFSA.

- Inscríbete en Internet o por teléfono para obtener tu solicitud de PROFILE.
- Reúne toda la información que necesitas para completar el PROFILE.
- Obtén los códigos desde el reverso del folleto de PROFILE o el sitio Web para cada uno de los programas de universidades y becas que solicitan el PROFILE.

Para obtener información adicional sobre ayuda financiera

Para obtener más información sobre cómo se administran estos programas de préstamo a través de una universidad en particular o para conseguir respuestas a preguntas que puedas tener sobre un paquete de ayuda financiera, tu mejor recurso es la oficina de ayuda financiera en la universidad. Empieza con un asesor de ayuda financiera. Si tienes preguntas generales sobre cómo llenar formularios o sobre el programa FAFSA del gobierno, a continuación te entregamos algunos números y sitios Web que te pueden servir de ayuda:

1. Federal Student Aid Information (Centro de Información de Ayuda Financiera para Estudiantes): llama al 800-433-3243 (llamada gratuita) para preguntar sobre la ayuda federal para estudiantes, elegibilidad, formularios o publicaciones
2. Centro de procesamiento para FAFSA: llama al 319-337-5665 para revisar si tu formulario FAFSA fue procesado y para solicitar duplicados
3. Departamento de Educación: visita www.ed.gov para completar tu formulario FAFSA electrónicamente, obtén información adicional sobre ayuda federal para estudiantes o aprende más acerca de los programas de crédito impositivo y de ahorro para la educación superior
4. Para obtener ayuda con el formulario FAFSA en Internet: llama al 800-801-0576 (llamada gratuita) para recibir ayuda a través del proceso de completación en Internet
5. Programas y agencias de ayuda apoyadas por el estado: visita www.ed.gov/offices/OPE/agencies.html
6. Información de ayuda financiera de Peterson's: visita www.petersons.com para ayudarte a calcular tu EFC y como recurso para becas e información sobre ayuda financiera
7. El sitio Web del College Board: visita www.collegeboard.com

- Si usas el formulario de papel, envíalo por correo junto con tu cheque, a la dirección mencionada en PROFILE para el College Board. Si llenas el formulario en Internet, necesitarás un navegador seguro y una tarjeta de crédito válida.
- Cuando recibas tu formulario de acuse de recibo de CSS, necesitarás revisar la información para ver su precisión, hacer las correcciones que sean necesarias y devolver el formulario correcto a CSS.

Otras maneras de ayudar a pagar la universidad

Hay varias otras opciones para ayudar a pagar tu educación universitaria. A continuación se analizan los beneficios de impuestos, el servicio en el ejército y una mezcla de iniciativas del sector privado.

Carreras militares

Revisa el sitio Web para obtener información sobre programas que ofrecen las diferentes ramas de las fuerzas armadas.

- Ejército
  www.goarmy.com
- Armada
  www.navy.mil
- Cuerpo de Infantería de Marina
  www.usmc.mil

- Fuerza Aérea
  www.af.mil
- Guardia Costera
  www.uscg.mil
- Guardia Nacional
  www.ngb.dtic.mil

El Ejército, la Armada, el Cuerpo de Infantería de Marina, la Fuerza Aérea, la Guardia Costera y la Guardia Nacional buscan nuevos hombres y mujeres, y están dispuestos a pagar. Si ya estás considerando las carreras militares después de la graduación o aun cuando no hayas pensado realmente en ello, éste puede ser el momento de que revises bien esta opción. Por ejemplo, el alistamiento puede ayudarte a rembolsar tus préstamos garantizados por el gobierno y otros aprobados. Se pagará un tercio del préstamo por cada año de servicio activo. Cada rama del ejército ofrece sus propios incentivos de educación. Averigua en una oficina de reclutamiento local o en el sitio Web para ver los asuntos específicos de cada programa. También hay algunos programas de servicio general que hay que considerar.

El G.I. Bill

Técnicamente conocido como Montgomery G.I. Bill (Decreto de ley Montgomery G.I.), sus beneficios se encuentran disponibles para todos los reclutas en todas las ramas de las fuerzas armadas. El G.I. Bill paga hasta $14,998 para costos de educación en cualquier universidad que ofrezca carreras de dos o cuatro años o escuela vocacional acreditadas. El beneficio se encuentra disponible durante servicio activo o hasta diez años luego de haber sido relevado del servicio militar. Para servicio activo, se asignan $1,200 del sueldo de una persona ($100 al mes por doce meses) para el fondo de educación de la persona. El ejército entonces aporta hasta $14,998. En el caso de un reservista, el beneficio es de $7,124.

Una vez inscrito en el programa G.I. Bill, los candidatos calificados en el Ejército, Armada o Infantería de Marina pueden ganar un adicional de $15,425 en ayuda para la educación, para un total de $30,000 luego haber sido relevado del servicio militar.

Reserve Officers' Training Corps (ROTC)

El Reserve Officers' Training Corps, ROTC (Cuerpo de Entrenamiento de Oficiales de Reserva) ofrece becas universitarias que pagan la mayoría de los gastos de matrícula y de otro tipo del beneficiado e incluye un salario mensual de $150. Por ejemplo, el Ejército entrega una beca ROTC de hasta $48,000, dependiendo de la universidad, más una bonificación para gastos de subsistencia de $150 al mes durante el año académico. Después de la graduación, la mayoría de los reclutas ingresan al servicio como oficiales y completan un período de servicio de cuatro años. El plazo es el 1° de diciembre de tu duodécimo año. Pide ayuda a tu consejero para obtener detalles.

Ayuda para matrícula

Todas las ramas del ejército pagan hasta un 75 por ciento de la matrícula para reclutas en servicio activo a tiempo completo que toman cursos en institutos de enseñanza para la comunidad o por correspondencia durante sus períodos de servicio. Los datos específicos varían por servicio. Si estás interesado, comunícate con cada rama de las fuerzas armadas.

El Community College of the Air Force

Los miembros de la Fuerza Aérea, la Guardia Aérea Nacional o las Reservas de la Fuerza Aérea, pueden convertir su entrenamiento técnico y experiencia militar en créditos académicos, obtener un título asociado, un certificado de instructor ocupacional o un certificado universitario de oficios. Los participantes reciben un certificado oficial de calificaciones para este programa completamente acreditado. Además de mejorar tus oportunidades laborales después de tu período de servicio, podrás transferir esos créditos a una universidad que ofrezca carreras de cuatro años. Las oficinas de admisión de la universidad podrían determinar las posibilidades.

Beneficios fiscales para estudiantes y sus familias

Desde 1998, los créditos impositivos de matrícula permitieron que las familias redujeran su pago de impuesto por el monto de los gastos de matrícula universitaria que han pagado de su bolsillo. Estos créditos impositivos son reducciones dólar por dólar en los impuestos que se pagan. Existen dos programas: el crédito impositivo de la HOPE Scholarship (Beca HOPE) y el crédito impositivo de Lifetime Learning (Aprendizaje Permanente).

- *HOPE Scholarship*

  El crédito impositivo de la Hope Scholarship ayuda a compensar algo de los gastos durante los primeros dos años de universidad o escuela universitaria vocacional. Los estudiantes, o los padres de estudiantes dependientes, pueden solicitar un crédito de impuesto anual sobre la renta de hasta $1,500, 100 por ciento de crédito por los primeros $1,000 de matrícula y 50 por ciento de crédito en los segundos $1,000. El crédito puede solicitarse por dos años para estudiantes que están en sus primeros dos años de universidad y que se han inscrito con un mínimo de medio tiempo. El crédito se elimina progresivamente para aquellos que presentan declaraciones conjuntas con un ingreso superior a $100,000 o para aquellos que presentan declaraciones individuales con un ingreso superior a $50,000.

- *Crédito impositivo de Lifetime Learning*

  El crédito impositivo de Lifetime Learning es la contraparte de la HOPE Scholarship para estudiantes de penúltimo año, último año y graduados de la universidad. Los padres pueden solicitar un crédito del impuesto anual sobre la renta de hasta $1,000, 20 por ciento de los primeros $5,000 de matrícula (después del año 2002, este límite es de $2,000). El crédito se elimina progresivamente a los mismos niveles de ingreso que la HOPE Scholarship.

- *La Student Loan Interest Deduction*

  La Student Loan Interest Deduction (Deducción de Intereses del Préstamo para Estudiantes) le permite a los prestatarios deducir el interés pagado en los últimos sesenta meses (cinco años) de un préstamo que se usa para pagar la universidad. La deducción máxima permitida para cada contribuyente fue de $2,000 en el año 2000 y aumentó a $2,500 en el año 2001. La deducción máxima continuará aumentando. Para obtener más información, comunícate con el Internal Revenue Service o revisa el sitio Web www.irs.ustreas.gov/prod/hot/not97-605.html.

Mira estas posibilidades también

Existen otros programas federales y beneficios fiscales, programas estatales y programas de empleadores que debes investigar. No dejes ninguna posibilidad sin investigar. Algunos programas te ayudarán a compensar los costos mientras estás en la universidad y algunos te ayudarán cuando te hayas graduado y trates de equilibrar tu ingreso con el reembolso del préstamo universitario.

La condonación del préstamo por servicio de asistencia a la comunidad se encuentra disponible en algunas áreas para estudiantes que ingresan a ciertas carreras y trabajan en comunidades que están designadas como con personal insuficiente.

- La Exclusion for Employee Education Benefits (Exclusión de Beneficios de Educación para Empleados), también conocidos como Cafeteria Plans (planes "a la carta"), es una opción que ofrecen algunos empleados. Este programa permite que los empleadores establezcan un sistema para hacer deducciones de nómina para empleados de hasta $5,250 al año para matrícula universitaria. El dinero está libre de impuesto (es decir, el empleado no paga impuesto sobre él.) Pídele a tus padres que revisen con los departamentos de Recursos Humanos o de Beneficios del Empleado en su trabajo para ver si sus empleadores participan.

- En 1998, se hicieron cambios a la ley tributaria que regulaba las Individual Retirement Accounts, IRA (Cuentas de Retiro Individual) para permitirle a los padres y abuelos fijar las cuentas de IRA para educación designadas que permitan la renuncia de fondos sin castigo. Si tus padres o abuelos están interesados, deben consultarlo con sus bancos.

- Algunos empleadores ofrecen programas de fondos de aportaciones paralelas. Ellos aportan paralelamente para los hijos de empleados que reciben becas o subvenciones no basadas en necesidades económicas. Varias empresas ofrecen programas de becas para los hijos de sus empleados. Haz que tus padres investiguen estas posibilidades con sus departamentos de Recursos Humanos o de Beneficios del Empleado.

- La condonación del préstamo por servicio de asistencia a la comunidad se encuentra disponible en algunas áreas para estudiantes que ingresan a ciertas carreras y trabajan en comunidades que están designadas como con personal insuficiente. Algunos de estos trabajos están en agencias sin fines de lucro, en instituciones de beneficencia o educacionales exentos de impuesto o en carreras como enfermería y enseñanza. Revisa con tu oficina de ayuda financiera o de consejería para descubrir si el estado patrocina estos programas y dónde puedes aprender más sobre ellos.

EVITAR LAS DIFICULTADES DE LAS BECAS

Ahora que has identificado algunas de las fuentes legítimas de ayuda financiera, hablemos sobre lo que necesitas evitar.

Considera este escenario. Tus padres reciben una carta en el correo donde se les invita a una conferencia para un seminario de ayuda financiera en el salón de conferencias de un hotel. Algunos de los amigos de tus padres con hijos en la escuela secundaria también recibieron una carta y todos deciden asistir, porque para ellos es muy importante el financiamiento de la educación universitaria de sus hijos. Tú vas al seminario junto con otros 500 padres y sus hijos adolescentes. La redacción de los subtítulos en los carteles y la presentación en PowerPoint sugiere que el patrocinador es una organización oficial, tal vez incluso un grupo de información gubernamental. Los folletos de apariencia profesional están llenos de promesas de "¡consigue al menos $500 en becas o ayuda financiera o te devolvemos el dinero!" También ofrecen ayuda para completar ese formulario terriblemente complicado, la FAFSA.

Un vendedor bien vestido y que ensayó todo muy bien, habla sobre cuánto dinero se desperdicia porque "las personas no conocen todos los lugares secretos para encontrar dinero" y él te dirá dónde buscar, por un precio. El precio variará desde $500 (el paquete de ayuda financiera que están garantizando) hasta $1,200. De cualquier manera él solicita el número de tu cuenta bancaria o un pago con tarjeta de crédito o habrá la oportunidad de firmar un contrato para que haya un cobro en tu salario cada semana para pagar la cuota.

¿Cuál es la realidad? Obtendrás muy poca ayuda. Lo que obtienes es un folleto generado por una computadora. Nada de la información es personalizada y también podrías quemar la lista de universidades que te envían si compras el paquete DE LUJO. Estas son las becas universitarias fraudulentas y es un gran negocio, tan grande como la lista de estudiantes ligados a la universidad cada año.

Así es como funcionan las becas fraudulentas

Muchas cosas importantes de la vida son gratis, pero una educación universitaria no es una de ellas. Si suena demasiado bueno como para ser cierto, probablemente lo es. Hay organizaciones legítimas que pueden ayudarte a encontrar dinero de becas, pero si cualquiera de las siguientes afirmaciones se aplica a la organización que estás considerando, es posible que estés frente a un fraude. Recuerda lo siguiente:

1. Las empresas son de fuera del estado, con nombres que suenen oficiales.
2. Se te garantiza una beca o te devuelven el dinero. Pero trata de encontrarlos después del seminario o después de que leas la pequeña impresión. El mejor abogado de la ciudad no podrá obtener tu dinero de vuelta.
3. La empresa afirma conocer secretos sobre cómo obtener información de ayuda financiera que nadie más conoce.
4. Los programas de ayuda federal son una pesadilla burocrática. La empresa hará todo el trabajo por ti.
5. La empresa ofrece hacer una búsqueda de becas por un pequeño cobro adicional.
6. El argumento para convencer incluye, "¿Sabías que has sido seleccionado por una fundación nacional o que eres finalista en una competencia?" El problema es que nunca ingresaste en la competencia.
7. Los vendedores practican un enfoque de mucha presión. Son insistentes y tratan de hacer que te comprometas con sus cobros esa noche.

Para denunciar una beca fraudulenta, llena el formulario de reclamo de fraude de la Federal Trade Comission (Comisión Federal de Comercio) en Internet en www.ftc.gov, o llama gratis al 877-382-4357.

Estas empresas se alimentan de personas mal informadas y a menudo, de las más necesitadas. Se encuentran más y más a menudo en la Web y pueden ser muy inteligentes en la manera en que te llevan a sus sitios. Busca servicios de aportaciones paralelas para becas e investiga sus cobros inmediatamente.

¿Dónde puedes ir por ayuda?

El proceso de ayuda financiera es complicado y todos deben usar una asesoría sólida para tratar de analizarlo. Hay servicios de becas decentes por ahí, pero la experiencia me ha dicho que muchas de las becas disponibles vienen en pequeños montos de $250 a $500 y las patrocinan las organizaciones locales. Se necesita trabajar un poco para encontrarlas, que es el tema del resto de este capítulo. ¿Dónde puedes buscar ayuda para resolver la confusión de la ayuda financiera? Primero, comienza con tu departamento de consejería y asegúrate de asistir a la noche de ayuda financiera si tu escuela secundaria ofrece una. Lleva tu FAFSA contigo.

Dependiendo de tus recursos, podrías contratar a un asesor profesional de ayuda financiera para estudiantes que sea miembro de la National Association of Student Financial Aid Administrators, NASFAA (Asociación Nacional de Administradores de Ayuda Financiera a Estudiantes). Estos individuos a menudo han sido funcionarios de ayuda financiera en importantes universidades y están muy familiarizados con los matices de los programas de ayuda financiera. También hay miembros de la National Association of College Admissions Counselors, NACAC (Asociación Nacional de Consejeros para el Ingreso Universitario), que son consejeros privados y entrenan a estudiantes y familias sobre todas las idas y venidas del proceso universitario y los programas de ayuda financiera.

También puedes probar con tu propia búsqueda de becas en Internet. Sin embargo, recuerda que la mayor parte de la ayuda financiera que reciben los estudiantes proviene del gobierno federal o de las universidades a las que postulan. Para ser elegible para estos dineros, tienes que completar el formulario FAFSA y posiblemente el PROFILE como el primer paso.

> Los contadores son buenas fuentes de información sobre los recientes cambios en las leyes tributarias educacionales y sirven de ayuda para completar la FAFSA y el PROFILE.

CREAR TU PROPIA BÚSQUEDA DE BECAS

No creas en todo lo que oyes sobre "se agota el dinero de becas". Esa no ha sido mi experiencia o la experiencia de mis estudiantes. Ellos se aseguraron más de $2.8 millones en becas el año pasado y un 50 por ciento de la clase recibió al menos una beca cada uno. Publico una lista de becas de 60 páginas cada tres semanas y no tengo problema en llenar las páginas con una amplia gama de ofertas escolares y menciono esto para decirles que si se esfuerzan en buscar dinero de becas, lo encontrarán.

¿De dónde proviene el dinero?

A medida que comienzas tu investigación, descubrirás que existe una variedad de fuentes para el dinero de becas. Comienza buscando cerca de casa. Existen pequeños negocios locales cuyos dueños son graduados de tu escuela secundaria y aún tienen recuerdos cariñosos de sus días en la universidad. En un esfuerzo para reembolsar la ayuda que recibieron de la universidad, ellos entregan becas para estudiantes que las merecen. Los dueños de negocios locales también pueden ofrecer becas a universidades locales o a estudiantes en áreas particulares de concentración.

Existen empresas nacionales y multinacionales con fábricas, oficinas o tiendas en tu comunidad que creen que invertir en la juventud del país a través de becas para universidades y escuelas universitarias técnicas y vocacionales les proporcionarán un buen rendimiento en su inversión. Ellos entienden que ustedes son la fuerza laboral del mañana, y que para que puedan ellos competir, necesitarán una fuerza laboral educada. Si estas empresas desean ayudarte con tu educación ¿por qué no dejarlos?

Muchas asociaciones locales, estatales y organizaciones de servicio nacional y profesional, al igual que grupos y fundaciones cívicas, consideran la educación como parte de su misión y le dedican muchas horas a la recaudación de fondos. El dinero que reúnen se contabiliza en millones y las becas que se ofrecen, en cientos de miles. Si tú reúnes sus criterios, ellos te ayudarán en tus esfuerzos para obtener una educación universitaria. Sienten que al apoyarte, están apoyando su misión.

Como dije con anterioridad, las universidades también patrocinan sus propias becas basadas en necesidades económicas y el mérito para atraer a los estudiantes a sus campus. Estas becas son muchas y varían desde académicas hasta artísticas o deportivas.

Dónde comenzar tu búsqueda de becas

¿Cómo encuentras estas fuentes y este dinero de becas seguro? Revisa con tu oficina de orientación para ver qué ayuda de becas ofrece. ¿Publica el departamento de consejería un listado mensual de becas? ¿Se incluyen las becas locales? ¿Existe un tablero de anuncios central donde se coloquen las becas que cambie cada mes? Descubre qué sistema utiliza el departamento para notificar a los estudiantes sobre becas y revísalo. Mientras más pronto comiences, mejor.

Además de lo que se anuncia en el tablero, tu departamento de consejería o el centro profesional tendrá materiales de recursos impresos y electrónicos sobre las becas. Los libros sobre becas incluyen una amplia gama de información que se divide en categorías por especialidad, sexo, etnia, estado, universidad, deportes, participación extracurricular y organizaciones. Incluso hasta existen algunas categorías como zurdos. Te tomará algún tiempo revisar las listas, por eso empieza temprano.

Otra fuente de información son los paquetes de software de becas que tienen muchos departamentos de consejería. Uno es el "Fund Finder" (Buscador de fondos) de los College Boards que tienen en su software de búsqueda de becas EXPAN. Este paquete revisa tu información sobre ayuda financiera, calcula el EFC de tu familia y enumera más de 3,300 fuentes de ayuda de becas y financiera. EXPAN incluso te permite crear una carta genérica que pida que las solicitudes se te envíen por correo. Tu imprimes las cartas, las envías y esperas que las solicitudes te lleguen.

O puedes encontrar el software CHOICES en tu departamento de consejería. Este paquete contiene un banco de datos de becas y ayuda financiera que te permite ingresar tu información personal como un perfil y solicitar los tipos de becas y fuentes financieras que serían las más útiles para que investigues. Luego, el programa genera una lista de cientos de becas, ahí haces doble clic en cada listado, lees los

Aunque la mayoría de las becas son para estudiantes de duodécimo año, existen algunas disponibles para estudiantes de grados 9 a 11. Si estás en noveno grado, tienes cuatro años para depositar dinero para la universidad. ¡Entrega opciones y financia tu futuro!

criterios e imprimes aquellas becas que cumplen con tus necesidades. Envía tus cartas donde pides solicitudes, complétalas cuando lleguen y ve qué ocurre.

Y luego está Internet

Anteriormente hablé sobre las becas fraudulentas en Internet, pero este sistema también tiene una abundancia de recursos legítimos de becas. Su capacidad de fusionar tus necesidades con la enorme cantidad de información en el ciberespacio puede parecer tanto como una bendición como maldición para un estudiante de duodécimo año que se gradúa. Con todo eso que haces malabares: escuela, exámenes, solicitudes, recorridos y entrevistas en el campus, junto con responsabilidades familiares y tu trabajo a medio tiempo, puedes usar toda la ayuda que puedas obtener. Si sabes dónde buscar y cómo hacerlo cuidadosamente, Internet puede ser la respuesta a tus plegarias.

Navegar por Internet

Los mejores recursos los entregan las personas encargadas de información universitaria como Peterson's y el College Board. Debido a que consideran los aspectos de búsqueda de becas y de ayuda financiera como parte del proceso completo de exploración de universidades, no es de sorprender que hayan puesto enormes recursos en desarrollar sitios destacados.

Peterson's y www.CollegeQuest.com contienen un banco de datos de becas para buscar más de 800,000 becas distintas para más de $2.5 mil millones en ayuda privada. A través del mismo formato que su libro *Scholarships, Grants & Prizes* (Becas, subvenciones y premios), el sitio de Peterson's combina velocidad y vastos recursos. Tu podrás hacer coincidir tus intereses, talentos y capacidad académica con programas específicos de subvenciones y becas. El sitio proporciona información de contacto para cada otorgamiento al igual que sus requisitos de elegibilidad y postulación, plazo y monto en dólares.

El College Board tiene su Fund Finder en Internet en www.collegeboard.com. Una versión en Internet de Fund Finder que se encuentra disponible en las oficinas de consejería de la escuela secundaria te permite buscar miles de fuentes de ayuda financiera y te ayuda a calcular el EFC de tu familia. Llena tu perfil y comienza tu búsqueda.

> Puedes probar, buscando becas en buscadores como Yahoo y Excite, escribiendo "becas". Lee la letra chica cuidadosamente en cualquier cosa que veas y recuerda que si algún sitio te pide dinero, finaliza la conexión.

Ambos sitios se actualizan periódicamente, lo que es un factor importante cuando se investigan becas en Internet. A menudo descubrirás información desactualizada cuando comiences a navegar en Internet buscando recursos de becas. Algunos sitios no son ordenados en cuanto a la actualización de sus bases de datos o no las revisan para ver su precisión.

Sitios de becas étnicas y para minorías

Si crees que puedes ser elegible para un programa de becas específicamente para hispanos, consulta Minority On-line Information Service, MOLIS (Servicio Informativo en Línea sobre la Minoridad) en iam-molis.org/institution.asp o www.sciencewise.com/molis. El sitio ofrece becas dirigidas a estudiantes hispanos y otros grupos étnicos. La Hispanic Educational Foundation, HEF (Fundación Educacional Hispana) ofrece listados de becas estatales y locales para estudiantes de etnia hispana. Igualmente en www.hispaniconline.com puedes encontrar un enlace a HEF, al igual que información de docenas de becas y programas de ayuda financiera que son de interés para estudiantes hispanos.

Sitios para instituciones de crédito

El servicio de becas en Internet de Sallie Mae en www.cashe.com/runsearch.html es un recurso de ayuda útil para explorar información de ayuda financiera. Sallie Mae, que representa la Student Loan Marketing Association, SLMA (Asociación de Mercadeo para Préstamos de Estudiantes) es el recurso de prestamistas comerciales más grande de la nación. Sallie Mae utiliza la base de datos de becas CASHE y ofrece ayuda financiera y calculadores para ayudar a los padres a estimar su EFC.

También, una cantidad de prestamistas importantes como Citibank (www.citibank.com), Wells Fargo (www.wellsfargo.com) y First Union (www.firstunion.com) ofrecen información de ayuda financiera y formularios de solicitud.

Sitios de recursos generales

Existen varios otros sitios que podrían proporcionar información útil.

Se sostiene que hay información disponible gratuita sobre más de $1,000 millones en becas en www.fastweb.com. Puedes ingresar al sitio, completar el perfil y crear tu propia casilla de correo. FastWeb te enviará automáticamente a tu correo becas que se adecuan a tu perfil y si deseas solicitar alguna, haz clic y envía la solicitud a través de Internet.

FinAid, la página de Información de ayuda financiera en www.finaid.org, tiene mucha información sobre diferentes tipos de ayuda financiera y también proporciona enlaces a otros sitios importantes. Proporciona una perspectiva general completa de la situación de ayuda financiera; además, el sitio ofrece varios calculadores que te permiten estimar muchas cifras útiles, como los costos proyectados de asistencia, pagos del préstamo, el monto que se esperará que contribuyas para tu educación y los gastos de mantención si solicitas ayuda basada en necesidades económicas.

Es posible que no puedas investigar todos estos sitios en Internet. Elige uno o dos que parezcan cumplir con tus necesidades. Hay suficiente para mantenerte ocupado y afortunadamente te ayudan a pagar por tu experiencia universitaria.

Una vez que tienes la información

Descubrirás que las fuentes y los montos de becas varían, al igual que las solicitudes. Algunas organizaciones tienen sus propias solicitudes y algunos formularios, en especial para los montos grandes de dinero, pueden ser muy extensos. Algunas exigirán que escribas un ensayo. Considéralo como una oportunidad de practicar tu estilo de redacción y refinar tu técnica de redacción en tu propia voz.

Aun cuando pueda ser mucho trabajo, recopilar recursos para pagar tu educación universitaria definitivamente vale la pena. El dinero gratis puede contribuir mucho para ayudarte a pagar esa pizza extra o llamar a casa sólo para ver cómo va todo. También estarás agradecido de haber hecho esto una vez graduado, y de que los reembolsos de tu préstamo para estudiantes sean más pequeños que los de tus compañeros de habitación que no encontraron el tiempo para completar estas solicitudes de becas.

Guía para padres

1. Si la familia no discutió cómo planea financiar una educación universitaria, este es el momento de hacerlo. Necesitan hablar sobre cómo pagarán la universidad y cuánto dinero necesitarán pedir. Juntos, necesitarán encontrar respuestas a preguntas tales como:

   - ¿Cuáles son sus planes para pagar la universidad?

   - ¿Qué expectativas tienen ustedes como padres sobre la contribución de su hijo o hija para los gastos universitarios?

   - ¿Cuáles son los límites en los préstamos que ustedes están dispuestos a tomar para pagar la universidad?

   - ¿Qué otras opciones están disponibles para su familia para pagar la universidad?

   Cada familia responderá a estas preguntas de modo diferente, pero es importante idear una estrategia que funcione para su familia. Después, es importante que aprendan tanto como puedan sobre qué opciones hay disponibles para ustedes para ayudar a financiar su educación.

2. Existen excelentes sitios Web para ayudar a los padres a entender el sistema de ayuda financiera. Para empezar, visiten el sitio del Departamento de Educación de Estados Unidos para Student Financial Aid, SFA (Ayuda Financiera a Estudiantes) en www.ed.gov/prog_info/SFA/StudentGuide/2001-2/glance.html.

   Para más ayuda, visiten sitios como: www.petersons.com/finaid/, www.collegeview.com/financial_aid/ask_experts/grants/nopell.html

3. Pueden investigar sobre becas en Internet. Nuevamente, es importante recordar y lo que es muy complicado, ser lo bastante paciente para permitir que sus hijos dirijan ellos la búsqueda de becas. Para tener oportunidades para becas, es necesario completar las solicitudes. Este es un compromiso de trabajo que tienen que asumir ellos. Sin embargo, recuerden que la mayor parte de la ayuda financiera que reciben los estudiantes proviene del gobierno federal o de las universidades a las que postulan. Para ser elegible para estos dineros, los padres tienen que completar el formulario FAFSA y posiblemente el PROFILE como el primer paso. Mientras antes completen estos formularios, es más probable que, si la familia cumple con los requisitos de ayuda financiera, reciban ayuda en subvenciones en vez de préstamos. La primera fecha para llenar el formulario FAFSA es el 2 de enero de cada año que su hijo o hija asista a la universidad.

4. Los contadores son fuentes útiles de información sobre los recientes cambios en las leyes tributarias educacionales y sirven de ayuda para completar el formulario FAFSA y el PROFILE.

5. Sitio de becas hispanas

Si ustedes creen que su hijo o hija puede ser elegible para un programa de beca dirigido específicamente a hispanos, revisen MOLIS en iam-molis.org/institution.asp. Este sitio ofrece becas ligadas a universidades que entregan apoyo financiero dirigido a estudiantes hispanos. La HEF ofrece listados de becas estatales y locales para estudiantes de etnia hispana. Igualmente en www.finaid.org/otheraid/minority.phtml pueden encontrar un enlace a HEF, al igual que información de docenas de becas y programas de ayuda financiera que son de interés para estudiantes hispanos. La Stanford University tiene un gran sitio para ubicar becas para estudiantes hispanos en www.stanford.edu/group/sscles/scholarships.html.

Otros listados incluyen la Gates Foundation (Fundación Gates) en www.gmsp.org/flash.htm y uno de los mejores recursos en Fastweb www.fastweb.com/ib/finaid-21f. Hay sitios adicionales llenos con programas de becas y ayuda financiera que son de interés para estudiantes hispanos en www.hispaniconline.com, www.hsf.net/scholarship/general.html, el Hispanic Scholarship Fund Institute (Instituto del Fondo Hispano de Becas) en www.hsfi.org/. Otro sitio Web que enumera varias becas para latinos es www.free-4u.com/hispanic.htm. Otros recursos de soporte financiero se pueden encontrar a través de organizaciones profesionales como asociaciones políticas que se interesan en ayudar a estudiantes latinos. Un ejemplo es la Association of Latino Professionals in Finance and Accounting (Asociación de Profesionales Latinos de Finanzas y Contabilidad) en www.alpfa.org/ y Congressional Hispanic Caucus Institute (Instituto Hispano del Comité del Congreso) en www.chci.org/. El CHCI ha desarrollado un sitio Web bilingüe para estudiantes y sus padres donde se explica el proceso de selección universitaria y se responde a muchas de las preguntas que pueda haber sobre cómo comenzar. Es posible solicitar una guía para padres a través de su sitio Web, completando el formato de dirección en www.chci.org/. Por supuesto no olviden revisar el sitio latino sobre uno de los sitios Web más informados para exámenes para la universidad e información de nivelación, el College Board en oprla.collegeboard.com/.

Hacer la transición
a la universidad

"Es el 23 de diciembre y las vacaciones de invierno están a la vuelta de la esquina", piensas mientras tomas apuntes en tu clase de gobierno de Estados Unidos del duodécimo grado. Te queda por recorrer sólo la mitad del camino. Todos los estudiantes de duodécimo grado cuentan los días que faltan para la graduación. Incluso algunas escuelas secundarias tienen los días que faltan colocados en un calendario en la cafetería al que se le van sacando las hojas. Si has andado a buen paso con el proceso de ingreso a la universidad, a estas alturas ya habrás presentado los exámenes estandarizados, las solicitudes a la universidad han llegado, se comenzaron a redactar tus recomendaciones, tu ensayo está casi perfecto y el formulario FAFSA está esperando la información financiera de fin de año.

¿Ya es tiempo para un bajón en el duodécimo grado? El problema es que no puedes descubrir qué es un bajón. Es relajarse lo que queda del último año de la escuela secundaria, y obtener las calificaciones de acuerdo a tu reputación. ¿Cuándo sucede esto? Tú crees que quizá sucederá cuando las aceptaciones de las universidades estén en tu bolsillo y ya hayas terminado el primer semestre. Todo estará listo para la graduación, ¡sin libros ni tareas! Después de todo, ¡ya estarás en el segundo semestre de duodécimo año de la secundaria!

Aquí se necesitan algunos consejos de la realidad. Los cursos de duodécimo grado son la culminación de tu crecimiento y tus logros académicos. Lógicamente, el horario durante este año debería ser el más difícil de tu carrera de escuela secundaria y estas clases también cuentan. Las universidades las consideran en forma similar a los cursos ofrecidos en sus campus. Las universidades solicitan certificados de calificaciones de la mitad del duodécimo año, de manera de que puedan revisar sus posibles candidatos. Estos registros afectan la decisión de ingreso, especialmente para los candidatos que están en el límite y necesitan proporcionar pruebas adicionales al comité de ingreso sobre sus capacidad para manejar las actividades académicas. También recuerda que las calificaciones que obtienes en los exámenes AP en mayo pueden otorgarte crédito universitario y puede determinar tu nivelación en cursos este otoño. Mientras analizas el resto del año desde tu clase de gobierno, ¡sabes que no hay tiempo en el futuro para el bajón de duodécimo grado!

HUNDIRSE O NADAR: LAS VERDADES DE LA VIDA DE LOS ESTUDIANTES DE PRIMER AÑO DE UNIVERSIDAD

La tasa de retención es el porcentaje de una universidad que indica el número de estudiantes que tuvieron éxito durante su primer año universitario y que volvieron a la universidad en el otoño como estudiantes de segundo año. Es importante analizar este concepto y deberías preguntar sobre ello en todas las universidades de tu lista. ¿Por qué es tan importante? Porque refleja cuánto apoyo una universidad le entrega a sus estudiantes de primer año y qué tan preparados están los estudiantes cuando llegan al campus.

Estadísticamente, está comprobado que los estudiantes que toman cursos menos arduos durante el duodécimo año de la escuela secundaria pierden la práctica y tienen un momento difícil al prepararse para manejar las expectativas que se colocan en ellos como estudiantes de primer año de universidad. Pensemos en esto por un minuto. Los requisitos de lectura e investigación en la universidad son mucho más intensos que en la escuela secundaria. Las universidades exigen 3 horas de estudio por cada hora que un estudiante se sienta en un salón de clases y la responsabilidad para organizar el tiempo de estudio es trabajo del estudiante.

La carga de trabajo de los estudiantes de primer año de universidad

Digamos que te las arreglas para inscribirte temprano para tus cursos y obtienes exactamente los que quieres. Tienes el horario perfecto. Ninguna de tus clases comienza antes de las 11 a.m. Tu clase de historia universal es los lunes y miércoles de las 11 a.m. a las 12:30 p.m. Luego tienes el almuerzo, lo que es bueno, puesto que esperas levantarte de la cama y no tendrás tiempo para desayunar antes de ir a clases. Luego caminas tranquilamente por el campus a tu clase de cálculo que comienza a las 3 p.m. y termina a las 5 p.m. Inglés y español son los martes y jueves desde las 11 a.m. hasta las 3 p.m. No tienes tiempo para almorzar ya que tienes que correr de un extremo del campus al otro, pero, oye, siempre puedes comer una barra de cereal en el camino. Te queda una clase, apreciación del arte. Hay que correr un poco al edificio de Bellas Artes, pero te las arreglas para llegar a las 3:30 p.m. Terminarás las clases y estarás listo para cenar a las 6 p.m. ¿Qué es lo mejor de tu horario? Que no hay clases los viernes.

Nada mal, piensas, ya que como estudiante de escuela secundaria pasas 7 horas al día, cinco días a la semana en clases. Puedes arreglártelas con el horario de la universidad. Pero multiplica cada hora de clases de primer año por tres, ya que por cada hora que estés en clases, necesitas estar tres horas estudiando, investigando y leyendo. ¿Cuánto tiempo necesitas dedicar para estudiar en la universidad? Si eres un estudiante a tiempo completo, puedes contar aproximadamente 60 horas a la semana en clases o estudiando.

Así es como funciona la carga de cursos. Irás a tu clase de historia universal el primer lunes del semestre y te sentarás ahí por dos horas, donde escucharás, responderás preguntas y tomarás apuntes. Luego saldrás e irás a comprar el libro del curso, el que tendrá 900 páginas y tres paquetes complementarios del curso. Estás apurado por comprarlo puesto que ya tienes tres capítulos que leer para la clase del miércoles y un informe de tres hojas resumiendo la lectura.

> Por cada clase que tomes tienes que dedicar por cuenta propia tres veces la cantidad en lectura e investigación.

Vuelas a tu clase de cálculo. ¡El profesor realmente puede hacer que las matemáticas sean algo interesante! Pero ya estás de vuelta en la librería después de clases para comprar el libro para poder comenzar a estudiar los primeros cuatro capítulos y los tres grupos de problemas que tienes que tener listos para antes del miércoles. ¡Y así sucesivamente! (A propósito, compra todos tus libros de una vez y antes de que comiencen las clases ya que necesitarás el tiempo para estudiar.)

¿Cuánto éxito crees que tendrás manejando tu carga de trabajo si tienes unas largas vacaciones durante tu duodécimo año? Es difícil recuperar los hábitos de estudio que dieron tu reputación de estudiante de primera si has tenido un bajón en tu duodécimo grado.

El impacto sobre tu tasa de retención

Las tasas de deserción de la universidad son altas y cada número representa una persona real, un estudiante probablemente como tú, preocupado pero emocionado y lleno de expectativas para cuatro años maravillosos y exitosos. ¿Qué sucedió? ¿Por qué los estudiantes no vuelven después del primer semestre de su primer año de universidad?

Elecciones. Las elecciones que hacen los estudiantes determinan si se convertirán en un desertor de las estadísticas o serán los que estén dentro de la tasa de retención de éstas. Algunas de las posibilidades involucran manejar el horario académico y las cargas de trabajo, otras implican socialización y otras se relacionan con el ajuste y la transición a un nuevo entorno. Cualesquiera que sean los temas y las razones que afecten tus decisiones, las elecciones que tomes en última instancia, pueden determinar si te quedas o te vas.

¿Cómo puedes asegurar que tu resultado sea los cuatro años más felices, exitosos y productivos que imaginas? Al igual que existen pasos en el proceso de exploración de la universidad, existen pasos que puedes tomar para sacarle el mejor partido a la carrera universitaria.

¿EXISTE UN ASESOR ACADÉMICO EN EL RECINTO?

Las decisiones que los estudiantes tomen determinan si se convertirán en un desertor en las estadísticas o si tendrán una experiencia exitosa en la universidad.

¿Recuerdas el sobre grueso del que hablé en el primer capítulo? Además de la codiciada carta de aceptación, éste puede incluir información y formularios de ayuda financiera, un formulario para solicitar habitación y un cuestionario sobre tus hábitos personales de manera que la universidad pueda intentar colocarte con un compañero de habitación compatible. El paquete también puede tener un libro de selección de cursos, el cual tiene el tamaño de una novela pequeña de edición económica y una hoja de trabajo para seleccionar tus cursos para el primer semestre. Se incluyen algunas instrucciones que pueden ser las siguientes:

- Elige los cursos que cumplan con tus requisitos básicos.
- Si has recibido créditos avanzados como resultado de un examen de nivelación anticipada, doble inscripción o evaluaciones desafiantes, puedes ver cursos de nivel más avanzados. En dichos casos, elige

los cursos en el que el número de identificación esté precedido por el 200 en dichas materias.

- Lee los requisitos para los cursos que estás eligiendo y asegúrate de que los hayas completado antes de hacer tu selección.
- Elige cinco cursos de primera preferencia.
- Haz una lista de dos cursos de respaldo para cada curso que coloques como primera preferencia.
- Y así sucesivamente...

Es posible que te hayas detenido en la primer instrucción y te hayas preguntado, ¿qué es un requisito básico? Pero no te abrumes, hay un asesor académico en el recinto.

Tu asesor académico

La mayoría de las veces, dichas hojas de trabajo que envían las universidades junto con sus cartas de aceptación simplemente son para que revises el libro de selección de cursos y te familiarices con las opciones disponibles para ti. Esta familiarización facilita el proceso de selección de cursos cuando en realidad te sientes a completar tu formulario de solicitud formal. Esto probablemente sucederá durante la orientación de estudiantes de primer año antes de que abra la universidad. Ahí será cuando conozcas a tu asesor académico.

Como estudiante de primer año de universidad, tu asesor académico probablemente será un profesor, pero tal vez no de tu especialidad puesto que como estudiante de primer año aún no te has decidido por una. Este es tu asesor temporal, aunque puede ser así hasta que señales tu especialidad a fines de tu segundo año de universidad. Dependiendo del tamaño de la universidad, puedes reunirte con tu asesor en su oficina para una sesión de asesorías antes de que elijas tus selecciones de cursos. En las universidades más grandes, puedes tener una reunión de grupo donde se explicará la información general sobre los requisitos y el proceso de selección de cursos. Algunas universidades tienen tantos estudiantes que el proceso de selección de cursos se hace por medio del computador y conversaciones telefónicas y puede que nunca te reúnas con una persona.

Una vez que anuncies tu especialidad, se te asignará un profesor en dicho departamento como asesor. Generalmente, se crea un enfoque personalizado del proceso de selección de cursos y te asignará alguien a quien acudir para obtener consejos e indicaciones. Usa este recurso y establece una relación de trabajo con tu asesor. Ellos te pueden brindar mucha información y ayuda. A menudo ellos guiarán a los estudiantes hacia programas de posgrado o hacia trabajos, y proporcionan recomendaciones y contactos después de la graduación.

Aquí lo indicado sería un consejo sobre los procesos de selección de cursos. Cuando elijas los cursos que deseas para un semestre, también es importante mirar hacia el futuro y ver lo que vas a hacer. Una buena idea es establecer los requisitos de cursos con tu asesor para los semestres futuros. Además de brindarte un sentido de dirección y asegurarte que estás trabajando para obtener los créditos suficientes para graduarte, esto te permite tener más opciones en caso de que te inscribas y encuentres tu primera, segunda, e incluso, tercera opción sin vacantes.

Otros recursos para asesorías

Hasta el momento, pareciera que no te han prestado mucha atención en las importantes decisiones como estudiante de primer año, pero existen cosas que puedes hacer para ayudarte. Recuerda, dije que en la universidad mucha de la responsabilidad para tu educación depende de ti.

Primero, busca a tu asesor residente que te hayan asignado y que viva en tu dormitorio. Estas personas han sido asignadas para actuar como un recurso para los estudiantes que viven en el dormitorio y generalmente sobresale en el área de consejos académicos. Ellos o ellas están disponibles durante horas excepcionales, aunque también necesitan de vez en cuando dormir bien. Búscalos y sigue sus consejos sobre los requisitos y descripción de cursos.

Luego, siempre está "el chico o la chica que vive al lado", quien no siempre es la mejor opción, pero si él o ella estudia tu especialidad, tu vecino podría ser un recurso útil. Sólo ten presente que a todos les gustan o disgustan cosas específicas. Trata de obtener la información más objetiva y concreta posible sobre el estilo de enseñanza de un profesor, plan de estudios del curso, uso de TA (asistentes de docencia), tareas y exámenes. Después, toma tu decisión. La manera en que un profesor enseña su curso puede coincidir con tu estilo de aprendizaje personal.

El recurso más novedoso para investigar los cursos es en Internet. Hoy en día, la mayoría de los dormitorios están completamente conec-

> Muchos estudiantes cambian de idea sobre sus especialidades dos y tres veces antes de anunciarlo en el segundo año de universidad. Si encuentras que estás cambiando de opinión, asegúrate de volver a analizar tus opciones en forma regular para cerciorarte de que vas de acuerdo con lo previsto para graduarte.

tados al igual que los computadores de la biblioteca de la universidad. En muchas universidades, el libro de selección de cursos se encuentra disponible en Internet. Revisa el nombre del profesor que imparte los cursos y luego revisa el curso que se dictó por última vez. A menudo encontrarás el plan de estudios y los requisitos de lectura del curso, la línea de tiempo para las tareas y, en algunos casos, incluso acceso a las preguntas y preocupaciones que han tenido los estudiantes con el profesor. Esto te permitirá determinar si el contenido es de tu agrado y si encuentras estimulante el enfoque del curso. También, tendrás una visión completa de las expectativas de la carga de trabajo del curso. Por lo menos, le harás preguntas a tu asesor sobre los cursos que están considerando antes de inscribirte.

SEGURIDAD, CONSUMO DE ALCOHOL Y DROGAS EN EL CAMPUS

Como dijo uno de mis estudiantes una vez a un grupo de estudiantes de duodécimo grado durante el programa de Día de transición de los estudiantes de último año, "debido a que vives en la universidad las 24 horas del día, muchas cosas que aprendes son fuera del salón de clases". El campus de la universidad es un reflejo de la sociedad: los mismos valores y temas que operan en el "mundo real" se representan en la vida diaria de un campus universitario.

Seguridad del campus

A las universidades les preocupa mucho la seguridad de sus estudiantes y, por eso, muchos campus han instituido niveles de prevención y sistemas de intervención para la seguridad en los campus. Las medidas físicas que se han establecido en la mayoría de los campus incluyen sistemas de tarjetas de entrada electrónicas, servicios de acompañante, teléfonos que están bien señalados y que se encuentran accesibles a través del campus, iluminación adecuada y patrullas frecuentes por miembros de seguridad.

Los programas educacionales que se han convertido en parte de muchas orientaciones de estudiantes de primer año de universidad se encuentran entre los métodos de intervención más efectivos. Por ejemplo, el departamento de Asuntos Estudiantiles puede llevar a cabo varias sesiones para aumentar la creación de conciencia sobre los temas de seguridad en el campus. Estos programas se dan durante presentaciones en grandes grupos y luego los miembros del personal llevan los mensajes a los dormitorios. Las conversaciones en los dormitorios hasta tarde sobre relaciones mixtas e información de seguridad le dan validez a las presentaciones. Puesto que muchos de estos miembros del personal también son las personas que dan consejos cuando sucede algo malo, ellos están muy motivados en entregar su mensaje claramente.

Consumo de alcohol y drogas

¿Qué sucede con el consumo de alcohol y drogas? Como dije anteriormente, la universidad es un reflejo de la sociedad. Lamentablemente, existe la probabilidad que conozcas a algunos estudiantes que ahora consumen alcohol y drogas. Cuando llegues a la universidad, tendrás que tomar el mismo tipo de decisiones que tomaste en algún momento en la escuela secundaria sobre que posición tomar. La diferencia es que estarás en un nuevo entorno conociendo a todo el mundo por primera vez y viviendo con ellos.

En la escuela secundaria, las personas sabían como reaccionabas sobre el consumo de alcohol y drogas y aceptaban tu decisión. Tú eras quien eras y eso era todo. Tenías un grupo de amigos que sentían lo mismo que tú y luego de un rato el asunto sobre el consumo de alcohol y drogas no se mencionaba. En la universidad tendrás que establecer tus límites nuevamente.

La vida está llena de decisiones, las de las otras personas y las tuyas. Te tomará mucha energía, pensamientos, conversaciones y reflexiones para establecer las áreas donde sientas comodidad y los límites en la universidad. Podrás tener éxito, especialmente si tus valores y prioridades son claros. Sin embargo, prepárate ya que estos ajustes exigirán tu atención y te sentirás presionado. No te extrañe si estás cansado la mayoría del tiempo.

Las universidades se han dado cuenta de que "las salidas los fines de semana para el consumo de alcohol y drogas" se han convertido en un problema para los estudiantes que lo hacen y para sus compañeros de clase que tienen que vivir con las secuelas. Las universidades han comenzado a hacer cambios con respecto a su actitud y las regulaciones de estudiantes que consumen alcohol. Las hermandades masculinas de estudiantes ya no son tan bienvenidas como eran antes. La demanda ha disminuido en algunos campus y en otros los administradores han suspendido e incluso cerrado algunas hermandades. Los bares se han restringido exclusivamente a estudiantes de último año y en muchos casos han sido reemplazados por cafés. Los dormitorios libres de sustancias se encuentran disponibles en la mayoría de los campus y las universidades presentan más atención a los eventos sociales en ellos. Recuerda, las drogas son ilegales. Si te atrapan con una sustancia controlada en el campus, te pueden suspender, expulsar o entregar a la policía para que se realice una acusación formal.

¿Cuáles han sido los resultados de estos cambios? Aún existen lugares para beber y siempre los habrán, si esa es la decisión que quieres tomar. Sin embargo, las universidades hacen esfuerzos especiales para proporcionar otras opciones de interés y entrenimiento. La elección es tuya.

¿A DÓNDE ME DIRIJO SI TENGO UN PROBLEMA EMOCIONAL O DE SALUD?

El primer año de la universidad puede ser estresante. Mientras lees esta oración piensas, "¿Cómo piensa ella que han sido los últimos dos años de escuela secundaria?" Sí, para algunos o quizá para muchos de ustedes han sido estresantes, pero existían cosas familiares que te rodeaban que te ayudaban y apoyaban: tu mejor amigo, tus padres, tu mascota e incluso tu fastidioso hermano menor.

Usar servicios de apoyo

Tu sistema de apoyo ha estado en su lugar durante mucho tiempo. Los amigos y la familia tienen una historia contigo y sus patrones de apoyo están bien establecidos. Ellos reconocen cuando necesitas ayuda y saben cómo ofrecértela de formas que se han probado que han funcionado durante el tiempo. Cuando vayas a la universidad, este apoyo no se evaporará, pero puede encontrarse en una llamada telefónica y eso no es lo mismo. Tu familia y amigos pueden que no conozcan a las personas

> Tú eres lo suficientemente inteligente como para saber cuándo necesitas ayuda, pero ¿dónde obtenerla en el campus?

con las cuales te estás relacionando, y a medida que pasa cada día, la distancia que te separa a ti y a tu antigua red de apoyo de las experiencias compartidas se vuelve tanto emocional como física. Intentas explicar las situaciones y personas de tu nueva vida, pero la antigua red no está ahí para verlas con sus propios ojos. Además, tus amigos de la escuela secundaria están tratando de hacer los ajustes en sus nuevas vidas y tienen sus propios problemas y asuntos.

"Yo soy una persona fuerte. Puedo manejar esto", podrías estar pensando ahora. Eso es muy cierto. Sobreviviste a tu undécimo grado, ¿verdad? Sin embargo, como escribió John Donne, "Ningún hombre (o mujer según sea el caso) es una isla en sí, toda persona es un pedazo del continente".

Déjame contarte algo que me sucedió que muestra lo importante que es pedir ayuda cuando la necesitas.

Un año estaba visitando universidades en New England. Lo que siempre visito es el centro estudiantil. Estos paseos comienzan temprano en la mañana y yo necesito mi café. El otro lugar importante es el baño de mujeres. Voy por razones obvias, pero también lo hago para leer las notas en las paredes y los grafitos en las puertas. Entonces estaba leyendo en un baño de una universidad y justo estaba lleno de recursos de referencias de la universidad sobre desórdenes alimenticios, escritos por diferentes personas y tipos de tinta. Muchas mujeres han dado resúmenes de sus experiencias personales y los recursos que han utilizado dentro de la universidad. Entre ellos incluían evaluaciones de los servicios y descripciones de los estilos y enfoques que cada terapeuta usaba. Otras mujeres comentaban sus propias reacciones escribiendo al margen.

Yo era una enfermera titulada antes de ser consejera vocacional y las enfermeras, al igual que los estudiantes de duodécimo grado, creemos que hemos visto de todo. Sin embargo, dichos comentarios me tomaron desprevenida. Me pregunté, ¿la administración y los servicios estudiantiles reconocen el problema que son los desórdenes alimenticios en su campus? ¿Acaso nunca pintan estas puertas? ¿No se dan cuenta que los visitantes de sus campus verán esto y se preocuparán? Luego pensé, puede que sea menos importante para ellos que los estudiantes obtengan la ayuda que necesitan. A pesar de que esta era una extraña manera de publicitar los servicios del campus, obviamente logró la atención de estas jóvenes mujeres.

Dicha experiencia aumentó mi preocupación sobre los niveles de estrés en los campus de las universidades, cómo los estudiantes manifiestan su estrés y cómo las instituciones abordan estas inquietudes. Desde ese entonces, me he preocupado por buscar centros de servicios de apoyo y clínicas de salud para estudiantes y he investigado detalladamente la calidad de los sistemas de atención y entrega en terreno. Entre las preguntas que hago están: ¿Cómo acceden a los servicios los estudiantes? ¿Cómo se les informa de la existencia de programas preventivos y de tratamiento? ¿Qué programas de extensión se ofrecen? ¿Cómo son? ¿Cómo pagan los estudiantes por los servicios?

También necesitas hacerte estas preguntas y necesitas usar los servicios disponibles para ti. Ya sea si tienes una fuerte gripe, tu compañero de habitación te está volviendo loco o el nivel de estrés te está acabando, asegúrate de saber qué está disponible y dónde encontrar ayuda cuando la necesites.

UNA MIRADA AL PASADO Y UNA MIRADA AL FUTURO

Un título universitario es un logro especial. Es un tributo a tu perseverancia, a tu interés académico y a tus habilidades. Es tu próximo objetivo en tu vida. Sin embargo, antes de que comiences a dirigirte a él, tómate unos minutos para mirar hacia tu pasado y alrededor tuyo.

Detente y considera por un momento las personas en tu vida que han estado junto a ti en todo momento. Algunas veces pensamos que ellos deben saber lo que sentimos sobre ellos. ¿No solíamos decirles cómo nos sentíamos cuando éramos niños? Pero, ¿se lo han dicho últimamente? Existen momentos especiales que marcan el paso de una etapa de la vida a otra. La graduación de la escuela secundaria es uno de esos momentos. Te agradecerán durante la ceremonia de tu graduación, por las tarjetas y regalos, pero ¿qué pasa con las personas a quienes necesitas agradecerles? Piensa una manera para demostrar tu cariño de una forma tangible y permanente. Tendrá un gran significado para la persona a quien se lo vas a entregar.

Siempre ha sido una experiencia profunda cuando me he mudado de un lugar a otro y he tenido que empacar mis cosas. Es maravilloso los tesoros que encuentro cuando me mudo. Reviso mi vida, me deshago de las cosas sin importancia y guardo las que tienen un significado para mi. Hace años, me mudé y empaqué mi oficina de consejería y mi casa. Quince años de cosas acumuladas en una universidad estaban dentro de esa oficina. A medida que revisaba mi escritorio y mi archivador, me emocioné con las notas y recuerdos de los estudiantes, padres y miembros de la facultad y personal que compartieron sus cosas conmigo. Podía tomar los pedazos de papel y recordar a las personas que los habían escrito como si estuvieran conmigo en mi oficina. Pensé en quiénes habían sido y quiénes serían ahora. Me llevé todos los papeles conmigo.

¿Qué quieres llevarte contigo a medida que recorras el camino? La universidad es el lugar para pensar sobre comenzar de nuevo. Es un lugar para intentar cosas diferentes, incluso estilos de vida diferentes. Esto podría ser cierto si vienes de una comunidad pequeña donde has estado encasillado en una persona toda tu vida. ¿Quieres abandonar el papel de héroe de fútbol americano o la imagen de "nerdo" de la computación o de ratón de biblioteca? Extender tus alas un poquito y encontrar nuevas experiencias son parte de la universidad. Es tiempo para crecer y cambiar.

¡Buena suerte en tu experiencia universitaria!

> ¿Que te llevarás contigo, dentro de ti, esa parte esencial que te hace ser quien eres?

Guía para padres

1. La mayor parte de las buenas universidades a través del país son muy sensibles a la ventaja de reclutar estudiantes de todas las etnias en sus campus y también se interesan en conservarlos. Para tener una idea de qué apoyo podría ofrecerse en los campus y para ayudarlos a formular preguntas para hacerle a los funcionarios de ingreso universitario en las universidades que su hijo o hija considere, dediquen algún tiempo a explorar sitios Web. Prueben con dolphin.upenn.edu/~mexico/english/index.html, www.nyu.edu y busquen la Oficina de servicios para estudiantes afroamericanos, latinos y asiático-americanos; luego www.inform.umd.edu/StudentOrg/lul/other.htm, el sitio Web de la University of Maryland y busquen en excelencia para estudiantes hispanos en www.stanford.edu/group/SCCR/llop.html. Existen organizaciones nacionales, estatales y locales para estudiantes hispanos y latinos que se ofrecen en la mayoría de las universidades. Están ahí para crear una red de apoyo y un clima de éxito para el estudiante hispano en el campus. Incentiven a su hijo o hija a investigar estas opciones temprano.

2. Aquí hay algo que siempre comparto con mis estudiantes de duodécimo año. "Deténganse y consideren por un momento a las personas en su vida que han estado junto a ustedes en todo momento. Algunas veces pensamos que ellos deben saber lo que sentimos sobre ellos. ¿No les dijimos cómo nos sentíamos cuando éramos más jóvenes? Pero, ¿se lo han dicho últimamente? Existen momentos especiales que marcan el paso de una etapa de la vida a otra. La graduación de la escuela secundaria es uno de esos momentos. Te agradecerán durante la ceremonia de tu graduación, por las tarjetas y regalos, pero ¿qué pasa con las personas a quienes necesitas agradecerles? Piensa una manera para demostrar tu cariño de una forma tangible y permanente. Tendrá un gran significado para la persona a quien se lo vas a entregar". Comparto esto con mis estudiantes porque creo que se necesita agradecer el papel que los padres han desempeñado en las necesidades de la vida de sus hijos. Pero esa no es mi única motivación para mencionarlo a mis estudiantes. Los padres también necesitan ayuda con esta transición. Ya sea su primer o su último hijo que se va a la universidad, la graduación de la escuela secundaria y la elección de irse a la universidad tiene un impacto profundo en la dinámica de la familia. Es importante reconocerlo como familia. Existen algunos pasos que los departamentos de consejería de las escuelas secundarias tienen que desarrollar para ayudar a las familias con esta transición. He mencionado el programa de Transición de estudiantes de duodécimo año que se ofrece en muchas escuelas secundarias. Uno de los componentes es un programa conjunto de padres y estudiantes. Siempre es un suceso intenso y se necesitan pañuelos como parte de la experiencia. La felicidad también puede ocasionar lágrimas, pero cualquiera sea la causa, es necesario desarrollar una forma de ayudarse mutuamente a crecer a través de estos cambios.

Acción temprana, EA (por sus siglas en inglés): Un estudiante postula a una universidad a comienzos del duodécimo año de la secundaria, entre el 30 de octubre y el 15 de enero, y solicita una revisión de postulación temprana y notificación de ingreso. Generalmente se tiene una respuesta entre tres o cuatro semanas después de la postulación. Si es aceptado, el estudiante no está obligado a asistir a dicha institución, sino más bien puede ignorar esta admisión y aún postular a otras universidades durante el período de admisión regular.

aceptación diferida: La decisión de ingreso a la universidad se posterga para una fecha posterior.

admisión temprana: Algunas universidades aceptan a ciertos estudiantes excepcionales que no hayan terminado la escuela secundaria, generalmente de undécimo año de la secundaria. Los estudiantes se registran a tiempo completo y no terminan el duodécimo año de la secundaria. Las universidades generalmente otorgan diplomas de la escuela secundaria a aquellos estudiantes que han completado cierto número de cursos de nivel universitario.

American College Testing Program Assessment, ACT (Evaluación para el Ingreso a Universidades Estadounidenses): Este examen es una alternativa al SAT I y ha tenido una gran aceptación por una amplia gama de instituciones en los últimos años y se presenta durante el año escolar en los centros de exámenes. El ACT evalúa inglés, matemáticas, comprensión de lectura y razonamiento científico. Los resultados de estas pruebas por materia se pueden utilizar en lugar del SAT II subject tests (Exámenes por materia SAT II), que son requisitos para ingresar a algunas de las universidades más competitivas. El puntaje es el promedio de las cuatro pruebas y el puntaje máximo es de 36.

asesor académico: Profesor superior en tu área de concentración que es designado para asesorarte en la elección de cursos y requisitos. Antes que señales la especialidad de tu elección, se te asignará un profesor tutor temporal.

Glosario

becas basadas en el mérito, reconocimiento al mérito: Ofrecen más dinero "gratis" y se basan en la excelencia académica, liderazgo, voluntariado, habilidad deportiva y otras áreas determinadas por una organización otorgante, la que puede ser una universidad, una organización o una persona. No se basan en la necesidad financiera.

campus sede: Campus conectado a, o parte de, una gran institución. Generalmente, un estudiante pasa los dos primeros años en un campus sede y luego se transfiere al campus principal para terminar su título universitario. Un campus sede proporciona un entorno más personalizado y pequeño que puede ayudar a un estudiante a madurar personal y académicamente antes de trasladarse a un entorno más grande e impersonal. La experiencia en un campus sede puede ser una buena idea para un estudiante que desea permanecer cerca del hogar o para un adulto que desea trabajar y asistir a clases a tiempo parcial.

Candidates Reply Date Agreement, CRDA (Acuerdo de fecha para que contesten los candidatos): Si es aceptado en una universidad, un estudiante no tiene que contestar antes del 1º de mayo. Esto le permite tener tiempo para saber de todas las universidades a las que postuló antes de comprometerse con una. Esto es muy importante ya que los paquetes de ayuda financiera varían de una universidad a otra y el CRDA te da tiempo para comparar los paquetes antes de decidir.

carga de cursos: Número de horas-crédito que un estudiante toma cada semestre. El mínimo es de 12 horas-crédito para un estudiante a tiempo completo. El promedio de carga de cursos es de 16 horas-crédito por semestre.

College Scholarship Service, CSS (Servicio de becas universitarias): Cuando varios años atrás el gobierno federal cambió el formulario FAFSA, el College Board (Consejo Universitario) creó este programa para ayudar a las instituciones de educación superior, programas de becas estatales y otras organizaciones a evaluar la solidez financiera de la familia y a analizar su capacidad para contribuir con los costos de la universidad. El CSS procesa el formulario financiero PROFILE que los estudiantes pueden usar para solicitar la ayuda que no es financiada por el gobierno federal. Este formulario se envía a unas 300 universidades privadas junto con la FAFSA cuando se busca ayuda financiera de estas instituciones. Las universidades participantes indican si requieren este formulario.

control: Una universidad puede estar bajo el control privado o público. Las universidades controladas públicamente dependen de las leyes estatales para su financiamiento y sus políticas son establecidas por las agencias que las regulan. Las universidades privadas son responsables ante una junta directiva o consejo de administración. Generalmente, tienen matrículas y cuotas más altas para proteger el legado institucional.

costo de la educación: Esto incluye matrícula y cuotas, alojamiento y comida, libros y materiales, transporte y gastos misceláneos. La elegibilidad para ayuda financiera de un estudiante se determina por la diferencia entre el costo de la educación y el Aporte Esperado de la Familia que el gobierno federal calcula a partir de la FAFSA.

cursos Advanced Placement, AP (Nivelación anticipada): Cursos de calidad y alto nivel en veinte materias. El programa es administrado por el College Board para ofrecer descripciones de cursos de la escuela secundaria comparados con cursos universitarios y correlacionados con evaluaciones AP en dichas materias. Las escuelas secundarias proporcionan los cursos como parte de su plan de estudios a estudiantes elegibles. Basado en los resultados del examen AP, cuyo puntaje va de 0 a 5, una universidad puede aceptar el crédito universitario o nivelación anticipada a los estudiantes participantes. Generalmente, las universidades exigen un puntaje de 4 ó 5 en el AP para créditos o nivelación anticipada en cursos universitarios. A veces es aceptable un 3 en idioma extranjero y en algunas otras materias. Algunas universidades limitan el número de créditos AP que ellos reconocerán. Averigua las políticas de la universidad sobre créditos AP.

Entrar en la universidad

cursos de preparación universitaria: Cursos que se tomaron en la escuela secundaria que se consideran en las universidades como una gran preparación para el trabajo universitario. Generalmente, los cursos específicos se encuentran en las cinco áreas principales de inglés, historia, idiomas extranjeros, matemáticas y ciencias. Los cursos pueden ser regulares, de nivel superior o AP y estas dos últimas categorías a menudo se toman en cuenta cuando se calcula el GPA.

Decisión temprana, ED (por sus siglas en inglés): A veces confundido con la acción temprana, el plan Decisión temprana le permite a los estudiantes postular a una institución a comienzos del duodécimo año de la secundaria, entre el 30 de octubre y el 15 de enero y solicitar una notificación temprana de admisión. El estudiante y su consejero vocacional firman un contrato con la universidad al momento de la postulación que indica que si es aceptado, el estudiante está obligado a asistir a dicha institución. Algunas universidades ofrecen tanto opciones de ED como EA.

decisiones de ingreso a la universidad

- **aceptado:** ¡Estás dentro! Te han aceptado en la universidad a la cual postulaste. También se le notificará a tu escuela secundaria.

- **aceptado/negado:** Te han aceptado pero han negado cualquier ayuda financiera. Depende de ti saber cómo vas a pagar la universidad.

- **rechazado:** No te aceptaron. La decisión la toma el comité de ingreso a la universidad y es enviada a ti y a tu escuela secundaria.

- **lista de espera:** Aún no te han aceptado pero estás en la lista de espera en caso de que haya disponible una vacante. Las universidades clasifican sus listas de espera por prioridad y, lamentablemente, hay años en que las listas de espera en las universidades más competitivas nunca corren. Luego de un tiempo, se envía una notificación de rechazo.

déficit: Diferencia entre el monto del paquete de ayuda financiera y el costo de asistir a una universidad. Se espera que los estudiantes y sus familias cubran el déficit.

división superior: Este término se refiere al penúltimo y último año de estudios de la universidad. Algunas universidades sólo ofrecen estudios para dichos años. La división inferior se debe completar en otra institución antes de ingresar a estos programas para obtener un título universitario.

doble especialidad: Disponible en casi todas las universidades, le permite al estudiante completar todos los requisitos para obtener simultáneamente un título en dos campos.

doble inscripción: Esta política le permite a los estudiantes obtener créditos universitarios mientras aún están en la escuela secundaria. Muchos de estos créditos de cursos pueden ser transferidos a una institución que otorgue un título, especialmente si el estudiante mantiene un promedio mínimo de B. Sin embargo, una universidad puede rechazar los cursos tomados en el campo de la especialidad de concentración de otra institución debido a que su política estipula que todos los cursos en una especialidad deben ser tomados en la universidad. Cuando se considera una doble inscripción, los estudiantes deben comunicarse con las oficinas de admisiones de las universidades a las que están considerando inscribirse para asegurarse que ellos aceptarán la transferencia de créditos.

educación cooperativa: Programa universitario que alterna entre períodos de estudio a tiempo completo y empleos a tiempo completo en un campo relacionado. A los estudiantes se les paga por su trabajo y obtienen experiencia práctica en su especialidad, que los ayuda a postular a puestos luego de la graduación. Puede tomar cinco años obtener un título universitario a través de un programa cooperativo.

elección de puntajes: Una opción que sólo la tiene la prueba SAT II, la cual permite al estudiante revisar sus puntajes antes de enviarlos a las universidades. Los estudiantes pueden elegir qué puntajes enviar.

énfasis: Área de concentración dentro de una especialidad o subespecialidad, por ejemplo, una especialidad en inglés puede dar énfasis a la redacción creativa.

especialidad planificada por el estudiante: De acuerdo a esta política, los estudiantes diseñan sus propias especialidades. Ofrece a los estudiantes la oportunidad de desarrollar opciones no tradicionales no disponibles en el catálogo existente de especialidades.

especialidad: La concentración de un número de horas-crédito en una materia específica. Las universidades a menudo especifican el número de créditos necesarios para recibir un grado de especialidad, la secuencia de los cursos y el nivel de los cursos necesarios para llenar los requisitos.

estudiante transferido: Un estudiante que se transfiere de una universidad a otra. Los créditos solicitados para la transferencia se evaluarán por la universidad receptora para determinar el número que aceptará. Cada universidad establece diferentes políticas de transferencia, por lo tanto, todo aquel que considera esta opción debe asesorarse.

estudio independiente: Esta opción permite al estudiante completar algunos de sus requisitos de crédito al estudiar de manera independiente. Un estudiante y su profesor tutor acuerdan por adelantado un tema y un enfoque del programa de estudios y se reúnen periódicamente para analizar el progreso del estudiante. Al final del semestre se entrega un informe final para que sea evaluado.

estudios acelerados: Este programa permite graduarse en menor tiempo del que se necesita generalmente. Por ejemplo, si tomas cursos de verano y cursos adicionales durante el año académico, podrías obtener un título universitario en tres años en lugar de cuatro.

evaluación alternativa: Este método personaliza el proceso de ingreso y ofrece a los estudiantes la oportunidad para que sean considerados de una manera más individual y holística. Se da menos énfasis a los resultados de exámenes estandarizados y más a la entrevista, carpeta, recomendaciones y ensayo.

Expected Family Contribution, EFC (Aporte Esperado de la Familia): Monto que se espera que la familia contribuya para la educación universitaria de su hijo. Este monto es parte de la fórmula utilizada por el gobierno federal para determinar la elegibilidad para ayuda financiera mediante el formulario FAFSA.

Federal Pell Grant Program (Programa de Beca Federal Pell):
Programa administrado y patrocinado por el gobierno federal que proporciona subvenciones basadas en las necesidades de los estudiantes universitarios. Anualmente, el Congreso establece la asignación; el monto fluctúa entre $400 y $3,000 al año. Este dinero es "gratis" ya que no es necesario reembolsarlo.

Federal Perkins Loan Program (Programa de Préstamo Federal Perkins): Programa del gobierno federal que se basa en las necesidades y es administrado por la oficina de ayuda financiera de la universidad. Este programa ofrece préstamos a un bajo interés para estudiantes universitarios. Se comienza a pagar después de que el estudiante se gradúe. El monto máximo del préstamo al año es de $3,000.

Federal Stafford Loan (Préstamo Federal Stafford): Otro programa federal basado en las necesidades que permite a los estudiantes solicitar préstamos para gastos educacionales directamente al banco y a otras instituciones de crédito. Estos préstamos pueden ser subsidiados o no subsidiados. El reembolso comienza seis meses después de que la carga de cursos de un estudiante disminuye a menos de la mitad. Actualmente, la tasa de interés es de 0 por ciento mientras se está en la universidad y luego es variable hasta un 8.25 por ciento. El préstamo se debe pagar dentro de diez años.

Federal Work-Study Program, FSW (Programas Federales de Trabajo y Estudio): Programa financiado por el gobierno federal que hace posible que los estudiantes trabajen y estudien mientras están en la universidad. El empleo puede ser una parte integral del programa académico (como en la educación cooperativa o pasantías) o simplemente un medio para pagar la universidad.

Free Application for Federal Student Aid, FAFSA (Solicitud Gratuita de Ayuda Federal para Estudiantes): Instrumento del gobierno federal para calcular la ayuda de acuerdo a las necesidades. Se encuentra disponible en los departamentos de consejería de las escuelas secundarias, oficinas de ayuda financiera de las universidades e Internet (www.fafsa.ed.gov). El formulario se debe completar y enviar lo antes posible después del 2 de enero.

hermandades: Se refiere a las hermandades femeninas y masculinas de estudiantes. A menudo, estas organizaciones tienen un gran impacto en la vida social del campus de una universidad.

horas-crédito: El número de horas dictadas a la semana para cada curso se contabiliza como créditos equivalentes para ayuda financiera y se usan para determinar tu condición de estudiante a tiempo parcial o a tiempo completo.

ingreso abierto: Una política de admisión que no somete a revisión las calificaciones académicas de los postulantes. Muchos institutos públicos de enseñanza para la comunidad o escuelas semisuperiores aceptan estudiantes bajo esta pauta, es decir, se acepta a cualquier estudiante con un diploma de la escuela secundaria o su equivalente.

ingreso diferido: Esta política le permite a los estudiantes posponer su inscripción por un año luego de ser aceptados en una universidad.

ingreso sin importar el dinero: Decisión de aceptación en la universidad sin considerar la solicitud de ayuda financiera del estudiante, es decir, el comité al momento de tomar la decisión no conoce la necesidad financiera del postulante.

inscripción continua: No existen plazos para presentar las solicitudes de la universidad. Esta política es comúnmente usada por las universidades estatales. Las respuestas se reciben dentro de tres o cuatro semanas. Si es aceptado, un estudiante no tiene que confirmar, en la mayoría de los casos, hasta el 1° de mayo. Los estudiantes residentes de otros estados que postulan a universidades estatales deben hacerlo lo antes posible.

inscripción cruzada: Práctica, a través de acuerdos entre universidades, de autorizar a los estudiantes registrados en una universidad para que se inscriban en cursos en otra institución sin postular formalmente para ingresar al segundo establecimiento. Esto puede ser una ventaja para los estudiantes de universidades pequeñas que desean expandir sus opciones o conocer otro entorno educativo.

interdisciplinario: Profesores de varias disciplinas contribuyen al desarrollo del plan de estudios y pueden dictar el curso de manera conjunta.

no matriculado: Un estudiante que aún no ha sido aceptado pero que está tomando clases o un estudiante que ha sido expulsado por motivos académicos. Bajo esta categoría, un estudiante no puede recibir ayuda financiera ni participar en un programa deportivo en la universidad.

paquete de asignación: La manera en que las universidades divulgan si un estudiante es elegible para ayuda financiera o subvención. Los paquetes más comunes incluyen Pell Grants, Stafford Loans y Work-Study Programs (ver páginas anteriores).

pasantías: Ésta es una oportunidad basada en la experiencia, a menudo programada durante el período de vacaciones del año académico, por medio de la cual un estudiante recibe créditos por una experiencia laboral supervisada relacionada con su especialidad.

Preliminary Scholastic Assessment/National Merit Scholarship Qualifying, PSAT/NMSQT (Prueba Preliminar SAT/Prueba que da derecho a la Beca Nacional al Mérito): Esta prueba, que se presenta en octubre, duplica al SAT en cuanto al tipo de preguntas, pero es más corta y toma menos tiempo terminarla. Generalmente se presenta en el undécimo año de la secundaria y sirve como un instrumento calificador para el National Merit Scholarship Awards Program (Programa Nacional de Becas al Mérito) y es útil para una orientación temprana a la universidad.

programa de transferencia: Generalmente, este programa se encuentra en las universidades que ofrecen carreras de dos y cuatro años que otorgan títulos asociados. Le permite a un estudiante continuar sus estudios en una universidad que ofrece carreras de cuatro años al mantener un criterio establecido al ser aceptado en el programa de dos años. No es necesario obtener un título asociado para transferirse.

programa universitario de grado externo: Programa de estudios por medio del cual un estudiante puede obtener créditos a través del estudio independiente, cursos universitarios, evaluaciones de aptitud, educación a distancia o experiencia personal. Las universidades con programas de grados externos por lo general no tienen campus o salones de clases. Algunas veces se les llama "universidades sin muros".

programas académicos de honor: Ofrecen una experiencia educacional de alta calidad y enriquecedora que a menudo incluye cursos con pocos alumnos, cursos diseñados a medida, tutorías, aprendizaje personalizado enriquecido, investigación práctica y oportunidades para realizar publicaciones. Un grupo de profesores cuidadosamente seleccionados guía a los estudiantes a través de este programa. Los programas académicos de honor son una gran manera de asistir a universidades grandes que ofrecen oportunidades sociales y recreativas mejoradas, mientras recibes una educación equivalente a la de las universidades de la Ivy League a un bajo costo.

puntajes privados: Este término se aplica a los puntajes del PSAT puesto que sólo el estudiante y su consejero vocacional conoce dichos puntajes. No se dan a conocer a las universidades. Es la característica "práctica sin consecuencias" de la prueba.

rango de admisión: El porcentaje de estudiantes aceptados que ingresarán a una universidad como estudiantes de primer año. Dichos estudiantes recibieron una notificación de aceptación formal y deben responder antes del 1º de mayo con su intención de inscribirse. Mientras más competitiva es la universidad, más alto es el porcentaje de aceptación de la oferta de ingreso.

renuncia a revisar recomendaciones: Muchas escuelas secundarias les solicitan a sus estudiantes que firmen un documento en el cual se comprometen a no revisar las cartas de recomendación de sus maestros antes de que se envíen a las universidades a las que están postulando.

requisito de residencia: El término tiene más de un significado. Se puede referir al hecho de que la universidad exija un número específico de cursos que se tomen en el recinto universitario para recibir un título de la universidad o puede significar el tiempo, que por ley, se exige a una persona que resida en el estado para tener derecho a la matrícula de residente en una de las universidades públicas.

reserva: Si un estudiante se registra para presentar el SAT o el ACT en una fecha y no existen vacantes disponibles, el estudiante puede aceptar una posición de reserva, es decir, si llegara a producirse una vacante el día del examen, el estudiante lo podrá presentar. El estudiante debe presentarse en el centro de pruebas y esperar para ver si existe una vacante. Este procedimiento tiene un costo.

Reserve Officers' Training Corps, ROTC (Cuerpo de Entrenamiento de Oficiales de Reserva): Cada rama del ejército patrocina un programa ROTC. A cambio de cierta cantidad de años de servicio activo, los estudiantes pueden tener una educación universitaria pagada por las fuerzas armadas hasta cierto monto.

SAT I: Reasoning Test (Examen de Aptitud Escolástica: Prueba de razonamiento): También conocida como "boards" o "board scores" debido a que la prueba fue desarrollada por el College Board. Esta prueba concentra las habilidades de razonamiento verbal y matemático y se presenta durante el año académico en los centros de examen. El puntaje máximo combinado para ambas secciones es de 1600.

SAT II Subject Tests (Exámenes por materia SAT II): Estas pruebas de temas específicos se presentan el mismo día y en los mismos centros que el SAT I. En los últimos años se ha dado mayor énfasis en estas pruebas no sólo para su uso en las decisiones de ingreso a la universidad, sino también para decisiones de nivelación y exención.

seminario: Clase que tiene un estilo de análisis en grupo más que un formato de cátedra.

Solicitudes universales y comunes de ingreso a la universidad: Estas solicitudes de ingreso a la universidad pueden ahorrar horas de trabajo a los estudiantes. Actualmente, la Common Application (Solicitud común) se acepta en alrededor de 190 universidades independientes, mientras que la Universal Application (Solicitud universal) se usa en alrededor de 1,000. Las universidades que aceptan estas solicitudes estandarizadas le dan la misma importancia que a sus propios formularios de postulación. Los estudiantes completan la información en el formulario estandarizado y luego lo envían a cualquiera de las universidades de la lista que lo aceptan. Algunas universidades enviarán un formulario complementario para que lo complete el postulante, pero la mayoría de las universidades toman sus decisiones basándose únicamente en estos documentos. La Common Application está disponible en disquete o impresa y se puede obtener en el departamento de consejería. La Universal Application se encuentra disponible en Internet.

Student Aid Report, SAR (Informe de Ayuda para el Estudiante): Informe de la revisión del gobierno de la FAFSA del estudiante. El SAR se envía al estudiante y en forma electrónica a las universidades que el estudiante señaló. El SAR no entrega una cifra de dinero real para ayuda financiera, pero indica si el estudiante es elegible.

subespeciliadad: Un área de concentración con menos créditos que una especialidad. La subespecialidad puede estar relacionada con el área de la especialidad o no, por ejemplo, una especialidad en inglés puede tener una subespecialidad en teatro.

Subvenciones/becas: Éstas son concesiones de ayuda financiera generalmente administradas por las oficinas de ayuda financiera de las universidades. Las becas o subvenciones se otorgan de acuerdo a la necesidad o al mérito. La mayoría se basa en la necesidad. Aquellas que se otorgan por mérito se pueden basar en la excelencia académica, liderazgo, voluntariado, habilidad deportiva o talento especial.

tasa de retención: Número y porcentaje de estudiantes que permanecen para cursar el segundo año de universidad.

título asociado: Título otorgado por la universidad después de haber completado satisfactoriamente un programa de estudios a tiempo completo de dos años o lo equivalente a tiempo parcial. Entre los tipos de títulos estan Associate of Arts, A.A. (Título asociado en Humanidades) o Associate of Science, A.S. (Título asociado en Ciencias), generalmente otorgado luego del equivalente a los dos primeros años de un plan de estudios de un programa universitario de cuatro años y Associate in Applied Science, A.A.S. (Título asociado en Ciencias Aplicadas), otorgado luego de terminar un programa de estudios técnicos o vocacional.

título universitario: Este grado se obtiene luego de haber completado satisfactoriamente un programa de estudios a tiempo completo o su equivalente a tiempo parcial en una universidad. Los títulos más comunes son el Bachelor of Arts, B.A. (Licenciatura en Humanidades) y el Bachelor of Science, B.S. (Licenciatura en Ciencias).

visita virtual: Este es el uso de Internet para investigar varias universidades visitando sus sitios Web. Un estudiante puede "recorrer" la universidad, hacer preguntas a través del correo electrónico, leer el periódico universitario y explorar la oferta de cursos y requisitos para las especialidades en Internet. Esto no es equivalente a la visita real.

Horario de planificación universitaria

Pega esta lista de información clave y el horario en tu refrigerador o tablero donde puedas verlo frecuentemente. No lo dejes en el fondo de tu escritorio. Consúltalo a menudo y marca los elementos a medida que los hayas completado. Seguir el horario te ayudará a mantenerte de acuerdo con lo previsto para la universidad.

Información clave para los exámenes:

El código de tu escuela (número de seis dígitos) _____

Códigos de centros de exámenes SAT I/II

Código del centro de exámenes de tu
escuela secundaria _____

Código del centro de exámenes de la
escuela secundaria de segunda opción _____

Código del centro de exámenes de la
escuela secundaria de tercera opción _____

Códigos de centros de exámenes ACT

Código del centro de exámenes de tu
escuela secundaria _____

Código del centro de exámenes de la
escuela secundaria de segunda opción _____

Código del centro de exámenes de la
escuela secundaria de tercera opción _____

Lista de verificación

_____ Recibir mi puntaje del PSAT y el cuadernillo de la prueba, compartir los resultados con mis padres y repasar el examen para ver dónde se necesita mejorar.

_____ Inscribirme para el SAT de mayo o junio. (plazos: mayo _____ junio _____)

Apéndice A

_____ Inscribirme para el SAT II: Subject Tests. (plazo _____)

_____ Inscribirme para presentar los exámenes AP en las siguientes materias con plazos: AP_____/fecha_____; AP_____/fecha_____; AP_____/fecha_____

> Continúa tu programación de exámenes en tu duodécimo año, basándote en el horario analizado con tu consejero. Plazos para:
> SAT I _____ SAT II _____ ACT _____

_____ Inscribirme para el TOEFL, que se aplica para estudiantes de English for Speakers of Other language, ESOL (Inglés para hablantes de otras lenguas) que han estado en Estados Unidos por cuatro años o menos. (plazo _____)

_____ Tratar mi planificación de duodécimo año con mi consejero.

_____ Analizar mi certificado de calificaciones con mi consejero y revisar los requisitos para graduarse.

_____ Para el **1° de abril del undécimo año**, distribuir lo siguiente: tres formularios informales de recomendación de maestros, declaración descriptiva de los padres y referencias de compañeros.

_____ Hacer un seguimiento para asegurarme de que se han completado las recomendaciones informales, la declaración de los padres y las referencias de los compañeros y devolvérselas a mi consejero.

_____ Analizar las opciones de acción o de decisión tempranas con mi consejero antes de comprometerme. Las postulaciones de acción y decisión tempranas, al igual que ciertas solicitudes de universidades estatales de inscripción continua (por ejemplo, University of Florida, University of Michigan, University of Wisconsin y University of North Carolina), deben estar listas para enviarse para el **1° de octubre del duodécimo año de escuela secundaria**.

_____ **Para la primavera del undécimo año,** completar una revisión de los criterios de universidades y reunirme con mi consejero para generar una impresión computacional de posibles universidades.

_____ Compartir la lista de universidades con mis padres o tutores legales y programar una reunión de seguimiento con mi consejero.

_____ Revisar los recursos de información de la universidad que hay disponibles en la oficina de orientación y el centro de medios de comunicación.

_____ Durante el **verano entre el undécimo y duodécimo año**, revisar la Solicitud universal y común, completar las respuestas cortas y las partes de cuadrículas y escribir un borrador de los ensayos (Declaración personal).

_____ Solicitar reacciones de un maestro de inglés, padre, consejero, etc. y revisar y volver a escribir.

_____ Durante el **verano o cerca del otoño del undécimo año**, pedir las solicitudes y catálogos de universidades.

_____ Durante **el final de la primavera y el verano entre el undécimo y duodécimo año**, comenzar las visitas a universidades. Consultar el "College Exploration Packet"(Paquete de Exploración de Universidades), páginas 225 y 226.

_____ Practicar la entrevista. Leer el paquete sobre entrevistas universitarias y ver las entrevistas en cintas de video en el archivo. Consultar el "College Exploration Packet".

_____ **A comienzos del otoño de duodécimo año,** reunirme con los representantes de las universidades que visitan la escuela secundaria. Revisar el tablero de la oficina de orientación y escuchar los anuncios diarios para el horario de visitas que llegan.

_____ Arreglar entrevistas mientras se está en el campus para un recorrido o con un ex-alumno en casa. Enviar una nota de agradecimiento a cada representante universitario.

_____ Hacer mi lista final de universidades.

_____ Enviar recomendaciones formales a mis maestros.

_____ Completar y enviar por correo mis solicitudes con cuotas.

_____ Universidad 1

_____ Universidad 2

_____ Universidad 3

_____ Enviar mis puntajes de SAT I/ACT a las universidades de mi lista final.

_____ Enviar una copia oficial de mi certificado de calificaciones a cada universidad en mi lista final según sus plazos.

_____ Lo más pronto posible después del 1° de enero del duodécimo año, completar mis formularios de Free Application for Federal Student Aid, FAFSA (Solicitud Gratuita de Ayuda Federal para Estudiantes) y Profiles (si lo requieren universidades privadas) y cualquier formulario de ayuda financiera en mi paquete universitario.

IMPORTANTE: Reunirme regularmente con mi consejero vocacional para mantenerlo informado de mi progreso y recibir ayuda con el proceso.

Guía de planificación universitaria

Muchos departamentos de consejería juntan un *College Exploration Packet* (Paquete de Exploración de Universidades) o *College Planning Guide* (Guía de planificación universitaria). Estos paquetes contienen información recopilada por los consejeros vocacionales experimentados para ayudarte a organizar y negociar el proceso de selección universitaria. Los contenidos variarán de universidad en universidad, pero generalmente los paquetes contienen los siguientes elementos:

1. El *College Planning Timetable* (Horario de planificación universitario) (Consulta páginas 221 a 224)

2. Tu certificado de calificaciones de la escuela secundaria

3. El perfil de tu escuela

4. Los criterios generales de ingreso universitario

5. Artículos que describen el proceso de selección de ingreso universitario

6. El ensayo autobiográfico: una serie de preguntas para dar lugar a un autodescubrimiento e identificar tus fortalezas. Esta actividad te ayudará a responder preguntas que puedan surgir durante la entrevista o en las solicitudes de ingreso a la universidad.

7. Hoja de información de estudiantes de duodécimo año: formulario en disquete de computadora o en papel impreso. Completar este formulario te ayudará a clasificar actividades, enumerar la participación deportiva, describir distinciones y resumir los empleos de una manera que se pueda transferir fácilmente a las solicitudes de ingreso a la universidad.

8. Califícate: una muestra de las secciones de clasificación que aparecen en algunas de las solicitudes de ingreso a la universidad. Esta información te muestra los tipos de preguntas que a menudo se le piden a maestros, consejeros vocacionales y administradores.

Apéndice B

9. Cuestionario y Declaración descriptiva de los padres: un formulario. Le permite a los padres entregar conocimientos, de los que no se dispone con facilidad de otras fuentes, sobre su hijo o hija para el consejero vocacional.

10. Referencia de los compañeros: un formulario. A los estudiantes se les solicita que seleccionen un amigo (dentro o fuera de la escuela) que entregue información adicional de manera bien expresada para ayudar al consejero vocacional a escribir las recomendaciones.

11. Solicitud universal o común: una solicitud de muestra. Completando la muestra por adelantado, habrás reunido la información necesaria para completar la mayoría de las solicitudes.

12. Solicitud del Certificado oficial de calificaciones: formulario estándar de muestra del departamento de consejería de manera que sepas qué llenar cuando solicites los certificados de calificaciones

13. Renuncia: formulario para firmar y devolver. Muchas escuelas secundarias solicitan que los estudiantes firmen una renuncia donde se acuerde no pedir ver las recomendaciones.

14. Formularios de recomendación informales y formales en blanco

15. Formularios informales de recomendación de maestros para ser usados por el consejero vocacional

16. Procedimiento para obtener recomendaciones formales de maestros: información que le aconseja a los estudiantes cómo aproximarse a los maestros para obtener recomendaciones y cómo seleccionar a los que las escribirán

17. Escribir tu ensayo para la universidad: varios artículos sobre escribir y resumir ensayos

18. Consejo general acerca de planificar una visita a la universidad

19. Sugerencias para el estudiante para la entrevista de la universidad

20. Criterios de selección de la universidad

21. Lista de universidades: formulario

22. Postales: usar para pedir solicitudes de ingreso a la universidad, catálogos e información de ayuda financiera

23. Solicitudes y cuadernillos de prueba del SAT I/ACT

Notas de visitas a las universidades

Nombre de la universidad: _____

Fecha de la visita:_____

Dirección:_____

Número telefónico de admisión: _____

Correo electrónico:_____

me gusta: no me gusta:

_____   _____

_____   _____

_____   _____

_____   _____

_____   _____

_____   _____

Puntaje(1 a 5, 5 es el mayor)

- Ofertas académicas: _____
    ¿Cómo está estructurado el plan de estudios?
    ¿Cuáles son los programas más excelentes?
    ¿Hay requisitos rígidos?
    ¿Qué tan buenas son las ofertas en mi campo de interés?
- Instalaciones del campus: _____
    ¿Cuál es la apariencia?
    ¿Moderno y accesible?
    ¿Qué instalaciones se mantienen bien?
    ¿Son importantes para ti?
- Ubicación:_____
    ¿Está cerca de casa?
    ¿Es de fácil acceso mediante transporte público?

Apéndice C

- Vida social: _____

  ¿Cuál es el ambiente social general? ¿El ambiente es amistoso con los estudiantes hispanos?

  ¿Tiende a ser de hermandades? ¿Se centra en deportes?

  ¿Está viva intelectual y culturalmente?

- Estudiantado:

  ¿Qué impresión tengo de los estudiantes con quienes me reuní y hablé?

  ¿Son sociables y amistosos?

  ¿Son elitistas y esnobistas? ¿Artistas? ¿Deportistas? ¿Técnicos?

Total: _____

Mi impresión general es:

_____

Información que aún se necesita y con quién hay que comunicarse para ello:

Información   Nombre y departamento del contacto

_____   _____

_____   _____

_____   _____

Una solicitud de muestra para obtener información de universidades

[Coloca tu nombre]

[Coloca la dirección, ciudad, estado y código postal]

[Fecha]

[Nombre del contacto en la Oficina de admisiones, Cargo]
[Nombre de la universidad]
[Ciudad, estado o provincia, código postal]

Dear Mr./Ms. (según quien sea el contacto):

I am very interested in attending your school beginning in [coloca el mes/ año en que quieres comenzar]. Please send me the following information and any other information that you think would be advisable for me to have: [Coloca aquí lo que todavía necesites de la universidad; algunas cosas posibles son:]

- Application form
- Catalog
- Financial aid information
- School newspaper

My intended major is [coloca tu campo de interés]. I attend [coloca el nombre de tu escuela secundaria] in [coloca la ciudad y estado].

My social security number is [coloca el número].
Thank you for your assistance.

[Firma]

[Escribe tu nombre en letra de molde]

Hoja de Trabajo Computacional de Búsqueda de Universidades

Nombre: _____ Fecha de vencimiento: _____

¿En qué tipo de universidad estás interesado?

_____ Universidad

_____ Universidad de artes liberales

_____ Instituto de enseñanza para la comunidad o escuela semisuperior

_____ Universidad de bellas artes

_____ Escuela o instituto técnico

_____ Escuela de comercio

_____ Otra (explicar) _____

_____ Universidad pública

_____ Universidad privada

_____ Cualquiera

Ubicación (marcar una o más)

_____ New England

_____ Sólo en el estado

_____ Sur

_____ Otros países

_____ en la costa oeste

_____ Suburbana

_____ en la zona central del este

_____ Sólo universidades locales

_____ en la región central

_____ Urbana

_____ en los estados de los Grandes Lagos

_____ Rural

Tamaño del campus (número de estudiantes)

_____ Menos de 1,000

_____ Entre 1,000 y 3,000

_____ Entre 3,001 y 7,000

_____ Entre 7,001 y 12,000

_____ Entre 12,001 y 17,000

_____ Más de 17,000

Afiliación religiosa

_____ Judía

_____ Protestante

(Denominación: _____)

_____ Católica romana

_____ Otras

_____ Sin una consideración

Características

_____ Sólo mujeres _____ Mixta _____ Sólo hombres

¿Cuáles posibles especialidades estás considerando?

_____

_____

_____

¿En qué posibles carreras estás interesado?

_____

_____

_____

Puntajes del PSAT: Matemáticas_____ Verbal_____

SAT (1º) _____ SAT (2º)_____

Enumera cualquier interés especial que pudieras desear seguir en la universidad.

Actividades

_____

_____

Deportes (Indica División I, II ó III o competencias dentro de la universidad.)

_____

_____

Hermandades masculinas y femeninas de estudiantes

_____

_____

Programa acelerado (es decir, M.D program (programa de Doctor en Medicina de 7 años)

_____

_____

¿Tienes preocupaciones financieras? S/N_____

Si estás postulando como candidato de herencia, indica el nombre de la universidad, el nombre del pariente (madre, padre, hermana, hermano) que asistió a la universidad y los años que estuvo ahí:

_____

_____

Si hay alguna universidad específica para la que te gustaría tener información computacional disponible, menciónala a continuación.

1._____ 2._____

3._____ 4._____

5._____ 6._____

Instalaciones de residencia (si se aplica)

_____ Alojamiento mixto

_____ Alojamiento de un solo sexo

_____ Sin preferencia

Recursos para estudiantes y padres hispanos

¡ADELANTE! U.S. EDUCATION LEADERSHIP FUND (FONDO PARA LA EDUCACIÓN Y LIDERAZGO DE ESTADOS UNIDOS)

¡Adelante! U.S. Education Leadership Fund

Se creó principalmente para mejorar las cualidades de liderazgo de los beneficiarios para la transición a la educación de posgrado, comercio o empresas de Estados Unidos. La necesidad financiera es un factor determinante para obtener esta beca.

Área académica o profesional Arquitectura.

Ortorgamiento Beca para usarse en el último año de universidad; renovable. *Número:* 20 a 30. *Monto:* $3,000.

Requisitos de elegibilidad El postulante debe ser hispano y estar inscrito o tener planes de inscribirse como estudiante a tiempo completo en una universidad o institución que ofrece carreras de cuatro años. El postulante debe tener un GPA de 3.0 ó superior. Disponible para ciudadanos estadounidenses.

Plazo de solicitud Continuo.

Contacta: Jan Angelini, Executive Director
¡Adelante! U.S. Education Leadership Fund
8415 Datapoint Drive, Suite 400
San Antonio, TX 78229
Teléfono: 210-692-1971
Fax: 210-692-1951
E-mail: jangelini@dcci.com

Apéndice F
*Recursos para estudiantes
y padres hispanos*

ASSOCIATION OF LATINO PROFESSIONALS IN FINANCE AND ACCOUNTING (ASOCIACIÓN PARA PROFESIONALES LATINOS DE FINANZAS Y CONTABILIDAD)

www.alpfa.org

HSF-ALPFA Scholarships (Becas HSF-ALPFA)

Beca única para estudiantes universitarios y graduados latinos que siguen títulos en finanzas, contabilidad y especialidades relacionadas basadas en las necesidades financieras y desempeño académico.

Áreas académicas o profesionales Contabilidad; servicio al consumidor o comercial.

Ortorgamiento Beca para usarse en el primer, segundo, penúltimo, último año de universidad o posgrado; no renovable. *Monto:* $1,250 a $5,000.

Requisitos de elegibilidad El postulante debe ser hispano y debe estar inscrito o tener planes de inscribirse como estudiante a tiempo completo en una universidad o institución que ofrece carreras de dos o cuatro años. El postulante debe tener un GPA de 3.0 ó superior. Disponible para ciudadanos estadounidenses.

Plazo de solicitud 15 de abril.

Contacta: Lisa Lopez, Executive Director
Association of Latino Professionals in Finance and Accounting
510 West Sixth Street, Suite 400
Los Angeles, CA 90014
Teléfono: 213-243-0004
Fax: 213-243-0006
E-mail: scholarships@national.alpfa.org

BECA FOUNDATION, INC.

Alice Newell Joslyn Medical Fund (Fondo Médico Alice Newell Joslyn)

Para estudiantes a tiempo completo que ingresan a una profesión de atención de salud o médica y viven o asisten a la universidad en el condado de San Diego. Se considera la necesidad financiera, determinación escolar y conciencia cultural o comunitaria.

Áreas académicas o profesionales Ciencias médicas o de salud, enfermería, servicios o salud dental, terapia o rehabilitación.

Ortorgamiento Beca para usarse en el primer, segundo, penúltimo, último año de universidad o posgrado; renovable. *Monto:* $1,000 a $2,000.

Requisitos de elegibilidad El postulante debe ser de origen hispano y debe estar inscrito o tener planes de inscribirse como estudiante a tiempo completo en una universidad o institución que ofrece carreras de cuatro años. El postulante debe tener un GPA de 2.5 ó superior. Disponible para ciudadanos estadounidenses.

Plazo de solicitud 1º de marzo.

Contacta: Ana Garcia, Operations Manager
BECA Foundation, Inc.
830 East Grand Avenue, Suite B
Escondido, CA 92025
Teléfono: 760-741-8246

Daniel Gutierrez Memorial General Scholarship Fund (Fondo de Beca en Memoria del General Daniel Gutierrez)

Para estudiantes latinos a tiempo completo del condado de San Diego. Se considera la necesidad financiera, determinación escolar y conciencia cultural o comunitaria.

Ortorgamiento Beca para usarse en el primer año de universidad, no renovable. *Monto:* $500 a $1,000.

Requisitos de elegibilidad El postulante debe ser de origen hispano, estudiante de escuela secundaria y debe tener planes de inscribirse o espera inscribirse a tiempo completo en una institución o universidad que ofrece carreras de cuatro años y que es residente del estado de California. El postulante debe tener un GPA de 2.5 ó superior. Disponible para ciudadanos estadounidenses.

Plazo de solicitud 1º de marzo.

Contacta: Ana Garcia, Operations Manager
BECA Foundation, Inc.
830 East Grand Avenue, Suite B
Escondido, CA 92025
Teléfono: 760-741-8246

Apéndice F
*Recursos para estudiantes
y padres hispanos*

General Scholarship Fund (Fondo de Beca General)

Para estudiantes latinos a tiempo completo del condado de North San Diego. Se considera la necesidad financiera, determinación escolar y conciencia cultural o comunitaria.

Ortorgamiento Beca para usarse en el primer año de universidad, no renovable. *Monto:* $500 a $1,000.

Requisitos de elegibilidad El postulante debe ser de origen hispano, estudiante de escuela secundaria y debe tener planes de inscribirse o espera inscribirse a tiempo completo en una institución o universidad que ofrece carreras de cuatro años y que es residente del estado de California. El postulante debe tener un GPA de 2.5 ó superior. Disponible para ciudadanos estadounidenses.

Plazo de solicitud 1º de marzo.

Contacta: Ana Garcia, Operations Manager
BECA Foundation, Inc.
830 East Grand Avenue, Suite B
Escondido, CA 92025
Teléfono: 760-741-8246

CALIFORNIA CHICANO NEWS MEDIA ASSOCIATION, CCNMA (ASOCIACIÓN DE PERIODISTAS MEXICANO-AMERICANOS DE CALIFORNIA)

www.ccnma.org

Joel Garcia Memorial Scholarship (Beca en Memoria de Joel Garcia)

Para latinos interesados en continuar una carrera en periodismo. Becas basadas en logros escolares, necesidades financieras y conciencia comunitaria.

Áreas académicas o profesionales Comunicaciones, periodismo, periodismo fotográfico, transmisión de radio o televisión.

Ortorgamiento Beca para usarse en el primer, segundo, penúltimo, último año de universidad o posgrado; no renovable. *Número:* 10 a 20. *Monto:* $500 a $2,000.

Requisitos de elegibilidad El postulante debe ser de origen latinoamericano o caribeño, hispano, inscrito o tener planes de inscribirse a tiempo completo en una institución o universidad que ofrece carreras de dos o cuatro años, residente y estudiante del estado de California. Disponible para ciudadanos estadounidenses y para aquellos que no son ciudadanos estadounidenses.

Plazo de solicitud Primer viernes de abril.

Contacta: Julio Moran, Executive Director
California Chicano News Media Association (CCNMA)
USC Annenberg School of Journalism
3800 South Figueroa Street
Los Angeles, CA 90037-1206
Teléfono: 213-743-4960
Fax: 213-743-4989
E-mail: ccnmainfo@ccnma.org

CHICANA/LATINA FOUNDATION (FUNDACIÓN MEXICANA-AMERICANA/LATINA)

www.chicanalatina.org

Scholarships for Latina Students (Becas para Estudiantes Latinas)

Para estudiantes latinas inscritas en universidades o institutos que ofrecen carreras de dos o cuatro años o niveles de graduados. Las postulantes deben ser de uno de los nueve condados de Northern California.

Ortorgamiento Beca para usarse en el primer, segundo, penúltimo, último año de universidad o posgrado; no renovable. *Número:* 15 a 20. *Monto:* $1,500.

Requisitos de elegibilidad La postulante debe ser hispana, debe estar inscrita o tener planes de inscribirse como estudiante a tiempo completo en una universidad o institución que ofrece carreras de dos o cuatro años, ser mujer y ser residente del estado de California. La postulante debe tener un GPA de 2.5 ó superior. Disponible para ciudadanas estadounidenses y para aquellas que no son ciudadanas estadounidenses.

Plazo de solicitud Marzo de cada año.

Apéndice F
*Recursos para estudiantes
y padres hispanos*

Contacta: Olga Talamante, Executive Director
Chicana/Latina Foundation
1419 Burlingame Avenue, Suite N
Burlingame, CA 94044
Teléfono: 650-373-1083
Fax: 650-373-1090
E-mail: olgapacifica@yahoo.com

CONGRESSIONAL HISPANIC CAUCUS INSTITUTE (INSTITUTO DEL GRUPO HISPANO DEL CONGRESO)

www.chciyouth.org

Congressional Hispanic Caucus Institute Scholarship Awards (Becas del Instituto del Grupo Hispano del Congreso)

Beca única para estudiantes latinos que tengan una historia de actividades orientadas al servicio público. $5,000 por asistir a una universidad que ofrece carreras de cuatro años o a una institución de nivel de graduado; $1,500 por asistir a un instituto de enseñanza para la comunidad que ofrece carreras de dos años.

Ortorgamiento Beca para usarse en el primer, segundo, penúltimo, último año de universidad o posgrado; no renovable. *Monto:* $1,500 a $5,000.

Requisitos de elegibilidad El postulante debe ser hispano y debe estar inscrito o tener planes de inscribirse como estudiante a tiempo completo en una universidad o institución que ofrece carreras de dos o cuatro años.

Plazo de solicitud 15 de abril.

Contacta: CHCI Scholarship Awards
Congressional Hispanic Caucus Institute
504 C Street NE
Washington, D.C. 20002
Teléfono: 202-543-1771

Apéndice F
*Recursos para estudiantes
y padres hispanos*

EAST LOS ANGELES COMMUNITY UNION (TELACU) EDUCATION FOUNDATION (FUNDACIÓN EDUCACIONAL DE LA UNIÓN DE LA COMUNIDAD DEL ESTE DE LOS ANGELES)

TELACU Engineering Award (Beca de Ingeniería de TELACU)

Becas disponibles para postulantes de bajos ingresos de Greater East Side de Los Angeles. Debe ser residente de una de las siguientes comunidades: East Los Angeles, Bell Gardens, Commerce, Huntington Park, Montebello, Monterey Park, Pico Rivera, Santa Ana, South Gate y ciudad de Los Angeles. Debe ser la primera generación de su familia en obtener un título universitario. Debe tener un registro de servicio de asistencia a la comunidad.

Áreas académicas o profesionales Ciencias de la computación o procesamiento de datos, ingeniería eléctrica o electrónica, ingeniería mecánica, ingeniería o tecnología, ingeniería química, tecnologías relacionadas con la ingeniería.

Ortorgamiento Beca para usarse en el segundo, penúltimo o último año de universidad; no renovable. *Número:* 1 a 3. *Monto:* $2,500 a $5,000.

Requisitos de elegibilidad El postulante debe ser de origen hispano, estar inscrito o tener planes de inscribirse a tiempo completo en una institución o universidad que ofrece carreras de cuatro años y ser residente del estado de California. El postulante debe tener un GPA de 3.0 ó superior y haber completado 12 o más créditos de los estudios de ingeniería. Disponible para ciudadanos estadounidenses o residentes permanentes.

Plazo de solicitud 5 de abril.

Contacta: Mr. Michael A. Alvarado, Director
East Los Angeles Community Union (TELACU)
Education Foundation
5400 East Olympic Boulevard, #300
Los Angeles, CA 90022
Teléfono: 323-721-1655 Ext. 403
Fax: 323-724-3372
E-mail: malvarado@telacu.com

Apéndice F
*Recursos para estudiantes
y padres hispanos*

ESPERANZA, INC.

www.esperanzainc.com

Esperanza Scholarships (Becas Esperanza)

Es una beca anual válida exclusivamente para matrícula a tiempo completo o libros en una universidad acreditada. Los beneficiarios son elegibles para postular en forma anual hasta que hayan completado su plan de estudios.

Ortorgamiento Beca para usarse en el primer, segundo, penúltimo, último año de universidad o posgrado; no renovable. *Número:* 45 a 60. *Monto:* $500 a $1,500.

Requisitos de elegibilidad El postulante debe ser de origen hispano, debe estar inscrito o tener planes de inscribirse como estudiante a tiempo completo en una universidad o institución que ofrece carreras de dos o cuatro años y ser residente del estado de Ohio. El postulante debe tener un GPA de 2.5 ó superior. Disponible para ciudadanos estadounidenses y para aquellos que no son ciudadanos estadounidenses.

Plazo de solicitud 1º de marzo.

Contacta: Olga Ferrer, Office Assistant
Esperanza, Inc.
4115 Bridge Avenue
Room 108
Cleveland, OH 44113
Teléfono: 216-651-7178
Fax: 216-651-7183
E-mail: hope4ed@aol.com

DEPARTAMENTO DE EDUCACIÓN DE FLORIDA

www.floridastudentfinancialaid.org

Jose Marti Scholarship Challenge Grant Fund (Fondo para Subvención de Beca José Marti)

Para estudiantes hispanoamericanos que hayan nacido o que sus padres hayan nacido en un país hispano. Debe ser ciudadano estadounidense o no ciudadano elegible. Beca renovable de $2,000.

Ortorgamiento Beca para usarse en primer año de universidad o posgrado, renovable. *Número:* 75. *Monto:* $2,000.

Apéndice F
*Recursos para estudiantes
y padres hispanos*

Requisitos de elegibilidad El postulante debe ser hispano, debe estar inscrito o tener planes de inscribirse como estudiante a tiempo completo en una universidad o institución que ofrece carreras de dos o cuatro años, ser residente y estudiar en el estado de Florida. El postulante debe tener un GPA de 3.0 ó superior. Disponible para ciudadanos estadounidenses.

Plazo de solicitud 1º de abril. La FAFSA debe ser procesada para el 15 de mayo.

Contacta: Scholarship Information
Florida Department of Education
Office of Student Financial Assistance
1940 North Monroe, Suite 70
Tallahassee, FL 32303-4759
Teléfono: 888-827-2004
E-mail: osfa@fldoe.org

HISPANIC ALLIANCE CAREER ENHANCEMENT (MEJORA PROFESIONAL DE LA ALIANZA HISPANA)

www.hace-usa.org

Hispanic Alliance for Career Enhancement National Scholarship Program (Programa de Beca Nacional para la Alianza Hispana para la Mejora Profesional)

Proporciona ayuda financiera para fomentar la inscripción en y la graduación de la universidad por parte de profesionales hispanos jóvenes.

Ortorgamiento Beca para usarse en el primer, segundo, penúltimo o último año de universidad; no renovable. *Número:* 1 a 10. *Monto:* $500 a $1,000.

Requisitos de elegibilidad El postulante debe ser hispano y estar inscrito o tener planes de inscribirse como estudiante a tiempo completo o parcial en una universidad o institución que ofrece carreras de cuatro años. El postulante debe tener un GPA de 3.0 ó superior. Disponible para ciudadanos estadounidenses.

Plazo de solicitud 31 de marzo.

Apéndice F
*Recursos para estudiantes
y padres hispanos*

Contacta: Griselda Garibay, Program Officer
Hispanic Alliance Career Enhancement
25 East Washington Street, Suite 1500
Chicago, IL 60602
Teléfono: 312-435-0498
Fax: 312-435-1494
E-mail: griselda@hace-usa.org

HISPANIC COLLEGE FUND, INC. (FONDO UNIVERSITARIO HISPANO)

www.hispanicfund.org

Allfirst/Hispanic College Fund Scholarship Program (Programa de Fondo de Becas Universitarias Hispanas/Allfirst)

Beca única para estudiantes universitarios a tiempo completo de origen hispano que buscan continuar un título en negocios, contabilidad, economía o finanzas. Los estudiantes elegibles que hayan postulado al Fondo de Becas Universitarias no necesitan volver a postular.

Áreas académicas o profesionales Contabilidad, ciencias de la computación o procesamiento de datos, economía, ingeniería o tecnología, servicios de negocios o al consumidor, tecnologías relacionadas con la ingeniería.

Ortorgamiento Beca para usarse en el primer, segundo, penúltimo o último año de universidad; no renovable. *Número:* 5 a 10. *Monto:* $1,000 a $5,000.

Requisitos de elegibilidad El postulante debe ser de origen hispano, latinoamericano o caribeño, mexicano, nicaragüense o español y estar inscrito o tener planes de inscribirse como estudiante a tiempo completo en una universidad o institución que ofrezca carreras de dos o cuatro años y que sea residente de Maryland, Pennsylvania o Virginia. El postulante debe tener un GPA de 3.0 ó superior. Disponible para ciudadanos estadounidenses.

Plazo de solicitud 15 de abril.

Apéndice F
*Recursos para estudiantes
y padres hispanos*

Contacta: Stina Augustsson, Program Manager
Hispanic College Fund, Inc.
1717 Pennsylvania Avenue, NW, Suite 460
Washington, D.C. 20006
Teléfono: 202-296-5400
Fax: 202-296-3774
E-mail: hispaniccollegefund@earthlink.net

***Burlington Northern Santa Fe Foundation/Hispanic College Fund
Scholarship Program (Programa de Fondo de Becas Universitarias
Hispanas/Fundación Burlington Northern Santa Fe)***

Becas para estudiantes que persiguen un título universitario en
contabilidad, economía, finanzas, ingeniería, marketing o una
especialidad relacionada, sistemas de información.

Áreas académicas o profesionales Contabilidad, ingeniería o
tecnología, servicios de negocios o al consumidor.

Ortorgamiento Beca para usarse en el primer año de universidad, no
renovable. *Número:* 10. *Monto:* $500 a $2,500.

Requisitos de elegibilidad El postulante debe ser hispano,
estudiante de escuela secundaria, debe tener planes de inscribirse o
espera inscribirse en una institución o universidad y que sea residente
del estado de Arizona, California, Colorado, Illinois, Missouri, New
Mexico o Texas. Disponible para ciudadanos estadounidenses.

Plazo de solicitud 15 de abril.

Contacta: Stina Augustsson, Program Manager
Hispanic College Fund, Inc.
1717 Pennsylvania Avenue, NW, Suite 460
Washington, D.C. 20006
Teléfono: 202-296-5400
Fax: 202-296-3774
E-mail: hispaniccollegefund@earthlink.net

Apéndice F
*Recursos para estudiantes
y padres hispanos*

Denny's/Hispanic College Fund Scholarship (Becas del Fondo Universitario Hispano de Denny)

Beca única abierta para los estudiantes universitarios a tiempo completo de origen hispano que continúan un título en negocios o una especialidad relacionada con negocios. Los estudiantes elegibles que hayan postulado al Fondo de Becas Universitarias no necesitan volver a postular.

Áreas académicas o profesionales Administración hospitalaria, artes gráficas, arquitectura, ciencia de la computación o procesamiento de datos, comunicaciones, contabilidad, economía, ingeniería eléctrica o electrónica, ingeniería o tecnología, ingeniería química, servicios de negocios o al consumidor, tecnologías relacionadas con la ingeniería.

Ortorgamiento Beca para usarse en el primer, segundo, penúltimo o último año de universidad; no renovable. *Número:* 80 a 100. *Monto:* $1,000.

Requisitos de elegibilidad El postulante debe ser hispano y debe estar inscrito o tener planes de inscribirse como estudiante a tiempo completo en una universidad o institución que ofrece carreras de dos o cuatro años. Disponible para ciudadanos estadounidenses.

Plazo de solicitud 15 de abril.

Contacta: Stina Augustsson, Program Manager
Hispanic College Fund, Inc.
1717 Pennsylvania Avenue, NW, Suite 460
Washington, D.C. 20006
Teléfono: 202-296-5400
Fax: 202-296-3774
E-mail: hispaniccollegefund@earthlink.net

First in My Family Scholarship Program (Programa de Beca El Primero en Mi Familia)

Beca única para estudiantes universitarios a tiempo completo de origen hispano que buscan continuar un título en una especialidad relacionada con la tecnología o negocios. Los estudiantes elegibles que hayan postulado al Fondo de Becas Universitarias no necesitan volver a postular. Debe ser el primero en su familia en asistir a la universidad.

Apéndice F
*Recursos para estudiantes
y padres hispanos*

Áreas académicas o profesionales Administración hospitalaria, agroindustria, artes gráficas, ciencia de la computación o procesamiento de datos, comunicaciones, dibujo, economía, ingeniería eléctrica o electrónica, ingeniería o tecnología, ingeniería química, servicios de negocios o al consumidor, tecnologías relacionadas con la ingeniería.

Ortorgamiento Beca para usarse en el primer, segundo, penúltimo o último año de universidad; no renovable. *Número:* 30 a 60. *Monto:* $1,000 a $5,000.

Requisitos de elegibilidad El postulante debe ser de origen hispano, latinoamericano o caribeño, mexicano, nicaragüense o español y estar inscrito o tener planes de inscribirse como estudiante a tiempo completo en una universidad o institución que ofrece carreras de dos o cuatro años. El postulante debe tener un GPA de 3.0 ó superior. Disponible para ciudadanos estadounidenses.

Plazo de solicitud 15 de abril.

Contacta: Stina Augustsson, Program Manager
Hispanic College Fund, Inc.
1717 Pennsylvania Avenue, NW, Suite 460
Washington, D.C. 20006
Teléfono: 202-296-5400
Fax: 202-296-3774
E-mail: hispaniccollegefund@earthlink.net

Hispanic College Fund Scholarship Program (Programa de Fondo de Becas Universitarias Hispanas)

Para estudiantes a tiempo completo de origen hispano que hayan demostrado excelencia académica, aptitudes de liderazgo y necesidades financieras para continuar un título universitario en un campo relacionado con negocios o tecnología.

Áreas académicas o profesionales Administración hospitalaria, agroindustria, artes gráficas, ciencia de la computación o procesamiento de datos, comunicaciones, dibujo, economía, ingeniería eléctrica o electrónica, ingeniería o tecnología, ingeniería química, servicios de negocios o al consumidor, tecnologías relacionadas con la ingeniería.

Apéndice F
*Recursos para estudiantes
y padres hispanos*

Ortorgamiento Beca para usarse en el primer, segundo, penúltimo o último año de universidad; no renovable. *Número:* 400 a 600. *Monto:* $1,000 a $5,000.

Requisitos de elegibilidad El postulante debe ser de origen hispano, latinoamericano o caribeño, mexicano, nicaragüense o español y estar inscrito o tener planes de inscribirse como estudiante a tiempo completo en una universidad o institución que ofrece carreras de dos o cuatro años. El postulante debe tener un GPA de 3.0 ó superior. Disponible para ciudadanos estadounidenses.

Plazo de solicitud 15 de abril.

Contacta: Stina Augustsson, Program Manager
Hispanic College Fund, Inc.
1717 Pennsylvania Avenue, NW, Suite 460
Washington, D.C. 20006
Teléfono: 202-296-5400
Fax: 202-296-3774
E-mail: hispaniccollegefund@earthlink.net

***Hispanic College Fund/INROADS/Sprint Scholarship Program
(Programa de Fondo de Becas Universitarias
Hispanas/INROADS/Sprint)***

Beca única para estudiantes universitarios de origen hispano que buscan continuar un título en una especialidad relacionada con la tecnología o negocios. Los beneficiarios participarán en una Capacitación de desarrollo de liderazgo INROADS mientras se recluye en Sprint durante el verano.

Áreas académicas o profesionales Ciencias de la computación o procesamiento de datos, comunicaciones, economía, ingeniería eléctrica o electrónica, ingeniería mecánica, ingeniería o tecnólogo, servicios de negocios o al consumidor, tecnologías relacionadas con la ingeniería.

Ortorgamiento Beca para usarse en el primer, segundo, penúltimo o último año de universidad; no renovable. *Número:* 10 a 20. *Monto:* $1,000 a $5,000.

Requisitos de elegibilidad El postulante debe ser de origen hispano, latinoamericano o caribeño, mexicano, nicaragüense o español y estar inscrito o tener planes de inscribirse como estudiante a tiempo completo en una universidad o institución que ofrece carreras de dos o cuatro años. El postulante debe tener un GPA de 3.0 ó superior. Disponible para ciudadanos estadounidenses.

Plazo de solicitud 15 de abril.

Contacta: Stina Augustsson, Program Manager
Hispanic College Fund, Inc.
1717 Pennsylvania Avenue, NW, Suite 460
Washington, D.C. 20006
Teléfono: 202-296-5400
Fax: 202-296-3774
E-mail: hispaniccollegefund@earthlink.net

National Hispanic Explorers Scholarship Program (Programa Nacional de Becas de Exploradores Hispanos)

Beca única para estudiantes universitarios a tiempo completo de origen hispano que buscan continuar un título en ciencias, matemáticas, ingeniería o una especialidad relacionada con la NASA.

Áreas académicas o profesionales Aviación o aeroespacial, biología, ciencia alimentaria o nutrición, ciencias aplicadas, ciencias de la computación o procesamiento de datos, ciencia de los materiales, ciencia nuclear, comunicaciones, geología, ingeniería civil, ingeniería eléctrica o electrónica, ingeniería mecánica, ingeniería o tecnología, ingeniería química, ingeniería y metalurgia, tecnología relacionada con la ingeniería.

Ortorgamiento Beca para usarse en el primer, segundo, penúltimo o último año de universidad; no renovable. *Número:* 125 a 150. *Monto:* $2,000 a $3,000.

Requisitos de elegibilidad El postulante debe ser hispano y debe estar inscrito o tener planes de inscribirse como estudiante a tiempo completo en una universidad o institución que ofrece carreras de dos o cuatro años. El postulante debe tener un GPA de 3.0 ó superior. Disponible para ciudadanos estadounidenses y para aquellos que no son ciudadanos canadienses.

Apéndice F
*Recursos para estudiantes
y padres hispanos*

Plazo de solicitud 15 de abril.

Contacta: Stina Augustsson, Program Manager
Hispanic College Fund, Inc.
1717 Pennsylvania Avenue, NW, Suite 460
Washington, D.C. 20006
Teléfono: 202-296-5400
Fax: 202-296-3774
E-mail: hispaniccollegefund@earthlink.net

HISPANIC DENTAL ASSOCIATION (ASOCIACIÓN DENTAL HISPANA)

www.hdassoc.org

*Dr. Juan D.Villarreal/Hispanic Dental Association Foundation
(Fundación Asociación Dental Hispana/Dr. Juan D. Villarreal)*

Beca ofrecida a los estudiantes estadounidenses hispanos que hayan sido aceptados o que estén actualmente inscritos en un programa dental o de higiene dental acreditado en el estado de Texas. El otorgamiento de estas becas obligará al beneficiario a completar su año actual del programa dental o de higiene dental. Se considerarán los logros escolares, aptitudes de liderazgo, servicio de asistencia a la comunidad y compromiso para mejorar la salud de la comunidad hispana.

Área académica o profesional Servicios o salud dental.

Ortorgamiento Beca para usarse en el primer, segundo, penúltimo o último año de universidad; no renovable. *Monto:* $500 a $1,000.

Requisitos de elegibilidad El postulante debe ser de origen hispano, debe estar inscrito o tener planes de inscribirse como estudiante a tiempo completo en una universidad o institución que ofrece carreras de dos o cuatro años, ser residente y estudiar en el estado de Texas. Disponible para ciudadanos estadounidenses.

Plazo de solicitud El 1º de julio para los estudiantes dentales y el 15 de julio para los estudiantes de higiene dental.

Apéndice F
Recursos para estudiantes
y padres hispanos

Contacta: Liz Valdivia, Office Manager
Hispanic Dental Association
188 West Randolph Street, Suite 415
Chicago, IL 60601
Teléfono: 312-577-4013
Fax: 312-577-0052
E-mail: lizvaldivia-hda@qwest.net

HISPANIC ENGINEER NATIONAL ACHIEVEMENT AWARDS CORPORATION, HENAAC (SOCIEDAD NACIONAL AL LOGRO DE INGENIERÍA HISPANA)

www.henaac.org

Hispanic Engineer National Achievement Awards Corporation Scholarship Program (Programa de Becas de la Sociedad Nacional al Logro de Ingeniería Hispana)

Becas disponibles para los estudiantes hispanos estudiando en un campo relacionado con la ingeniería o ciencias.

Áreas académicas o profesionales Aviación o aeroespacial, biología, ciencias de la computación o procesamiento de datos, ciencia de los materiales, ciencia nuclear, ingeniería civil, ingeniería eléctrica o electrónica, ingeniería mecánica, ingeniería o tecnología, ingeniería química, ingeniería y metalurgia.

Ortorgamiento Beca para usarse en el primer, segundo, penúltimo, último año de universidad o posgrado; no renovable. *Número:* 12 a 20. *Monto:* $2,000 a $5,000.

Requisitos de elegibilidad El postulante debe ser de origen hispano y estar inscrito o tener planes de inscribirse como estudiante a tiempo completo en una universidad o institución que ofrece carreras de cuatro años. El postulante debe tener un GPA de 3.0 ó superior. Disponible para ciudadanos estadounidenses y canadienses.

Plazo de solicitud 21 de abril.

Contacta: Solicitud disponible en el sitio Web

Apéndice F
*Recursos para estudiantes
y padres hispanos*

HISPANIC HERITAGE FOUNDATION AWARDS (BECA FUNDACIÓN DE ORIGEN HISPANO)

www.hispanicheritageawards.org

HHAF Chase and MasterCard Academic Excellence Youth Award (Beca para Jóvenes a la Excelencia Académica MasterCard y Chase de HHAF)

La subvención educacional se otorga a dos estudiantes hispanos en cada una de las doce regiones para aquellos que demuestren excelencia académica. Un estudiante recibirá $2,000 y el otro recibirá $1,000. Un ganador nacional recibirá una subvención educacional de $5,000 del grupo de ganadores regionales.

Ortorgamiento Subvención para usarse en el primer año de universidad, no renovable. *Número: 25. Monto:* $1,000 a $5,000.

Requisitos de elegibilidad El postulante debe ser de origen hispano, estudiante de escuela secundaria y debe tener planes de inscribirse o espera inscribirse en una institución o universidad. Disponible para ciudadanos estadounidenses.

Plazo de solicitud 6 de marzo.

Contacta: Solicitud disponible en el sitio Web

HHAF Dr. Pepper Leadership and Community Service Youth Award (Beca para Jóvenes de Servicio de Asistencia a la Comunidad y Liderazgo Dr. Pepper de HHAF)

Subvenciones educacionales que se otorgan a estudiantes hispanos en cada una de las doce regiones para aquellos que mostraron un interés en liderazgo, servicio de asistencia a la comunidad y excelencia académica en general. Un estudiante recibirá $2,000 y el otro recibirá $1,000. Un ganador nacional recibirá una subvención educacional de $5,000 del grupo de ganadores regionales.

Ortorgamiento Subvención para usarse en el primer año de universidad, no renovable. *Número: 25. Monto:* $1,000 a $5,000.

Requisitos de elegibilidad El postulante debe ser de origen hispano, estudiante de escuela secundaria y debe tener planes de inscribirse o espera inscribirse en una institución o universidad. Disponible para ciudadanos estadounidenses.

Apéndice F
*Recursos para estudiantes
y padres hispanos*

Plazo de solicitud 6 de marzo.

Contacta: Solicitud disponible en el sitio Web

HHAF Exxon Mobil Mathematics Youth Award (Beca de Matemáticas para Jóvenes de HHAF)

Subvenciones educacionales que se otorgan a estudiantes hispanos en cada una de las doce regiones para aquellos que mostraron un interés en matemáticas y excelencia académica en general. Un estudiante recibirá $2,000 y el otro recibirá $1,000. Un ganador nacional recibirá una subvención educacional de $5,000 del grupo de ganadores regionales.

Ortorgamiento Subvención para usarse en el primer año de universidad, no renovable. *Número: 25. Monto:* $1,000 a $5,000.

Requisitos de elegibilidad El postulante debe ser de origen hispano, estudiante de escuela secundaria y debe tener planes de inscribirse o espera inscribirse en una institución o universidad. Disponible para ciudadanos estadounidenses.

Plazo de solicitud 6 de marzo.

Contacta: Solicitud disponible en el sitio Web

HHAF Glaxo Smith Kline Health and Science Youth Award (Beca de Salud y Ciencias para Jóvenes de Glaxo Smith Kline de HHAF)

Subvenciones educacionales que se otorgan a estudiantes hispanos en cada una de las doce regiones para aquellos que mostraron un interés en salud y ciencias y excelencia académica en general. Un estudiante recibirá $2,000 y el otro recibirá $1,000. Un ganador nacional recibirá una subvención educacional de $5,000 del grupo de ganadores regionales.

Ortorgamiento Subvención para usarse en el primer año de universidad, no renovable. *Número: 25. Monto:* $1,000 a $5,000.

Requisitos de elegibilidad El postulante debe ser de origen hispano, estudiante de escuela secundaria y debe tener planes de inscribirse o espera inscribirse en una institución o universidad. Disponible para ciudadanos estadounidenses.

Plazo de solicitud 6 de marzo.

Contacta: Solicitud disponible en el sitio Web

Apéndice F
*Recursos para estudiantes
y padres hispanos*

HHAF NBC Journalism Youth Award (Beca de Periodismo para Jóvenes de la NBC de HHAF)

Subvenciones educacionales que se otorgan a estudiantes hispanos en cada una de las doce regiones para aquellos que mostraron un interés en periodismo y excelencia académica en general. Un estudiante recibirá $2,000 y el otro recibirá $1,000. Un ganador nacional recibirá una subvención educacional de $5,000 del grupo de ganadores regionales.

Ortorgamiento Subvención para usarse en el primer año de universidad, no renovable. *Número: 25. Monto:* $1,000 a $5,000.

Requisitos de elegibilidad El postulante debe ser de origen hispano, estudiante de escuela secundaria y debe tener planes de inscribirse o espera inscribirse en una institución o universidad. Disponible para ciudadanos estadounidenses.

Plazo de solicitud 6 de marzo.

Contacta: Solicitud disponible en el sitio Web

HHAF Sports Youth Award (Beca de Deportes para Jóvenes de HHAF)

Subvenciones educacionales que se otorgan a estudiantes hispanos en cada una de las doce regiones para aquellos que mostraron un interés en deportes y excelencia académica en general. Un estudiante recibirá $2,000 y el otro recibirá $1,000. Un ganador nacional recibirá una subvención educacional de $5,000 del grupo de ganadores regionales.

Ortorgamiento Subvención para usarse en el primer año de universidad, no renovable. *Número: 25. Monto:* $1,000 a $5,000.

Requisitos de elegibilidad El postulante debe ser de origen hispano, estudiante de escuela secundaria y debe tener planes de inscribirse o espera inscribirse en una institución o universidad. Disponible para ciudadanos estadounidenses.

Plazo de solicitud 6 de marzo.

Contacta: Solicitud disponible en el sitio Web

Apéndice F
*Recursos para estudiantes
y padres hispanos*

HISPANIC OUTLOOK IN HIGHER EDUCATION MAGAZINE (REVISTA DE LA PERSPECTIVA HISPANA SOBRE LA EDUCACIÓN SUPERIOR)

www.hispanicoutlook.com

Hispanic Outlook in Higher Education Scholarship Award (Beca de la Perspectiva Hispana sobre la Educación Superior)

Beca de $1,000 renovable para estudiantes de último año de secundaria que estén a punto de graduarse que ingresan a una universidad en una lista de selección anual de Hispanic Outlook Magazine en noviembre.

Ortorgamiento Beca para usarse en el primer, segundo, penúltimo o último año de universidad; renovable. *Monto:* $1,000.

Requisitos de elegibilidad El postulante debe ser de origen hispano, estudiante de escuela secundaria y debe tener planes de inscribirse o espera inscribirse a tiempo completo en una institución o universidad que ofrece carreras de dos o cuatro años. El postulante debe tener un GPA de 3.5 ó superior. Disponible para ciudadanos estadounidenses.

Plazo de solicitud 1º de mayo.

Contacta: Director
Hispanic Outlook in Higher Education Magazine
P.O. Box 68
Paramus, NJ 07652

HISPANIC PUBLIC RELATIONS ASSOCIATION (ASOCIACIÓN HISPANA DE RELACIONES PÚBLICAS)

www.hprala.org

Programa de becas

Beca abierta para estudiantes de penúltimo y último año de universidad del estado de California de origen hispano. Se le da preferencia a estudiantes de una especialidad en relaciones públicas, pero también se considerará a estudiantes con estudios en comunicación, periodismo, publicidad o marketing. Se invita a postular a estudiantes de especialidad en otras disciplinas que deseen trabajar en la industria de relaciones públicas.

Ortorgamiento Beca para usarse en el penúltimo o último año de universidad. *Número:* 10. *Monto:* $1,000.

Apéndice F
*Recursos para estudiantes
y padres hispanos*

Requisitos de elegibilidad El postulante debe ser hispano, estar inscrito o tener planes de inscribirse en una institución o universidad que ofrece carreras de cuatro años y estudiar en el estado de California. Debe tener un GPA de al menos 2.7 y un GPA de 3.0 en su materia de especialidad.

Plazo de solicitud 30 de mayo.

Contacta: Scholarship Committee
Hispanic Public Relations Association
660 South Figueroa Street, Suite 1140
Los Angeles, CA 90017

HISPANIC SCHOLARSHIP FUND (FONDO DE BECAS HISPANAS)

www.hsf.net

Programa de becas universitarias

Becas basadas en el mérito disponibles para estudiantes universitarios a tiempo completo o graduados de origen hispano. Los postulantes deben tener 12 unidades universitarias con un GPA mínimo de 2.7 antes de postular.

Ortorgamiento Beca para usarse en el segundo, penúltimo, último año de universidad o años de posgrado; no renovable. *Número:* 2,900 a 3,500. *Monto:* $1,000 a $3,000.

Requisitos de elegibilidad El postulante debe ser de origen latinoamericano o caribeño, mexicano o español, hispano y estar inscrito o tener planes de inscribirse como estudiante a tiempo completo en una universidad o institución que ofrece carreras de dos o cuatro años. Disponible para ciudadanos estadounidenses o residentes permanentes.

Plazo de solicitud 15 de octubre.

Contacta: Art Taylor, Program Officer-College Scholarship
Hispanic Scholarship Fund
55 Second Street, Suite 1500
San Francisco, CA 94105
Teléfono: 415-808-2300
Fax: 415-808-2301
E-mail: info@hsf.net

Apéndice F
*Recursos para estudiantes
y padres hispanos*

*Community College Transfer Programs (Programas de
Transferencia de Institutos de Enseñanza para la Comunidad)*

Disponible para estudiantes de institutos de enseñanza para la
comunidad que se transfieran a tiempo completo a una institución
que imparte carreras de cuatro años en el otoño del siguiente año.

Ortorgamiento Beca para usarse en el primer año o segundo año de
universidad, no renovable. *Monto:* $1,500 a $2,500.

Requisitos de elegibilidad El postulante debe ser de origen hispano
y debe estar inscrito o tener planes de inscribirse a tiempo completo
en una institución que ofrece carreras de dos años. El postulante debe
tener un GPA de 3.0 ó superior. Disponible para ciudadanos
estadounidenses y para aquellos que no son ciudadanos canadienses.

Plazo de solicitud 15 de febrero.

Contacta: Rita d'Escoto, Program Assistant
Hispanic Scholarship Fund
55 Second Street, Suite 1500
San Francisco, CA 94105
Teléfono: 415-808-2370
Fax: 415-808-2304
E-mail: rdescoto@hsf.net

*Gates Millennium Scholars Program (Programa de Becas Gates
Milennium)*

Beca que le permite a los estudiantes hispanoamericanos completar
una educación universitaria o de posgrado. Deben ingresar a una
universidad estadounidense acreditada como estudiante a tiempo
completo que buscan tener un título universitario. Debe demostrar
capacidades de liderazgo. Deben cumplir con los criterios de
elegibilidad de Pell Grant.

Ortorgamiento Beca para usarse en el primer, segundo, penúltimo,
último año de universidad o posgrado; renovable.

Requisitos de elegibilidad El postulante debe ser hispano y estar
inscrito o tener planes de inscribirse como estudiante a tiempo
completo en una universidad o institución que ofrece carreras de
cuatro años. Disponible para ciudadanos estadounidenses.

Apéndice F
Recursos para estudiantes
y padres hispanos

Plazo de solicitud 1º de febrero.

Contacta: GMS Representative
Hispanic Scholarship Fund
55 Second Street, Suite 1500
San Francisco, CA 94105
Teléfono: 415-217-5040
Fax: 415-217-5047
E-mail: gmsinfo@hsf.net

High School Program (Programa de Escuela Secundaria)

Diseñado para aumentar los logros educacionales de estudiantes hispanos de escuela secundaria estadounidenses y puertorriqueños.

Ortorgamiento Beca para usarse en el primer año de universidad, no renovable. *Monto:* $1,000 a $2,500.

Requisitos de elegibilidad El postulante debe ser de origen hispano, estudiante de escuela secundaria y debe tener planes de inscribirse o espera inscribirse a tiempo completo en una institución o universidad que ofrece carreras de dos o cuatro años. El postulante debe tener un GPA de 3.0 ó superior. Disponible para ciudadanos estadounidenses y para aquellos que no son ciudadanos canadienses.

Plazo de solicitud 15 de febrero.

Contacta: Sara Piredes, Program Office, High School Scholarship Program
Hispanic Scholarship Fund
55 Second Street, Suite 1500
San Francisco, CA 94105
Teléfono: 877-473-4636 Ext. 2372
Fax: 415-808-2304
E-mail: highschool@hsf.net

HSF/Club Musica Latina Scholarship (Beca de HSF/Club Musica Latina)

Becas disponibles para estudiantes hispanos que ingresan a su primer año de universidad o de segundo año en una universidad estadounidense acreditada que ofrece carreras de cuatro años. Debe ser miembro de Club Musica Latina.

Ortorgamiento Beca para usarse en el primer año o segundo año de universidad, no renovable. *Monto:* $2,500.

Requisitos de elegibilidad El postulante debe ser hispano y estar inscrito o tener planes de inscribirse como estudiante a tiempo completo en una institución o universidad que ofrece carreras de cuatro años. El postulante debe tener un GPA de 3.0 ó superior. Disponible para ciudadanos estadounidenses.

Período del plazo de solicitud Otoño.

Contacta: Solicitud disponible en el sitio Web

HSF/Ford Motor Company Corporate Scholarship Program (Programa de Becas de HSF/Ford Motor Company Corporate)

Becas disponibles para estudiantes hispanos que ingresan a su penúltimo año de universidad en una universidad estadounidense acreditada que ofrece carreras de cuatro años.

Ortorgamiento Beca para usarse en el penúltimo año de universidad, no renovable. *Monto:* hasta $15,000.

Requisitos de elegibilidad El postulante debe ser hispano y estar inscrito o tener planes de inscribirse como estudiante a tiempo completo en una universidad o institución que ofrece carreras de cuatro años. El postulante debe tener un GPA de 3.0 ó superior. Disponible para ciudadanos estadounidenses.

Período del plazo de solicitud Primavera.

Contacta: Solicitud disponible en el sitio Web

Apéndice F
*Recursos para estudiantes
y padres hispanos*

HSF/General Motors Scholarship (Beca de HSF/General Motors)

Becas disponibles para estudiantes hispanos que buscan un título en negocios o ingeniería en una universidad estadounidense acreditada que ofrece carreras de cuatro años.

Áreas académicas o profesionales Ingeniería civil; ingeniería eléctrica o electrónica; ingeniería mecánica; ingeniería química; ingeniería o tecnología; servicios de negocios o al consumidor; tecnologías relacionadas con la ingeniería.

Ortorgamiento Beca para usarse en el primer, segundo, penúltimo o último año de universidad; no renovable. *Número:* 83. *Monto:* $2,500.

Requisitos de elegibilidad El postulante debe ser hispano y estar inscrito o tener planes de inscribirse como estudiante a tiempo completo en una universidad o institución que ofrece carreras de cuatro años. El postulante debe tener un GPA de 3.0 ó superior. Disponible para ciudadanos estadounidenses.

Plazo de solicitud Junio 16.

Contacta: Solicitud disponible en el sitio Web

HSF/South Texas Scholarship (Beca de HSF/South Texas)

Becas disponibles para estudiantes hispanos universitarios y graduados que tienen un domicilio permanente en el sur de Texas.

Ortorgamiento Beca para usarse en el primer, segundo, penúltimo, último año de universidad o posgrado; no renovable. *Monto:* $1,000 a $2,500.

Requisitos de elegibilidad El postulante debe ser hispano, debe estar inscrito o tener planes de inscribirse como estudiante a tiempo completo en una universidad o institución que ofrece carreras de dos o cuatro años y ser residente del estado de Texas. El postulante debe tener un GPA de 3.0 ó superior. Disponible para ciudadanos estadounidenses.

Período del plazo de solicitud Final del Verano, Comienzo del otoño.

Contacta: Solicitud disponible en el sitio Web

Apéndice F
*Recursos para estudiantes
y padres hispanos*

HSF/Toyota Foundation Scholarship Program-Puerto Rico (Programa de Becas de HSF/Fundación Toyota: Puerto Rico)

Becas disponibles para estudiantes de duodécimo grado a punto de graduarse que sean residentes de Puerto Rico y que ingresen a su primer año de universidad en una universidad puertorriqueña.

Ortorgamiento Beca para usarse en primer año de universidad, no renovable. *Monto:* $2,500.

Requisitos de elegibilidad El postulante debe ser hispano, estudiante de escuela secundaria, debe tener planes de inscribirse o espera inscribirse a tiempo completo en una institución o universidad que ofrece carreras de cuatro años, ser residente de Puerto Rico y que estudie en Puerto Rico. El postulante debe tener un GPA de 3.0 ó superior. Disponible para ciudadanos estadounidenses.

Período del plazo de solicitud 28 de febrero al 9 de mayo.

Contacta: Solicitud disponible en el sitio Web

HSF/Toyota Scholarship Program (Programa de Becas de HSF/Toyota)

Becas disponibles para estudiantes hispanos que ingresan a su primer año de universidad.

Ortorgamiento Beca para usarse en primer año de universidad, no renovable.

Requisitos de elegibilidad El postulante debe ser de origen hispano, estudiante de escuela secundaria y debe tener planes de inscribirse o espera inscribirse a tiempo completo en una institución o universidad que ofrece carreras de dos o cuatro años. El postulante debe tener un GPA de 3.0 ó superior. Disponible para ciudadanos estadounidenses.

Plazo de solicitud 30 de septiembre.

Contacta: Solicitud disponible en el sitio Web

Apéndice F
*Recursos para estudiantes
y padres hispanos*

JORGE MAS CANOSA FREEDOM FOUNDATION (FUNDACIÓN PARA LA LIBERTAD JORGE MAS CANOSA)

Mas Family Scholarship Award (Beca Otorgada Mas Family)

Beca para cualquier estudiante cubano-americano con necesidad financiera que sea descendiente directo de aquellos que dejaron Cuba o que nació en Cuba.

Áreas académicas o profesionales Ciencia de los materiales; comunicaciones; economía, ingeniería civil; ingeniería eléctrica o electrónica; ingeniería mecánica; ingeniería química; ingeniería y metalurgia; periodismo; servicios de negocios o al consumidor; tecnologías relacionadas con la ingeniería.

Ortorgamiento Beca para usarse en el primer, segundo, penúltimo o último año de universidad; renovable. *Monto:* hasta $10,000.

Requisitos de elegibilidad El postulante debe ser de origen latino o caribeño, hispano y debe estar inscrito o tener planes de inscribirse en una institución o universidad. El postulante debe tener un GPA de 3.5 ó superior. Disponible para ciudadanos estadounidenses.

Plazo de solicitud 31 de marzo.

Contacta: Jorge Mas Canosa Freedom Foundation
Cuban American National Foundation, 1312 Southwest 27th Avenue
Miami, FL 33145

JOSE MARTI SCHOLARSHIP CHALLENGE GRANT FUND (FONDO DE SUBVENCIÓN PARA BECAS JOSE MARTI)

www.floridastudentfinancialaid.org

Jose Marti Scholarship Challenge Grant (Fondo para Subvención de Beca Jose Marti)

Debe postular como estudiante de duodécimo grado en la escuela secundaria o como estudiante graduado y debe ser residente del estado de Florida y estudiar en Florida. Beca al mérito basada en la necesidad.

Ortorgamiento Beca para usarse en el primer, segundo, penúltimo, último año de universidad o posgrado; renovable. *Número:* 50. *Monto:* $2,000.

Apéndice F
*Recursos para estudiantes
y padres hispanos*

Requisitos de elegibilidad El postulante debe ser de origen hispano, debe estar inscrito o tener planes de inscribirse como estudiante a tiempo completo en una universidad o institución que ofrece carreras de dos o cuatro años y ser residente y estudiar en el estado de Florida. El postulante debe tener un GPA de 3.0 ó superior. Disponible para ciudadanos estadounidenses.

Plazo de solicitud 1º de abril.

Contacta: Jose Marti Scholarship Challenge Grant Fund
1940 North Monroe Street, Suite 70
Tallahassee, FL 32303-4759
Teléfono: 888-827-2004

LATIN AMERICAN EDUCATIONAL FOUNDATION (FUNDACIÓN LATINOAMERICANA DE EDUCACIÓN)

www.laef.org

Latin American Educational Foundation Scholarships (Becas de la Fundación Latinoamericana de Educación)

Para estudiantes o individuos hispanos que participan activamente en la comunidad hispana que son residentes del estado de Colorado y que planifican seguir una educación superior.

Ortorgamiento Beca para usarse en el primer, segundo, penúltimo o último año de universidad; no renovable. *Monto:* $500 a $3,000.

Requisitos de elegibilidad El postulante debe ser hispano, debe estar inscrito o tener planes de inscribirse como estudiante a tiempo completo o a tiempo parcial en una universidad que ofrece carreras de dos o cuatro años o institución técnica y ser residente del estado de Colorado. El postulante debe tener un GPA de 3.0 ó superior. Disponible para ciudadanos estadounidenses.

Plazo de solicitud 15 de febrero.

Contacta: Scholarship Selection Committee
Latin American Educational Foundation
924 West Colfax Avenue, Suite 103
Denver, CO 80204-4417
Teléfono: 303-446-0541
Fax: 303-446-0526
E-mail: laef@uswest.net

LEAGUE OF UNITED LATIN AMERICAN CITIZENS NATIONAL EDUCATIONAL SERVICE CENTERS, INC. (CENTROS NACIONALES DE SERVICIO EDUCACIONAL DE LA LIGA DE LOS CIUDADANOS UNIDOS DE LATINOAMÉRICA)

www.lnesc.org

GE/LULAC Scholarship (Beca GE/LULAC)

Beca renovable para estudiantes de minorías que están inscritos en especialidades de negocios o ingeniería en universidades acreditadas en los Estados Unidos y que ingresen a su penúltimo año de universidad. La selección se basa en parte en la probabilidad de seguir una carrera de negocios o ingeniería.

Áreas académicas o profesionales Ingeniería o tecnología; servicios de negocios o al consumidor.

Ortorgamiento Beca para usarse en el penúltimo año de universidad; renovable. *Número: 2. Monto:* $5,000.

Requisitos de elegibilidad El postulante debe ser hispano y estar inscrito o tener planes de inscribirse como estudiante a tiempo completo en una universidad o institución que ofrece carreras de cuatro años. El postulante debe tener un GPA de 3.0 ó superior. Disponible para ciudadanos estadounidenses.

Plazo de solicitud 15 de julio.

Contacta: Scholarship Administrator
League of United Latin American Citizens National
Educational Service Centers, Inc.
2000 L Street, NW
Suite 610
Washington, D.C. 20036

GM/LULAC Scholarship (Beca GM/LULAC)

Beca renovable para estudiantes hispanos que aspiran a tener un título universitario en ingeniería en una universidad acreditada. La selección se basa en parte en la probabilidad de seguir una carrera exitosa en ingeniería.

Áreas académicas o profesionales Ingeniería o tecnología.

Ortorgamiento Beca para usarse en el primer, segundo, penúltimo o último año de universidad; renovable. *Número: 20. Monto:* $2,000.

Apéndice F
*Recursos para estudiantes
y padres hispanos*

Requisitos de elegibilidad El postulante debe ser hispano y estar inscrito o tener planes de inscribirse como estudiante a tiempo completo en una universidad o institución que ofrece carreras de cuatro años. El postulante debe tener un GPA de 3.0 ó superior.

Plazo de solicitud 15 de julio.

Contacta: Scholarship Administrator
League of United Latin American Citizens National
Educational Service Centers, Inc.
2000 L Street, NW
Suite 610
Washington, D.C. 20036

LULAC National Scholarship Fund (Asociación del Fondo Nacional de LULAC)

Los Consejos de LULAC otorgarán becas a estudiantes hispanos calificados que estén inscritos o que planeen inscribirse en universidades acreditadas en Estados Unidos. Las becas pueden usarse para el pago de matrícula, aranceles académicos, alojamiento, comida y la compra de los materiales educacionales requeridos.

Ortorgamiento Beca para usarse en el primer, segundo, penúltimo, último año de universidad o posgrado; no renovable. *Número:* 1,500 a 2,000. *Monto:* $250 a $1,000.

Requisitos de elegibilidad El postulante debe ser hispano y debe estar inscrito o tener planes de inscribirse como estudiante a tiempo completo en una universidad o institución que ofrece carreras de dos o cuatro años. Disponible para ciudadanos estadounidenses o residentes permanentes.

Plazo de solicitud 31 de marzo.

Contacta: Administrador de becas
League of United Latin American Citizens National
Educational Service Centers, Inc.
2000 L Street, NW
Suite 610
Washington, D.C. 20036

Apéndice F
*Recursos para estudiantes
y padres hispanos*

MCDONALD'S CORPORATION AND RMHC (CORPORACIÓN MCDONALD'S Y RMHC)

www.rmhc.org

RMHC/Hispanic American Commitment to Educational Resources Scholarship Program (Programa de Becas de RMHC/de Compromiso Hispanoamericano con Recursos Educacionales)

Se otorga una vez para estudiantes de duodécimo grado a punto de graduarse con al menos un padre de origen hispano. La beca se basa en el logro académico, necesidad financiera, participación de la comunidad y cualidades personales. Deben ser de un área geográfica donde se aplique el programa.

Ortorgamiento Beca para usarse en el primer año de universidad, no renovable. *Monto:* hasta $1,000.

Requisitos de elegibilidad El postulante debe ser de origen hispano, estudiante de escuela secundaria y debe tener planes de inscribirse o espera inscribirse a tiempo completo en una institución o universidad que ofrece carreras de dos o cuatro años.

Plazo de solicitud 1º de febrero.

Contacta: Solicitud disponible en el sitio Web

SALVADORAN AMERICAN LEADERSHIP AND EDUCATIONAL FUND (FONDO SALVADOREÑO-AMERICANO PARA EL LIDERAZGO Y LA EDUCACIÓN)

www.salef.org

Fulfilling Our Dreams Scholarship Fund (Fondo de Becas Cumplir Nuestros Sueños)

Se otorgarán hasta sesenta becas para estudiantes que provienen de un origen hispano.

Ortorgamiento Beca para usarse en el primer, segundo, penúltimo, último año de universidad o posgrado; no renovable. *Número:* 40 a 60. *Monto:* $500 a $2,500.

Requisitos de elegibilidad El postulante debe ser de origen hispano o latinoamericano latino o caribeño, y estar inscrito o tener planes de inscribirse como estudiante a tiempo completo en una institución o

Apéndice F
*Recursos para estudiantes
y padres hispanos*

universidad que ofrezca carreras de dos o cuatro años. El postulante debe tener un GPA de 2.5 ó superior. Disponible para ciudadanos estadounidenses y para aquellos que no son ciudadanos canadienses.

Plazo de solicitud 28 de junio.

Contacta: Mayra Soriano, Educational and Youth Programs Manager
Salvadoran American Leadership and Educational Fund
1625 West Olympic Boulevard, Suite 706
Los Angeles, CA 90015
Teléfono: 213-480-1052
Fax: 213-487-2530
E-mail: msoriano@salef.org

SOCIETY OF HISPANIC PROFESSIONAL ENGINEERS FOUNDATION (FUNDACIÓN DE LA SOCIEDAD DE INGENIEROS PROFESIONALES)

www.shpefoundation.org

Society of Hispanic Professional Engineers Foundation (Fundación de la Sociedad de Ingenieros Profesionales)

Para estudiantes hispanos de ingeniería y ciencias a través de Estados Unidos. Las becas se otorgan al comienzo de cada año académico basándose en logro académico, necesidad financiera, participación en las actividades del campus y la comunidad, objetivos profesionales y recomendaciones del consejero.

Áreas académicas o profesionales Ciencia; ciencia de los materiales; ciencias naturales; ciencia nuclear; ingeniería civil; ingeniería eléctrica o electrónica; ingeniería mecánica; ingeniería o tecnología; ingeniería química; ingeniería y metalurgia; tecnologías relacionadas con la ingeniería; tecnología y sociedad.

Ortorgamiento Beca para usarse en el primer, segundo, penúltimo, último año de universidad o posgrado; no renovable. *Monto:* $500 a $7,000.

Requisitos de elegibilidad El postulante debe ser hispano y estar inscrito o tener planes de inscribirse como estudiante a tiempo completo en una universidad o institución. Disponible para ciudadanos estadounidenses.

Apéndice F
*Recursos para estudiantes
y padres hispanos*

Plazo de solicitud 15 de mayo.

Contacta: Kathy Borunda, Director, Educational Programs
Society of Hispanic Professional Engineers Foundation
55 Second Street
15th Floor
Los Angeles, CA 94105
E-mail: kathy@shpefoundation.org

TRANSPORTATION CLUBS INTERNATIONAL (CLUBES INTERNACIONALES DE TRANSPORTE)

www.transportationclubsinternational.com

Transportation Clubs International Ginger and Fred Deines Mexico Scholarship (Beca México Ginger y Fred Deines de los Clubes Internacionales de Transporte)

Para estudiantes de nacionalidad o residencia mexicana que estén inscritos en una institución en México o Estados Unidos. Deben prepararse para una carrera en transporte. Deben haber completado al menos un año de estudio. Deben presentar una fotografía y tres referencias.

Áreas académicas o profesionales Aviación o aeroespacial; transporte.

Ortorgamiento Beca para usarse en el segundo, penúltimo, último año de universidad, graduado o posgrado; no renovable. *Número:* 1. *Monto:* $1,500.

Requisitos de elegibilidad El postulante debe ser de origen mexicano, hispano y debe estar inscrito o tener planes de inscribirse como estudiante a tiempo completo o parcial en una universidad o institución técnica que ofrezca carreras de dos o cuatro años.

Plazo de solicitud 30 de abril.

Contacta: Gay Fielding, Traffic Manager
Transportation Clubs International
7031 Manchester Street
New Orleans, LA 70126-1751
Teléfono: 504-243-9825

Apéndice F
*Recursos para estudiantes
y padres hispanos*

VETERANS OF FOREIGN WARS, VFW (VETERANOS DE GERRAS EXTRANJERAS)

U.S. VFW Mexican Ancestry Scholarship (Beca de Ascendencia Mexicana de VFW de EE.UU.)

Para estudiantes hispanos del estado de California a través de puestos de VFW locales.

Ortorgamiento Beca para usarse en el primer año de universidad. *Número:* 6. *Monto:* $3,000.

Requisitos de elegibilidad El postulante debe ser hispano, estar inscrito o tener planes de inscribirse en una institución o universidad y ser residente del estado de California. Disponible para ciudadanos estadounidenses.

Plazo de solicitud 15 de marzo.

Contacta: Emilio Holguin, Central Committee Chair
Veterans of Foreign Wars, VFW
651 Harrison Road
Monterrey Park, CA 91755-6732

Patricia Aviezer ha trabajado más de veinticinco años en el campo de la educación como enfermera, maestra y consejera vocacional. Ex presidenta del Departamento de consejería de Edgemont Union Free School District en Scarsdale, New York, actualmente es miembro del equipo administrativo en el Departamento de educación secundaria y superior para el distrito escolar del condado de Palm Beach, donde encabeza esfuerzos para establecer una nueva iniciativa de escuela para trabajar. Anteriormente, entregó una programación innovadora como orientadora profesional y consejera universitaria en Lake Worth Community High School en Lake Worth, Florida.

La Sra. Aviezer tiene un B.S. de College of White Plains, un R.N. de Beth Israel School of Nursing y un M.S. en consejería y asesoría educacional de H. H. Lehman College de CUNY. Ha participado en la junta directiva de la Counselors Association (Asociación de Consejeros) de Westchester, Putnam y Rockland y es miembro de la National Association of College Admissions Counselors, NACAC (Asociación Nacional de Consejeros para el Ingreso Universitario) y de la Association for Career and Technical Education, ACTE (Asociación para la Educación Superior y Técnica).

Biografía

NOTAS

NOTAS

NOTAS